ÉTUDES ÉLÉMENTAIRES

SUR

L'ARCHITECTURE

LA SCULPTURE ET LA PEINTURE

DEPUIS LES GRECS JUSQU'A NOS JOURS.

Par l'Abbé P. GABORIT,

PROFESSEUR D'ARCHÉOLOGIE AU PETIT SÉMINAIRE DE NANTES.

> *Nec quemquam adeò antiquarium puto, ut aliquid eâ eâ parte laudet, quâ antiquum est.*
> (TACITE, De Oratoribus.)

> Les chefs-d'œuvre de l'art ont un degré de perfection, ou plutôt un ensemble de beau que l'on ne trouve pas dans la nature.
> (*Lettre de Léopold Robert.*)

NANTES,	PARIS,
P. MAZEAU, Libraire,	J.-B. PÉLAGAUD, Libraire,
6, rue de l'Évêché.	5, rue de Tournon.
ANGERS,	LYON,
LAINÉ Frères, Libraires,	J.-B. PÉLAGAUD, Libraire,
rue Saint-Laud.	48, rue Mercière.

1865.

ÉTUDES ÉLÉMENTAIRES

sur

L'ARCHITECTURE

LA SCULPTURE ET LA PEINTURE.

PROPRIÉTÉ.

ÉTUDES ÉLÉMENTAIRES

sur

L'ARCHITECTURE

LA SCULPTURE ET LA PEINTURE

DEPUIS LES GRECS JUSQU'A NOS JOURS.

Par l'Abbé P. GABORIT,

PROFESSEUR D'ARCHÉOLOGIE AU PETIT SÉMINAIRE DE NANTES.

Nec quemquam adeò antiquarium puto, ut aliquid ex eâ parte laudet, quâ antiquum est.
(TACITE, De Oratoribus.)

Les chefs-d'œuvre de l'art ont un degré de perfection, ou plutôt un ensemble de beau que l'on ne trouve pas dans la nature.
(Lettre de Léopold Robert.)

NANTES,
P. MAZEAU, LIBRAIRE,
6, rue de l'Évêché.

ANGERS,
LAINÉ FRÈRES, LIBRAIRES,
rue Saint-Laud.

PARIS,
J.-B. PÉLAGAUD, LIBRAIRE,
5, rue de Tournon.

LYON,
J.-B. PÉLAGAUD, LIBRAIRE,
48, rue Mercière.

1865.

NANTES, IMPRIMERIE CHARPENTIER, RUE DE LA FOSSE, 32.

INTRODUCTION.

Esquisser rapidement l'histoire des trois arts du dessin depuis les Grecs jusqu'à nos jours, apprécier autant qu'il nous sera possible les différentes phases de ces trois arts à mesure qu'elles passeront sous nos yeux, considérer surtout les œuvres les plus dignes de notre attention, tel est notre but.

Les théories sur l'art peuvent être déduites sans doute de l'étude des chefs-d'œuvre; mais il est aussi des principes invariables qui doivent diriger l'observateur dans ses appréciations, comme ils ont été la règle de l'artiste dans la réalisation de son œuvre; essayons de déterminer ces principes.

Le but suprême de l'art est la réalisation de la beauté. Nous pouvons donc nous demander, tout d'abord, quelle est cette puissance qui ravit notre âme et lui arrache un cri d'admiration, ce qu'est le beau dans la nature; nous nous demanderons ensuite ce qu'il doit être dans les arts.

La nature fait briller la beauté à nos regards dans des scènes variées à l'infini : nous sommes impressionnés en considérant les montagnes dont la cime se perd dans les nues, l'océan quand il est calme ou quand il soulève ses flots avec fureur, le fleuve qui promène dans la plaine ses eaux tranquilles, les campagnes fertiles et les forêts profondes avec le silence de leurs retraites; et, au milieu de ces spectacles, l'homme dont la beauté l'emporte sur les beautés les plus étonnantes de la création.

Dans toutes ces merveilles il est des apparences qui parlent à nos sens. Mais toute beauté physique n'est que l'enveloppe d'une beauté d'un ordre plus élevé, d'une beauté invisible. Toute beauté, après avoir flatté notre regard ou notre oreille, va jusqu'à notre intelligence et à notre cœur, et c'est ainsi qu'elle nous cause les plus intimes et les plus délectables jouissances (*).

La nature frappe nos sens, mais quand elle nous captive par ses charmes, c'est à notre âme qu'elle s'adresse; cette douce rêverie qu'elle fait naître en nous quand elle semble se recueillir à l'approche de la nuit, ces impressions plus riantes qu'elle nous apporte à son réveil avec les senteurs embaumées du matin, ces émotions et toutes celles que chacun a mille fois éprouvées, ne résident pas dans les sens; elles nous sont communiquées par un langage secret que nous tient la nature et sans lequel tous ces spectacles seraient sans signification.

(*) Le sentiment exquis de la beauté n'est point une sensation. « Qu'un habile pianiste, dit M. C. Levesque, me joue une sonate de Mozart sur une misérable épinette au son maigre et grinçant, j'éprouverai une émotion esthétique délicieuse et une sensation de l'ouïe pénible. Qu'un pianiste médiocre me fasse entendre un morceau vulgaire, platement exécuté, mais sur un excellent piano d'Erard, la sensation physique de l'ouïe sera agréable, l'émotion esthétique nulle ou pénible. Voilà deux faits décisifs où la sensation et l'émotion esthétique se séparent profondément. Cependant il est incontestable que sur l'épinette le morceau vulgaire serait encore plus plat ou plus désagréable, et que d'autre part la sonate de Mozart exécutée sur le piano d'Erard sera plus belle encore. » (*Science du beau*, 1, p. 89.)

Je ne cherche point à analyser ce langage, à le discuter, je ne cherche point à définir le caractère de la beauté invisible; mais quand mon âme émue tressaille de bonheur devant quelque scène de la nature, je sais du moins que ce n'est point à la matière que je rends hommage : mon culte s'adresse à une beauté invisible dont les apparences sensibles ne sont que le support.

A mesure que nous considérons les êtres qui participent davantage à la vie, en remontant jusqu'à l'homme, le chef-d'œuvre et le roi de la création (*), nous concluons avec plus d'évidence que toute beauté extérieure et physique n'est que le signe d'une beauté invisible. On peut dire que l'homme est beau dans son corps et dans son âme ; il est beau par la régularité des traits, mais il est beau surtout par la beauté invisible de l'âme (**). L'élégance, l'harmonie des formes attirent notre attention ; mais si ces apparences extérieures nous gagnent c'est que naturellement nous concluons de la beauté physique à une beauté plus estimable, celle de l'intelligence et du cœur. La beauté de l'âme peut même nous captiver malgré la difformité du visage ; sous ces formes disgracieuses elle sera comme enveloppée d'un voile plus épais ; cependant qu'elle nous montre ses trésors cachés, et cette révélation illuminera des traits qui nous auraient été désagréables. La laideur physique sera rachetée, transformée par la beauté morale. « Socrate, de son propre aveu et de l'aveu de ses disciples les plus dévoués, avait le visage de Silène (***); » et quand il s'animait en exposant ses doc-

---

(*) Il a été dit de l'homme avec raison qu'il est le résumé de la création.

(**) La beauté ! s'écriait Savonarole, mais c'est la transfiguration, c'est la lumière de l'âme ; c'est donc par de-là la forme visible qu'il faut chercher la beauté suprême dans son essence... Plus les créatures participent et approchent de la beauté de Dieu, plus elles sont belles. (3ᵉ SEMAINE DE CARÊME, *vendredi*.)

(***) M. C. Levesque. — *Science du beau*, I, 68.

trines, il devenait véritablement beau. Nous pouvons aller plus loin et dire que sans la beauté morale, la régularité des formes serait muette. Le charme qui nous captive est donc principalement, pour ne pas dire uniquement, une puissance invisible.

« La beauté morale, dit M. Cousin, est le fond de toute vraie beauté..... Regardez cet homme qui, sollicité par les motifs les plus puissants de sacrifier son devoir à sa fortune, triomphe de l'intérêt après une lutte héroïque et sacrifie sa fortune à la vertu ; regardez-le au moment où il vient de prendre cette résolution magnanime : sa forme vous paraîtra belle. C'est qu'elle exprime la beauté de son âme. Peut-être en toute autre circonstance elle est commune, triviale même ; ici, illuminée par l'âme qu'elle manifeste, elle s'est ennoblie, elle a pris un caractère imposant de beauté. Ainsi la figure naturelle de Socrate contraste étrangement avec le type de la beauté grecque ; mais voyez Socrate à son lit de mort, au moment de boire la ciguë, s'entretenant avec ses disciples de l'immortalité de l'âme, et sa figure vous paraîtra sublime. Au plus haut point de grandeur morale Socrate expire ; vous n'avez plus sous les yeux que son cadavre ; la figure morte conserve sa beauté tant qu'elle garde les traces de l'esprit qui l'animait ; mais peu à peu l'expression s'éteint ou disparaît ; la figure redevient alors vulgaire et laide (*). »

La beauté morale a sur nous une puissance plus grande encore. Nous l'admirons dans des scènes dont l'aspect nous ferait horreur, mais où nous retrouvons l'abnégation et le dévouement. Ainsi nous admirons deux peuples qui luttent sur un champ de bataille pour défendre leurs droits contestés, le soldat qui sacrifie généreusement sa vie et jette un regard mourant vers la patrie pour laquelle il succombe (**) ; nous aimons

---

(*) *Du vrai, du beau et du bien,* p. 166, 178. 9ᵉ édition. — Didier.

(**) *Et dulces moriens reminiscitur Argos.*

à contempler les tableaux que l'art nous offre de ces scènes sanglantes pour les grandes émotions qu'elles font naître en nous; et cependant l'aspect de désordre et de mort en sont inséparables.

Dans la nature, dans l'homme et dans tous les spectacles que nous admirons la beauté se manifeste par des apparences sensibles, mais dans son essence elle est invisible. Elle est invisible tout aussi bien que les idées d'unité, de variété, de grandeur et d'harmonie. Elle participe au caractère de la vérité. Aussi la définition sinon la plus explicite, du moins la plus simple et peut-être la plus satisfaisante, est celle que nous ont léguée les anciens : *le beau est la splendeur du vrai* (*), c'est-à-dire cet éclat par lequel la vérité illumine notre intelligence et la captive.

Le caractère de la beauté déterminé, quelle en est la source?

D'après la définition que nous venons de rappeler, le beau est la splendeur du vrai, Dieu étant la vérité suprême, la source de toute vérité, il est par là même la source de toute beauté.

En effet, la nature est belle parce que Dieu, la vérité éternelle, en créant l'univers y imprima son cachet en caractères lumineux. Ces richesses sans nombre qui décorent notre monde, ces fleurs aux couleurs variées à l'infini, le soleil versant sur la terre ses flots de lumière, la nuit révélant à nos regards des myriades d'étoiles, toutes ces merveilles nous racontent la gloire et la sagesse de Dieu (**). Les charmes de la nature ne sont qu'un reflet de la splendeur de celui par qui tout a été créé.

Si Dieu a revêtu la nature de tous les charmes qui séduisent

(*) Définition longtemps attribuée à Platon, mais dont nous sommes redevables à Plotin.

(**) *Cœli enarrant gloriam Dei.*

notre regard, il est aussi la première source de la beauté de nos âmes. « Il est, dit M. Cousin, le principe de la beauté, et comme auteur du monde physique, et comme père du monde intellectuel et moral. » Il a laissé tomber sur tous les êtres de l'univers un reflet de sa propre lumière ; mais il a créé à son image notre âme, qui est belle surtout de cette ineffable ressemblance. Notre intelligence et notre volonté sont en rapport avec l'intelligence et la volonté suprêmes. Notre âme peut connaître des vérités que Dieu sait, peut aimer ce que Dieu aime ; elle participe ainsi à sa vie, à sa science, à son amour, elle est en participation de la beauté divine. Dieu est donc le principe et la raison de toute beauté.

Au premier jour l'homme avait été doué par Dieu d'une beauté parfaite dont il fut ensuite dépouillé en punition de sa faute. Comme si le flambeau qui éclairait l'univers se fût obscurci, la nature se décolora, l'intelligence de l'homme fut envahie par des ténèbres qui lui étaient inconnues, la lumière qui enveloppait son corps tout entier comme d'un vêtement d'innocence et de gloire se dissipa, et désormais on ne put le contempler sans trouble. Sans doute ce visage sur lequel le souffle de Dieu s'était imprimé avait conservé un reste de son expression ; mais le front de l'homme avait perdu sa radieuse couronne, ses facultés s'étaient égarées, sa volonté s'était affaiblie, son œil voilé ne reconnaissait plus les magnificences d'autrefois, et son admiration ne s'élevait plus aussi naturellement vers Dieu en hymne de reconnaissance et de prière.

Or, Dieu qui avait donné à l'homme sa beauté première, voulut la lui rendre, sinon dans sa plénitude, du moins réparée. Le Verbe créateur, qui avait tiré les mondes du néant, s'unit lui-même à la nature humaine, et ce Sauveur divin montra dans sa personne la beauté bien plus parfaite qu'elle n'avait paru dans le premier homme. De plus, relevant par l'efficacité de sa grâce l'humanité déchue, il éclaira son intelligence, fortifia sa volonté, lui apprit des vérités oubliées, lui indiqua la loi à observer.

L'homme comprit de nouveau quelle était la véritable beauté, et put la réaliser en lui-même à un degré plus élevé qu'il ne lui avait été possible depuis sa chute. Il est vrai que cette beauté ne fut plus en lui, comme au premier jour, l'épanouissement de sa nature. La beauté morale, depuis la faute originelle, ne se refait que par un travail méritoire. L'homme, par sa révolte coupable, avait gravement endommagé la ressemblance divine qui était en lui, et il ne peut la rétablir que par la fidélité et l'amour; tel est le grand travail de l'homme pendant sa vie, et lorsque la mort lèvera le voile qui cache son œuvre, le degré de la ressemblance sera le degré de la récompense. Dès cette vie, cette beauté est entrevue par le rayonnement de l'âme à travers les apparences sensibles; l'âme est la forme du corps et lui communique sa beauté (*). On ne doutera point de cette vérité pour peu que l'on ait cherché à reconnaître dans le monde la véritable beauté et sa manifestation.

« La beauté morale, dit M. Cousin, comprend deux éléments distincts, également mais diversement beaux, la justice et la charité, le respect des hommes et l'amour des hommes. Celui qui exprime dans sa conduite la justice et la charité, accomplit la plus belle de toutes les œuvres; l'homme de bien est à sa manière le plus grand de tous les artistes (**). » Terminons par cette conclusion que l'on ne trouverait pas dans le livre de M. Cousin, mais que nous tenons à donner comme complément aux paroles que nous lui avons empruntées. Nulle part les

---

(*) *Anima est causa efficiens, finalis et formalis sui corporis* (Saint Thomas, I, q. 30, a. 2). — *Anima est forma corporis* (Id., III, q. 75, a. 6).

(**) Ouv. cité, p. 169.

conditions de la beauté restituée par Dieu n'ont été mieux décrites, nulle part le *vrai*, le *bien* et le *beau*, tels qu'ils ont été rendus à l'humanité, n'ont été mieux enseignés que dans le livre des saints Évangiles dicté par Dieu lui-même.

Connaissant le beau dans la nature, il nous est facile de reconnaître ce qu'il doit être dans les œuvres d'art. Dans la nature, la beauté physique n'est que la manifestation, l'enveloppe de la beauté invisible, intellectuelle ou morale; c'est aussi cette beauté invisible que l'art nous exprimera par les formes sensibles dont il se sert. L'artiste procèdera comme la nature ou plutôt comme l'artiste divin. Il a reconnu le beau, il en a été ravi, et après l'avoir contemplé, il essaie de nous le montrer dans son œuvre, mais évidemment c'est à notre intelligence qu'il s'adresse. Au moyen de formes, de couleurs ou de sons, il va jusqu'à notre âme et arrive à produire en elle l'ineffable émotion que procure la vue de la beauté. « Toute œuvre d'art, dit M. Cousin, qui n'exprime pas une idée ne signifie rien; il faut qu'en s'adressant à tel ou tel sens, elle pénètre jusqu'à l'esprit, jusqu'à l'âme, et y porte une pensée, un sentiment capable de la toucher ou de l'élever (*). » L'art manifestera donc les beautés intellectuelles et morales, les vérités immuables de justice et de droit, les nobles aspirations du dévouement, ou bien il nous rappellera les lois admirables d'unité, d'ordre, d'harmonie qui ont présidé à la création de l'univers. L'expression de la beauté invisible par les formes sensibles, telle est la fin de l'art.

Les formes extérieures, dans l'art comme dans la nature, ne sont pour ainsi dire que le symbole de la beauté invisible. L'art, avec le symbolisme naturel tel que nous venons de l'expliquer, a souvent employé comme auxiliaire, pour exprimer ses

(*) Ouv. cit., p. 178.

pensées, un symbolisme conventionnel dont la signification repose sur les mœurs, les croyances des différents peuples; quelques objets prennent un sens par les souvenirs qui s'y rattachent : ainsi l'image de la croix est pour tous les chrétiens le plus auguste de tous les symboles. D'autres objets reçoivent un sens plus élevé que celui qu'ils auraient par eux-mêmes : le lion devient l'emblême de la force morale, le coq l'emblême de la vigilance, le lévrier l'emblême de la fidélité. D'autres objets enfin prennent, de la volonté de ceux qui les adoptent, toute leur signification : ainsi, certains attributs, les armoiries, l'anneau qui rappelle l'union conjugale parce qu'il est mis à tel doigt, le drapeau qui devient pour chaque nation le signe de ses droits et de son indépendance, et pour la défense duquel le soldat n'hésite pas à affronter le péril le plus imminent.

Le paganisme avait ses symboles, tous les attributs des dieux et des déesses. Peut-être plus qu'à aucune autre époque, au moyen-âge, le symbolisme fut d'un grand usage dans les différents arts. Donnez, écrivait Hugues de Saint-Victor, donnez à toutes les parties d'une église une signification symbolique, car il n'y a rien d'inutile. Cette loi était même suivie dans des proportions que nous n'admettrions pas aujourd'hui; ainsi, le chœur était toujours tourné vers l'Orient, l'axe de la grande nef, en arrivant au sanctuaire, souvent déviait vers la gauche, pour rappeler la pose de la tête du Sauveur expirant sur la croix, et l'on appelait cette déviation de l'axe *l'inclinato capite* (*).

―――

(*) Cependant, même au XIXe siècle, nous voyons parfois revivre toutes les richesses du symbolisme. Nantes possède une chapelle dans laquelle nous retrouvons le plus bel ensemble d'idées coordonnées dans l'unité la plus parfaite. C'est un poème plein d'éloquence, d'enseignement et de suavité, dédié à Notre-Dame de la Salette, et conçu par la piété la plus tendre et la science la plus approfondie du moyen-âge. Le même crayon a tracé tous les dessins, et la même pensée a présidé à la création

L'expression de la beauté étant la fin de l'art, les différents arts peuvent être classés d'après les ressources d'expression dont ils disposent. A ce titre la poésie prend le premier rang, la musique le second (*).

Le poète peut nous décrire toutes les beautés de la nature; il nous traduit les sentiments les plus intimes de nos cœurs, nous fait suivre dans leur succession rapide nos impressions les plus fugitives, nous exprime avec précision les pensées les plus variées et les plus sublimes. Il donne plus de charme au langage humain en lui prêtant la mesure, la cadence et l'harmonie; il est puissant surtout parce qu'il peut animer le drame qu'il nous raconte et le passionner; mêler au récit ses aspirations, faire passer dans ses chants son âme tout entière. Si les faits qu'il nous raconte ne sont point enregistrés dans l'histoire, ou s'ils appartiennent à des pages dont les détails ont été voilés ou effacés par le temps, ces faits seront transformés par lui avec notre pleine adhésion et deviendront un monde tout nouveau, un monde idéal dans lequel nous passerons les heures de l'œuvre tout entière. Mais il ne nous appartient pas de louer M. l'abbé Rousteau qui, un des premiers en France, avec M. de Caumont, faisait un cours public d'archéologie, et par lequel nous avons eu le bonheur d'être initié nous-même à l'étude des arts.

(*) L'éloquence n'est pas un art, parce que la réalisation de la beauté n'est pas son but principal. L'orateur, par l'élévation et le charme de sa parole, pourra faire naître dans l'âme de ses auditeurs le sentiment désintéressé de la beauté; mais cette émotion ne sera pas voulue par lui comme fin dernière de ses efforts; elle ne sera qu'un moyen pour arriver au but qu'il doit toujours se proposer : faire triompher la cause qu'il défend. De même, l'histoire dont les pages présentent souvent les plus magnifiques tableaux, ne peint pas pour peindre : elle raconte aux générations nouvelles les événements passés, afin qu'ils deviennent pour l'avenir un utile enseignement.

les plus délicieuses. Le poète, comme l'indique le mot ποιεω, est le créateur par excellence entre tous les artistes.

La musique, par le charme irrésistible de ses mélodies, produit en nous, avec une merveilleuse promptitude, les émotions les plus vives et les plus diverses, et par un privilége spécial, elle trouve un écho même dans les âmes incultes. Incapable d'exprimer la plus simple affirmation (*), de décrire ou d'imager, de rendre les différents aspects de la nature, elle excelle à rendre les sentiments. Elle ne peut, il est vrai, en rendre un grand nombre distinctement et avec précision. Si elle rend très-clairement la joie, la colère, difficilement, sans le secours de la parole, elle fera connaître la cause de ces émotions; les éclats de voix d'un envieux déconcerté, irrité, pourraient bien être pris pour ceux d'un père courroucé contre un fils dissipateur. Mais la musique, par le vague de son expression, n'est que plus puissante à élever l'âme au-dessus d'elle-même et à la porter vers les régions inconnues de l'invisible et de l'idéal. Par les accents de la voix humaine, mieux que par tous les instruments dont elle se sert pour compléter ses effets, la musique trouve un écho fidèle dans notre cœur; elle devient incomparablement plus puissante encore quand la signification de ses notes est précisée par le langage de la poésie, et quand à ces ressources réunies de la musique et de la poésie s'ajoutent encore les ressources expressives des arts qui s'emparent de l'homme par son regard, l'homme est alors captivé dans toutes ses facultés (**).

Après la poésie et la musique viennent les trois arts du dessin, la peinture, la sculpture et l'architecture. Le peintre ne peut aussi librement que le poète transformer la réalité; dans

(*) Une mélodie par elle-même ne pourra jamais dire : cette table est ronde ou carrée.
(**) C'est ainsi que s'explique la puissance du théâtre qui peut employer à la fois toutes ces ressources.

chacune de ses œuvres, il ne doit présenter au regard qu'un seul fait, et ce fait il ne peut nous le montrer que dans un seul instant de sa durée; il n'agit pas sur nos âmes avec la même facilité et la même promptitude que le musicien; cependant il a plus de ressource que le sculpteur et l'architecte pour nous exprimer la beauté, les beautés de la nature, principalement celle de l'âme humaine dans toute la variété de ses sentiments et la richesse de ses aspirations. La sculpture, plus précise que la peinture, mais aussi moins pathétique, plus limitée dans le choix de ses sujets et dans les moyens à employer, prend cependant place avant l'architecture, si l'on envisage ces arts sous le rapport des ressources d'expression.

Toutefois, nous plaçant à un autre point de vue, nous parlerons d'abord de l'architecture, qui nous offre dans les temples le premier moyen par lequel nous rendons à Dieu le culte qui lui est dû; nous étudierons ensuite la sculpture et la peinture comme compléments indispensables de l'architecture.

ARCHITECTURE.

PRÉLIMINAIRES SUR L'ARCHITECTURE.

De tous les arts, l'architecture est celui qui a le moins de ressources expressives. Son travail porte davantage sur la matière et sur des combinaisons mathématiques. De plus, il procède avec moins d'indépendance et fait des concessions aux circonstances, se plie aux exigences des mœurs et du climat. Cependant, gardons-nous de croire que le premier mérite d'un édifice sera la commodité et le confort; des qualités bien supérieures doivent le recommander à notre admiration.

Vitruve, architecte de l'empereur Auguste, résumait en trois mots les principes qui doivent présider à la construction de tout édifice. Il faut toujours avoir égard, disait-il, à l'utilité, à la solidité, à l'agrément : *Hæc autem ita fieri debent ut habeatur ratio utilitatis, firmitatis, venustatis.*

En effet, il faut d'abord songer à l'utilité. Toute construction doit être parfaitement appropriée à l'usage que l'on en veut faire ; que les dispositions soient donc réglées d'après les besoins de ceux qui se serviront de l'édifice ; une disposition bien entendue ne devra jamais être sacrifiée pour quelque considération de moindre importance.

Il faut songer en second lieu à la solidité de l'édifice ; qu'il soit solide, riche autant que possible, sans frais inutiles. Que l'on ait recours aux moyens les plus sûrs et les plus simples. « *Sinè avaritiâ, diligens electio,* » dit Vitruve. Des marbres et des pierres que la contrée ne fournirait pas seront empruntés avec à-propos à des régions plus éloignées pour orner un monument qui comporte cette richesse; mais les matériaux de chaque contrée, étudiés avec soin, ne seront pas délaissés seulement pour un caprice déraisonnable. Les formes seront différemment dessinées, selon qu'elles doivent être exécutées en marbre, en pierres plus ou moins dures, en fer, en bois. L'édifice enfin, construit dans les meilleures conditions de stabilité, devra se présenter encore avec des apparences de solidité et de durée.

L'architecte, après avoir rempli ces conditions, a-t-il achevé sa tâche? Eût-il observé les prescriptions précédentes avec l'entente la plus consommée, s'il ne s'élève pas plus haut, il aura travaillé de façon à mériter notre estime, mais il n'a rien fait encore qui puisse nous impressionner, rien qui soit digne de notre admiration. Pour atteindre ce but, il doit donner à son œuvre cette autre qualité d'agrément, *venustatis,* de beauté, que demande Vitruve. Cette condition est la plus difficile à obtenir, mais elle est aussi la seule qui puisse nous recommander une œuvre d'art.

Un monument, pour être beau, doit se présenter à notre regard avec l'aspect d'unité et d'harmonie indispensable à toute manifestation de la beauté. Ses différentes parties seraient-elles compliquées, richement ornementées, toutes les lignes et toutes les formes doivent être mesurées et coordonnées dans une harmonieuse unité.

Cette loi s'impose à tous les systèmes architectoniques; elle se plie à leurs transformations, mais ne perd jamais ses droits.

Des édifices construits à de longs intervalles de temps, sous des influences diverses de mœurs et de climats, pourront se montrer avec des apparences très-différentes ; mais si nous les jugeons beaux, c'est que nous y rencontrons ces conditions d'harmonie et d'unité. Le moyen-âge procédait avec plus de liberté que l'art grec ; il compliquait davantage ses combinaisons ; cependant, lui aussi discutait, mesurait, équilibrait pour l'œil les différents membres de la construction et les détails de l'ornementation. La basilique du XIII° siècle et le temple grec ne sont pas réglés par le même système de proportion ; ces deux édifices n'ont pas été conçus dans le même mode ; l'harmonie qui résulte de leurs formes n'est pas la même ; cependant le désaccord d'un détail avec l'ensemble, dans l'un comme dans l'autre, produirait l'effet d'une désagréable dissonance.

Cette variété de combinaisons dans lesquelles peuvent se retrouver l'unité et l'harmonie, est assurément une ressource pour l'architecte, mais elle lui est aussi une difficulté. Dans la nature, nous voyons que l'architecte suprême a diversifié ses productions à l'infini : il nous offre le spectacle de la beauté sous les aspects les plus dissemblables, dans des êtres sans nombre qui se présentent chacun avec un caractère différent; mais l'inépuisable fécondité du Créateur ne sort jamais que volontairement des règles éternelles posées par son intelligence souveraine. L'homme, par un insigne privilége, en travaillant sur la matière semble marcher sur les traces de Dieu, façonnant la nature physique ; malheureusement il ne connaît qu'imparfaitement les lois qui doivent le diriger, il n'a point à suivre des formules précises, et cette latitude, dans laquelle il peut se mouvoir, rend son succès plus incertain, devient pour lui un embarras et souvent un écueil. Il arrivera donc que l'architecte violera gravement les lois auxquelles il ne devrait jamais contrevenir, et le plus fâcheux est que, souvent il ne s'apercevra pas de cet écart. Le sculpteur reproduisant la figure humaine, pour peu qu'il ait la pratique de son art, s'apercevra sans hésitation, en comparant la copie et le modèle, d'une disproportion choquante. L'architecte n'a pour guide que le sentiment, et des raisonnements basés sur des données qui se modifient dans chaque œuvre nouvelle (*).

Cette latitude met l'architecte en péril ; de plus, autorisant les applications les plus diverses de principes indéterminés, bien qu'invariables, elle rend plus difficile aussi l'appréciation des œuvres produites. La critique ne se prononce plus avec la même assurance devant des édifices si différents d'aspect et dans lesquels cependant elle doit retrouver les mêmes qualités. Les opinions les plus contradictoires sont émises non-seulement sur tel édifice en particulier, mais sur un système d'architecture pris dans son ensemble. Du moins ces opinions divergentes s'accordent sur le point que nous voulons établir et sont unanimes à proclamer que la condition d'harmonie et d'unité est indispensable à la beauté d'un édifice.

Un monument ne peut exprimer une pensée avec la même clarté qu'un tableau ou une statue. Il ne réveille dans nos âmes que des sentiments vagues, des impressions confuses ; cependant on peut dire sans hésiter qu'il prend une expression, et cette expression nous donne la mesure de sa beauté parce qu'elle est la manifestation de l'invisible.

Les combinaisons de formes et de lignes auxquelles nous n'avons demandé que des conditions d'unité et d'harmonie, nous donnent, par le caractère qu'elles impriment à l'édifice, des impressions différentes, comme les divers aspects de la nature. Des lignes horizontales laissent notre esprit errer plus volontiers dans les régions de ce monde ; des lignes verticales

---

(*) Les mathématiques offrent une ressource indispensable ; mais le mérite le plus élevé d'une œuvre architecturale sera toujours le fruit du sentiment et de l'inspiration de l'artiste. La Renaissance, qui prétendit établir des règles fixes, des formules, était en contradiction avec l'antiquité qu'elle prétendait imiter.

élèvent la pensée avec le regard. Un édifice par sa grandeur et sa richesse peut nous impressionner comme les scènes les plus ravissantes de la création. « Jamais en présence d'aucune montagne, dit M. Charles Levesque, nous n'avons éprouvé un sentiment de notre néant, pareil à celui qui nous a saisi sous la coupole de Saint-Pierre de Rome, dont les murs semblent fuir la vue et qui s'élève toujours comme emportée d'en haut par des mains invisibles. (*Science du beau*, t. II, p. 49). C'est en plaçant dans les airs, avec une incomparable majesté, cette coupole, que Michel-Ange nous a montré toute la puissance de son génie ; il avait besoin de se mouvoir librement dans l'immensité pour devenir sublime. « La vue d'un tel monument, fait dire Mme de Staël à Corinne, est comme une musique continuelle et fixée qui vous attend pour vous faire du bien, quand vous vous en approchez. » Cette jouissance chez l'illustre voyageuse ne reposait pas sur une pure illusion, de même que le ravissement de Pythagore n'était pas le résultat d'une hallucination, quand considérant les astres, il croyait entendre l'harmonie des sphères célestes se promenant dans l'espace (*). Il est vrai que l'expression que prend un édifice par ses formes, le langage qu'il nous tient, n'est pas aussi facile à comprendre que celui de la nature, bien qu'il se fasse entendre à toute âme susceptible d'impression (**). L'expression d'un édifice est vague, indéterminée, mais par cette indécision, ce vague, elle nous conduit plus facilement à cette rêverie sans calcul et sans but, qui mène la pensée à travers des régions inconnues jusqu'à l'infini (***).

(*) Cicero, *Somnium Scipionis* X.

(**) Mme de Staël disait que Saint-Pierre de Rome est le seul travail de l'art sur notre terre qui ait le genre de grandeur qui caractérise les œuvres immédiates de la création.

(***) L'architecture et la musique sont deux arts bien différents ; ils ont cependant ce même caractère de vague dans l'expression et, par suite, ce même privilége d'élever la pensée vers l'infini.

Le climat de la contrée où s'élève un édifice aura contribué à déterminer sa physionomie, son aspect. « Ici l'architecture doit s'armer et se raidir contre les assauts d'un climat rigoureux ; ailleurs elle peut s'abandonner avec plus de confiance à la sérénité bénigne d'un ciel clément. Enveloppée, close, frileuse, elle dit clairement au spectateur : J'ai peur du froid, de la neige, de la pluie, du vent, je suis vêtue en conséquence. Ouverte, épanouie, souriante, ornée de sculptures délicates semblables aux broderies d'un voile léger, et peinte de couleurs vives, pareilles aux fraîches nuances des étoffes de printemps et d'été, elle nous apprend en termes joyeux qu'elle est née aux rayons d'un soleil ami, et qu'elle a plus d'espérances que de craintes (*). » Des monuments si différents par leur physionomie nous communiqueront des impressions différentes, de la même manière que la nature qui les encadre, et dont ils ont reçu comme un reflet.

Un édifice prend de l'expression dans sa destination spéciale, destination qui nous est manifestée par son aspect. Un château-fort assis sur un escarpement abrupt nous apprend que ceux qui l'ont construit songeaient principalement à se prémunir contre toute attaque ; une villa posée avec sa gracieuse ornementation au milieu d'un riant paysage, nous dit que là on aime surtout à jouir ; un cloître nous entretient de recueillement et de prière ; un théâtre invite la foule avide de spectacles à venir prendre place sur ses gradins ; un tombeau étroit et sans ouverture nous fait comprendre qu'il ne renferme que la dépouille inanimée de celui dont l'âme s'est élevée vers d'autres régions ; un temple nous dit qu'il est la demeure de Dieu. Ce langage des édifices, nous le comprenons : il nous raconte le drame de la vie humaine auquel nous participons. Si nous franchissons le seuil du sanctuaire où Dieu habite, la présence de cet hôte divin nous transmet une émotion plus profonde encore.

(*) M. C. Levesque, t. II, p. 28.

En nous plaçant à un point de vue plus étendu, nous pouvons dire que les monuments expriment la vie et les mœurs du peuple par lequel ils ont été construits, et que le temple spécialement s'harmonise avec les croyances de ce peuple. Le temple prend d'abord ce cachet d'auguste gravité que la religion imprime à tout ce qu'elle touche; de plus il prend un caractère particulier, selon le culte au service duquel il est érigé. Une doctrine n'aura pas à elle seule le pouvoir d'enfanter un système architectural à la formation duquel doivent concourir bien d'autres circonstances (*). Mais si chaque peuple traduit sa vie morale par ses édifices d'utilité et d'agrément, comment ne manifesterait-il pas sa foi religieuse dans le temple qu'il élève au Dieu qu'il adore? Pour peu qu'il ait des convictions sincères, comment ne donnerait-il pas une signification à l'œuvre qui est le témoignage le plus éclatant de sa croyance? Les monuments de l'Attique semblent nous redire la vie facile et brillante de ces populations dont les jours s'écoulaient sous le ciel le plus pur, au milieu des sites les plus enchanteurs; nous y retrouvons l'esprit dont étaient animés Pindare et Sophocle dans leurs inimitables poésies, la raison profonde qui dirigeait Platon dans ses théories souvent sublimes.

« En demeurant dans un ordre d'idées et de sentiments purement naturels, dit M. l'abbé Godard (**), l'aspect de ces œuvres si régulières, où le nombre est calculé aussi bien que pour une délicieuse musique, je sens un calme, qui n'exclut point la vie,

(*) Nous verrons que l'arc ogive fut adopté non comme ressource d'expression, mais comme moyen de solidité; le système ogival dans son ensemble se développa dans le sens des croyances religieuses dont étaient animées les populations du moyen-âge; mais si l'on veut comprendre la formation de ce système, il est évident qu'il faut en demander l'explication à tout un concours d'influences et de circonstances, à des calculs mathématiques très-positifs.

(**) *Cours d'Archéologie sacrée*, p. 338.

descendre en moi, comme si mon oreille recueillait les plus solennelles paroles de la sagesse antique. » Mais si nous considérons les temples grecs, nous y reconnaissons aussi comme une révélation des doctrines païennes. Les peuples de l'Attique pouvaient se livrer au plaisir, à l'exemple de leurs dieux, auxquels ils avaient prêté leurs passions; faisant ainsi la divinité à leur image, ils l'avaient rapetissée. Du reste, ils n'avaient point d'aspirations au delà de cette vie dans laquelle ils pouvaient ne s'interdire aucune jouissance. L'ordonnance de leur temple est l'expression de ces croyances; l'édifice est parfaitement régulier, simple et harmonieux, mais il ne semble prendre aucun élan vers les régions supérieures; sa physionomie est caractérisée par les nombreux supports qui l'appesantissent sur la terre, par les lignes horizontales de l'entablement. Dans la religion des Grecs, la divinité était abaissée; le dieu était aussi comme écrasé sous le plafond du temple. Selon Pline, la Minerve d'or de Phidias s'élevait à 15 mètres, et l'édifice où elle était placée n'en avait pas 17. A Olympie, d'après Strabon, Jupiter, qui était assis, en se levant eût emporté le toit du temple.

L'esprit du christianisme est bien différent, bien différent sera aussi le caractère de ses temples. Le chrétien accepte la vie comme une épreuve, la terre est pour lui un exil; les joies éphémères qu'il rencontre dans son pèlerinage ne lui font point oublier le bonheur de la patrie à laquelle il aspire. Le Dieu qu'il adore est infini; mais par l'incarnation de son Verbe, il a élevé jusqu'à lui l'humanité. Aucun art ne saurait exprimer ce mystère, base de la doctrine catholique. Le temple cependant peut donner comme l'impression de cet abaissement de Dieu vers l'homme et des aspirations de l'homme vers Dieu, des communications intimes de la terre avec le ciel. Aussi, dans les constructions ogivales, les lignes et les formes verticales dominent; des flèches élancées portent jusqu'aux nues la tête du monument; les nefs divisées et les chapelles multipliées donnent à l'édifice des profondeurs mystérieuses; il semble que le Dieu du ciel, résidant perpétuellement dans le silence du tabernacle, y invite l'homme à d'ineffables entretiens. Dans ces retraites cachées, l'âme se recueille volontiers et se laisse aller à ces douces effusions avec lesquelles le cœur quitte la terre et s'élève vers les cieux (*). Nous nous gardons bien de conclure que le style ogival seul exprime le sentiment chrétien ; il serait déplacé dans bien des contrées qui doivent avoir cependant leurs édifices religieux. A Rome, il ne serait pas chez lui.

(*) Dans la loi chrétienne, l'âme domine le corps, la volonté gouverne les sens, l'esprit l'emporte sur la matière, et il semble que le temple est l'expression de cette pensée qui est toute la vie des peuples catholiques.

Un historien, qui malgré ses extravagances d'imagination avait compris certains aspects du moyen-âge, a écrit les lignes suivantes : « L'esprit est l'ouvrier de sa demeure. Voyez comme il travaille la figure humaine dans laquelle il est enfermé, comme il imprime la physionomie, comme il en forme et déforme les traits ; il creuse l'œil de méditation, d'expérience et de douleurs ; il laboure le front de rides et de pensées ; les os mêmes, la puissante charpente du corps, il la plie et la courbe au mouvement de la vie intérieure. De même, il fut l'artisan de son enveloppe de pierre, il la façonna à son usage, il la marqua au dehors, au dedans, de la diversité de ses pensées ; il y dit son histoire, il prit bien garde que rien n'y manquât de la longue vie qu'il avait vécu, il y grava tous ses souvenirs, toutes ses espérances, tous ses regrets, tous ses amours. Il y mit, sur cette froide pierre, son rêve, sa pensée intime. Dès qu'une fois il eut échappé des catacombes, de la crypte mystérieuse où le monde païen l'avait tenu, il la lança au ciel cette crypte ; d'autant plus profondément elle descendit, d'autant plus haut elle monta ; la flèche flamboyante échappa comme le profond soupir d'une poitrine oppressée depuis mille ans. Et si puissante était la respiration, si fortement battait ce cœur du genre humain, qu'il fit jour de toute part dans son enveloppe ; elle éclata d'amour pour recevoir le regard de Dieu.

Chaque peuple a ses créations inspirées par des circonstances spéciales. L'Italie possédait les traditions de l'antiquité. Elle se garda bien de les délaisser; mais elle les développa. En présence du Panthéon d'Agrippa, le souverain Pontife exprimait le regret que cette belle œuvre eût été d'abord souillée par de fausses divinités, et le désir qu'un temple plus beau encore fût consacré à Dieu. Michel-Ange promit qu'il ferait mieux et qu'il placerait dans les airs la coupole du Panthéon (*). En effet, par son puissant génie, le temple païen tout entier fut comme élevé sur un autre temple. D'après les juges les plus experts, cette basilique serait l'expression la plus élevée à laquelle soit arrivée l'architecture inspirée par la foi catholique. « C'est presque une ogive solide portant un second dôme qui monte ainsi que le premier, et sur lequel la croix monte encore, poussant de degré en degré le regard jusqu'au zénith et l'âme jusqu'à Dieu (**). » De même, Sainte-Sophie de Constantinople, Saint-Marc de Venise, et bien d'autres édifices de ce genre, sont d'admirables sanctuaires en parfaite harmonie avec les dogmes catholiques (***). Dans chaque contrée, l'architecture

(*) Cette parole est attribuée à Michel-Ange; cependant Bramante donna les premiers plans de la basilique à laquelle travaillèrent après lui Raphaël, Julien de San Gallo, Baltazar Perruzzi. Michel-Ange, quand il eut été chargé de la direction des travaux, fit subir des changements au plan primitif; il modifia même en partie ce qui avait été exécuté. En supprimant le luxe inutile des détails, il donna plus de majesté à l'ensemble. Il arrêta la forme de la coupole. Du reste, la parole en question est peu de chose; le fait existe, et il a toute sa valeur.

(**) C. Levesque, *Science du beau*, t. II, p. 49.

(***) La capacité dispersée dans les nefs des basiliques ogivales est concentrée dans la coupole de ces édifices, et produit une impression qui va presque jusqu'à la frayeur; le vide qui s'ouvre au-dessus de nos têtes nous cause de l'émotion comme les profondeurs dans lesquelles nous pourrions être engloutis.

religieuse aura ses inspirations particulières. Du moins nous pouvons dire qu'elle prendra une expression spéciale, selon le culte qu'elle doit servir. Toutes ces impressions que nous recevons du monument considéré en lui-même, dans ses rapports avec la région où il est élevé, dans la pensée qu'il exprime, toutes ces impressions se confondent en une seule qui agit sur notre âme avec la plus grande puissance.

Dans un édifice, l'expression s'enrichit encore de tous les souvenirs qui s'y rattachent. L'édifice nous redit son passé, l'intelligence de celui qui en a dessiné les plans, la constance de ceux qui en ont réalisé l'exécution, tous les événements dont il a été le témoin silencieux (*). Un monument est comme

(*) Mme de Staël, sans le dire à cette intention, nous fait connaître comment les souvenirs du passé ont leur part d'influence dans les émotions profondes qu'elle éprouve en présence de Saint-Pierre de Rome. En appréciant la grandeur, la richesse de l'édifice, instinctivement elle évoque les souvenirs qu'il rappelle, et passe de l'un à l'autre sans se faire besoin de la moindre transition, tant le rapprochement est naturel. « Encore un dernier coup-d'œil, dit-elle, vers ce sanctuaire immense. Voyez comme l'homme est peu de chose en présence de la religion, alors même que nous sommes réduits à ne considérer que son emblême matériel! Voyez quelle immobilité, quelle durée les mortels peuvent donner à leurs œuvres, tandis qu'eux-mêmes ils passent si rapidement, et ne survivent que par le génie ! Ce temple est une image de l'infini ; il n'y a point de terme aux sentiments qu'il fait naître, aux idées qu'il retrace, à l'immense quantité d'années qu'il rappelle, soit dans le passé, soit dans l'avenir. »

Notre remarque trouve une application plus frappante encore dans ce discours que Mme de Staël met sur les lèvres de Corinne et dont nous n'avons cité que les premières paroles. « La vue d'un tel monument est comme une musique continuelle et fixée qui vous attend pour vous faire du bien quand vous vous en approchez ; et certainement il faut mettre au nombre des titres un livre sur lequel une génération écrit en caractères ineffaçables sa vie, ses mœurs, ses convictions. Il sera dans l'avenir la révélation du passé. C'est surtout par ce concours de circonstances et de souvenirs que le temple prend une signification plus précise et qu'il devient un des symboles les plus éloquents de la foi d'un peuple.

De ces considérations, nous devons déduire plusieurs conséquences très-importantes.

Dans chaque contrée, les édifices seront mieux compris par le peuple qui les a conçus et réalisés. Les générations nouvelles, dans ces œuvres du passé, retrouvent les souvenirs les plus précieux de leur histoire, le témoignage le plus éclatant, le plus authentique de la foi de leurs ancêtres. Cette recommandation donne aux monuments eux-mêmes un prestige sacré qui impose le respect et leur prête une expression que n'auraient pas des

de notre nation à la gloire, la patience, le courage et le désintéressement des chefs de l'Église, qui ont consacré cent cinquante années, tant d'argent et tant de travaux, à l'achèvement d'un édifice dont ceux qui l'élevaient ne pouvaient se flatter de jouir. »

Quand sous ces dômes immenses elle « entend de loin venir un vieillard dont les pas tremblants se traînent sur ces beaux marbres arrosés de tant de pleurs, » elle se dit que « là tout commande le silence ; le moindre bruit retentit si loin, qu'aucune parole ne semble digne d'être ainsi répétée dans une demeure presque éternelle. »

En présence de l'obélisque érigé devant la façade de la basilique, elle s'exprimait ainsi : « La forme de l'obélisque elle seule a quelque chose qui plaît à l'imagination ; son sommet se perd dans les airs et semble porter jusqu'au ciel une grande pensée de l'homme. Ce monument qui vint d'Égypte, ce contemporain de tant de siècles qui n'ont rien pu contre lui, inspire un sentiment de respect ; l'homme se sent tellement passager, qu'il a toujours de l'émotion en présence de ce qui est immuable. »

œuvres de la même valeur, mais dont les origines seraient inconnues.

Pour comprendre l'expression, le symbolisme d'un monument, il ne faut pas oublier le passé qu'il rappelle et par lequel il est expliqué. Ces souvenirs effacés ou négligés, l'édifice ne garde plus que la beauté matérielle de ses formes; dépouillé de ses ressources les plus expressives, il ne nous tient plus qu'un langage difficile à comprendre. On dit avec vérité que les monuments expliquent l'histoire et font connaître bien des faits oubliés (*), mais il faut ajouter que l'histoire est indispensable à l'intelligence des monuments. Pendant plusieurs siècles on n'eut que du dédain pour les constructions ogivales, et les intelligences les plus élevées ne voyaient dans ce genre d'architecture qu'un désordre, un chaos indescriptible; non pas un art, mais une compilation, un composé d'éléments disparates et hétérogènes rassemblés par une fantaisie ignorante et désordonnée. Or, il est à remarquer que ceux qui dépréciaient ainsi les monuments du moyen-âge calomniaient avec la même injustice les générations par lesquelles ces monuments avaient été élevés. Le plus souvent, une seule sentence de condamnation enveloppait indistinctement les œuvres et leurs auteurs. Fénelon regardait comme « sans règles ni culture » les esprits qui avaient produit ces édifices, dans lesquels il ne voyait que « des pointes et des colifichets (**). » A une époque plus rapprochée de nous, en 1833, on écrivait ces lignes : « Le genre de bâtisse auquel on donne le nom de gothique est né de tant d'éléments hétérogènes et dans des temps d'une *telle confusion,* d'une *telle ignorance,* que l'extrême diversité des formes qui le

---

(*) Les villes d'Herculanum et de Pompeï, surprises par une éruption du Vésuve, et aujourd'hui débarrassées, après tant de siècles, des cendres où elles avaient été ensevelies, ne sont-elles pas des pages précieuses sur l'histoire de l'antiquité ?

(**) *Dialogues sur l'éloquence,* II. — *Lettre à l'Académie,* X.

constituent, inspirée par le seul caprice, n'exprime réellement à l'esprit que l'idée du désordre (*). » Aujourd'hui nous comprenons mieux le moyen-âge et ses œuvres.

De même, pour comprendre les édifices grecs, il faut les voir dans la contrée pour laquelle ils ont été conçus, se rappeler la vie du peuple qui les éleva, ses mœurs et ses croyances. Nous ne devons pas les juger par les reproductions que nous en faisons. Cependant ces reproductions, si insuffisantes qu'elles soient, auraient peut-être pour le peuple grec une expression qu'elles n'ont pas pour nous. Il est tel édifice que nous estimons bien réussi en son genre, et que nous regardons cependant avec indifférence, ou que nous essayons de stigmatiser par une épithète injurieuse, un peu, sans doute, parce que nous avons trop fait d'applications vulgaires de cette belle architecture. Un Athénien du siècle de Périclès, se promenant au XIXe siècle dans la cité, où il rencontrerait cette imitation de ses monuments, nous dirait peut-être que nous n'avons point compris l'art de sa patrie; et cependant cette interprétation défectueuse lui rappellerait encore les plus chers souvenirs et les plus grandes émotions.

L'architecture présente dans son histoire trois systèmes principaux qui se développèrent à différentes époques, chez différents peuples : le premier, chez les Grecs, au siècle de Périclès; le second, chez les Romains, au siècle d'Auguste; le troisième en France, au moyen-âge. La Renaissance en Italie et en France, au XVIe siècle, ne fut qu'un retour aux arts de l'antiquité.

Nous commencerons par étudier l'architecture grecque. Nous examinerons ensuite les différentes phases qui se sont succédé dans l'architecture jusqu'à nos jours, en cherchant à nous expliquer comment s'opérèrent ces différentes transformations et quelle peut être la valeur de chacune d'elles.

(*) *Dic. hist. d'art*, t. II, p. 175. (QUATREMÈRE DE QUINCY.)

ARCHITECTURE GRECQUE.

Depuis bien des siècles, la Grèce n'offre plus aux voyageurs que des ruines dévastées, des pans de muraille, des péristyles interrompus, des frontons brisés et dépouillés de leur sculpture, des débris mutilés et enfoncés dans le sol; à peine si quelque temple a conservé dans son ensemble le caractère de sa structure (*); et cependant ces ruines délabrées ne cessent d'être un objet d'étude pour le sculpteur et l'architecte. C'est que, dans le silence qui les enveloppe, elles nous redisent encore la vie et l'inspiration dont était animé le peuple qui éleva autrefois ces monuments. Les édifices de l'Attique furent l'œuvre d'une nation qui eut au plus haut degré le sentiment de l'art.

Les Grecs peut-être n'employèrent point de nouveaux moyens de construction, mais ils donnèrent à leurs monuments des dispositions d'ensemble et de détail que ne connaissaient point les autres peuples. Les premiers ils réglèrent les supports de leurs édifices, donnèrent à ces supports des proportions, un arrangement de moulures et d'ornements tels que l'on crut plus tard pouvoir déduire de ces modèles des principes invariables ; les colonnades posées par les Grecs furent considérées

(*) Depuis le commencement du XIX⁰ siècle, quelques monuments ont été dégagés, les Propylées, l'Erechtheïum, la Lanterne de Démosthène, etc.; des fragments recueillis avec soin ont été placés dans le temple de Thésée.

comme des ordonnances parfaites, comme l'*ordre* par excellence (*).

Les Grecs employèrent trois ordres, le dorique, l'ionique et le corinthien; mais ils se servaient surtout de l'ordre dorique, dont la gravité convenait mieux à leurs temples. Sans décrire tous les détails des ordres tels qu'ils furent traités chez les Grecs, nous en indiquerons seulement les particularités.

La colonne de chaque ordre ne présentait pas toujours dans

(*) Il est bon d'étudier ici les premières planches placées à la fin du volume. En prenant depuis figure 1 jusqu'à figure 19, on peut voir les moulures, les ornements et les ordres tels qu'ils furent pratiqués à la Renaissance, c'est-à-dire les cinq ordres du traité de Vignole, auteur italien du XVIe siècle. — On avait examiné les monuments romains, consulté le livre de Vitruve, dans lequel on croyait trouver, non-seulement les principes suivis au siècle d'Auguste, mais encore les lois de l'architecture grecque. On se crut alors parfaitement renseigné sur l'architecture antique, et l'on essaya de fixer les règles d'après lesquelles les ordres avaient été traités, d'après lesquelles on pourrait à l'avenir les reproduire sans hésitation. (Nous verrons que ces règles n'avaient point été observées au siècle d'Auguste, et qu'elles étaient tout-à-fait opposées à l'esprit de l'architecture grecque.) Il y eut des règles de proportion et des règles de composition. Les règles de proportion déterminèrent la dimension de chacune des parties de l'ordre, le diamètre inférieur de la colonne étant pris comme unité de mesure. La moitié de ce diamètre s'appelle module. Comme la plupart des moulures sont loin d'avoir un module entier de dimension, on prit une unité de mesure plus petite pour en évaluer la hauteur et la saillie; le module fut divisé en douze parties ou minutes pour le toscan et le dorique, en dix-huit parties pour l'ionique et le corinthien. Les règles de composition déterminèrent le choix et l'arrangement des moulures et des ornements qui devaient entrer dans chaque ordre. Si nous considérons successivement les cinq ordres de la Renaissance, le toscan, le dorique, l'ionique, le

sa hauteur le même nombre de diamètres; celle du dorique en comptait de 4 à 6. Dans le Parthénon, le chef-d'œuvre de la Grèce, construit par Ictinus et Callicrate (*) et décoré tout entier par Phidias, les colonnes comprenaient 5 diamètres et démi dans leur hauteur, et les diamètres des colonnes étaient à peu près égaux aux entre-colonnements. Le fût de l'ordre dorique reposait ordinairement sans intermédiaire sur le sol [20, colonne dorique du temple de Thésée] (**), diminuait

corinthien, le composite, en commençant par le toscan, nous pouvons faire cette remarque : le toscan est le plus lourd et le plus simple, les suivants deviennent graduellement plus élégants et plus riches de moulures, se conformant ainsi aux règles de proportion et de composition. 1° Pour les proportions, chaque ordre prend pour sa colonne un plus grand nombre de modules dans la même hauteur, ou, en d'autres termes, pour la même hauteur le diamètre diminue, et la colonne prend ainsi plus d'élancement. 2° Pour la composition, chaque ordre prend une moulure de plus dans les parties susceptibles de cette addition, c'est-à-dire la base de la colonne, l'architrave et la corniche de l'entablement; on ne comprend pas dans ce nombre les petites moulures d'accompagnement; ainsi, dans la base du corinthien on ne compte que quatre moulures, en commençant par le bas : 1° un tore; 2° une scotie surmontée d'un réglet et d'une baguette ; 3° une autre scotie accompagnée des mêmes moulures, mais en sens inverse; 4° un autre tore. L'entablement du corinthien ne reçoit pas quatre bandes, mais il prend des moulures d'accompagnement plus importantes. Le composite n'étant formé que d'emprunts n'entre pas dans ces règles. On peut aussi remarquer dans la figure 14 comment chaque ordre comprend trois parties renfermant chacune trois éléments.

(*) Avec ces deux illustres architectes, citons Bupalus, Scopas, Polyclète de Sicyone, Buschetto, Eupolemus, qui furent en même temps architectes et sculpteurs.

(**) Les chiffres entre crochets renvoient aux figures réunies à la fin du volume.

depuis le bas et était creusé de cannelures à vive-arête. (Les cannelures qui ne sont pas à vive-arête sont séparées par un listel, comme on le voit dans l'ordre ionique fig. 17). Le chapiteau était toujours composé du tailloir carré, de la moulure nommée échine, au-dessous de laquelle étaient trois ou quatre listels; le gorgerin présentait la continuation des cannelures, et sa séparation du fût était indiquée par une rainure assez profonde.

On connaît plusieurs exemples de l'ordre ionique. Il différait peu de l'ionique moderne; sa colonne, en terme moyen, avait 8 diamètres et demi; le fût était creusé de vingt-quatre cannelures séparées par un listel, et diminuait du premier tiers inférieur, comme dans les ordres de la Renaissance; les volutes étaient formées d'un plus grand nombre de lignes que dans l'ionique moderne, et ces lignes plongeaient au milieu du chapiteau. [21, — 22, côté ou balustre du chapiteau différant du balustre moderne 23.]

L'ordre corinthien ne fut employé par les Grecs que dans les monuments de moindre importance; le plus bel exemple connu appartient à un petit édifice appelé vulgairement Lanterne de Démosthène, mais mieux nommé monument choragique de Lysicrate (*); cet ordre, d'une élégance parfaite, est bien d'ailleurs celui qui a servi de modèle aux Romains et aux

(*) La première dénomination est appuyée sur une tradition d'après laquelle cet édicule aurait servi de retraite à Démosthène, quand, rebuté par le peuple, il se retira dans la solitude pour se former à l'éloquence; or, Plutarque dit que le cabinet où se renferma Démosthène pour travailler à la lueur d'une lampe était sous terre, et le pavé de celui-ci est élevé de plus d'un mètre au-dessus du sol. D'après la seconde opinion, le musicien Lysicrate aurait fait élever ce monument pour perpétuer le souvenir d'un succès qu'il avait obtenu en conduisant un chœur; il était en effet d'usage à Athènes que le musicien qui avait triomphé sur la scène fît élever un monument de ce genre.

modernes [24, chapiteau de ce monument] (*). Parmi les ruines de l'Attique on peut remarquer des temples très-vastes d'ordre corinthien, mais ces constructions ne paraissent dater que de la domination romaine.

Il faut remarquer que les Grecs livraient à la postérité les ordres complets, auxquels, dans la suite des siècles, on ne sut jamais ajouter un élément nouveau. Les Romains et les modernes ne firent que des combinaisons différentes en assemblant autrement les diverses parties de ces modèles. Les artistes dont Louis XIV s'était entouré furent sollicités par le monarque de créer un ordre français, mais le coq gaulois et le soleil du grand roi qu'ils ajoutèrent au chapiteau corinthien n'eurent point assez de prestige pour en faire une véritable création. Le moyen-âge seul, après l'antiquité, eut le privilége de marcher dans des voies véritablement novatrices pour la décoration, de même que pour la construction.

Les Grecs créèrent encore d'autres motifs d'ornementation qui complétèrent les ordres. La ville de Cariate, dont les habitants s'étaient ligués avec les Perses, ayant été prise et les hommes passés au fil de l'épée, les femmes furent emmenées en servitude à Athènes et représentées en guise de supports sous un entablement; elles devinrent ainsi le modèle des innombrables cariatides exécutées dans la suite. De même, à Lacédémone, quelques guerriers ayant remporté la glorieuse victoire de Platée sur la nombreuse armée des Perses, les dépouilles de l'ennemi servirent à l'érection d'un portique dans lequel, pour éterniser la honte des vaincus et encourager les Lacédémoniens à défendre leur liberté avec une noble ardeur, les captifs parurent revêtus de leurs armures soutenant la voûte. Les Grecs se servaient aussi de pilastres ou antes, colonnes plates appliquées aux murailles.

(*) La feuille d'acanthe, que nous remarquons dans ce chapiteau antique, est bien celle qui a été reproduite par les modernes (25).

Comme complément des ordres, indiquons le fronton servant dans les façades [26]; c'était un triangle très-surbaissé, encadré par la corniche de l'entablement reportée sur les côtés.

Comment les Grecs surent-ils donner à leurs édifices des formes particulièrement belles et choisies, que l'on admire encore même dans des ruines ? Comment arrivèrent-ils à poser des principes auxquels on croit encore devoir se conformer après tant de siècles ? Voilà le fait dont nous devons maintenant nous demander l'explication.

Les Grecs avaient pris pour guides le sentiment et la raison : le sentiment délicat, qui reçoit des impressions et les garde précieusement; la raison, qui juge, observe, compare, n'admet rien dont elle ne puisse rendre compte. Ils n'avaient peut-être jamais formulé certains principes qu'ils ne suivaient que par sentiment, et qui furent plus tard déduits de leurs chefs-d'œuvre; peut-être ils ignoraient absolument certaines lois, mais la perspicacité dont ils étaient doués suppléait à leur inexpérience. Ainsi, pour la sculpture, ils pouvaient ignorer les lois de l'anatomie, la fonction de tel ou tel muscle ; mais ils observaient avec attention les formes, les mouvements vrais de la nature, et les reproduisaient avec une admirable perfection ; ils interprétaient même la nature et la développaient sans en méconnaître les lois, pour rendre plus complétement leur pensée, comme nous le démontrerons en parlant de la statuaire.

Les artistes grecs vivaient au milieu d'une population qui s'intéressait aux œuvres d'art comme à l'une de ses gloires les plus précieuses, les discutant avec sagacité et les applaudissant. De là naissaient pour les artistes un puissant encouragement et le meilleur de tous les contrôles. Les œuvres d'art sont bien jugées, surtout quand elles appartiennent à toute une cité ; alors personne ne peut se flatter de réussir par la protection de quelques amis dévoués, ne doit prétendre à la renommée que par un mérite réel. A Athènes, nul n'était exclu, mais tous étaient stimulés par l'émulation, cette noble rivalité du talent si favorable aux grands progrès de l'art. La population de la Grèce était d'ailleurs portée à la discussion, et cette disposition, qui peut causer des erreurs quand il s'agit de questions métaphysiques, n'a aucun inconvénient pour les jugements à porter sur les œuvres d'art ; il ne s'agit alors que de raisonner sur des formes matérielles et sensibles.

Constatons la vérité de ces observations ; cherchons l'esprit avec lequel procédaient les Grecs, en étudiant leurs œuvres et d'abord la manière dont ils traitaient les ordres (*). Toutes les dispositions sont raisonnées, toutes les formes parfaitement motivées. Les cannelures sur les colonnes, par la série des ombres et des lumières qu'elles présentent, montrent mieux que les colonnes sont rondes ; de même que dans nos flèches du moyen-âge, l'effet est très-heureusement complété par les moulures qui séparent les pans coupés et par les crochets sur lesquels s'arrête la lumière. La forme de l'échine, entre le tailloir et le fût de la colonne, est admirablement

---

(*) Nous avons emprunté les observations suivantes sur les ordres aux *Entretiens* de M. Viollet Le Duc *sur l'Architecture ;* nous nous sommes aussi considérablement aidé pour l'architecture du moyen-âge, spécialement pour le travail de transition au XIIe siècle, du *Dictionnaire raisonné* du même auteur. Dans ces volumes, toutes les questions sont traitées avec une science si complète, que celui qui, après les avoir étudiées, vient à écrire sur les mêmes matières, ne peut éviter d'en retrouver sous sa plume de nombreuses réminiscences. Les pensées résumées que nous présentons ne donnent aucunement idée de ces incomparables ouvrages complétés par de très-nombreuses gravures aussi remarquables que le texte. Mais tout en gardant la responsabilité de nos appréciations, nous aimons à reconnaître ce dont nous sommes redevable à l'éminent écrivain.

calculée [11 et 20]; elle fait paraître la tête de la colonne qui s'effacerait dans l'ombre du tailloir, et présente une ligne intermédiaire entre les lignes horizontales du tailloir et les lignes verticales du fût. Les triglyphes étant des supports (l'espace compris entre les triglyphes et appelé métope était primitivement vide et l'architrave ainsi moins chargée), les triglyphes sont donc indiqués comme supports par des rainures verticales attestant une pièce portant charge et rappelant les cannelures de la colonne [20]. Les temples grecs sont le plus souvent recouverts de peintures même à l'extérieur; ainsi, les triglyphes sont souvent peints en bleu et les métopes en rouge très-vif; or, cette application de couleurs n'est pas une affaire de caprice de la part de l'artiste, mais elle a pour but de rendre plus distincts les différents membres de l'ordonnance, et sert à mettre en évidence des parties importantes comme les colonnes, qui parfois ne paraîtraient pas assez. Le mur qui forme le temple intérieur et devant lequel se présente la colonnade, est recouvert d'un ton brun absorbant la lumière; sur ce mur, l'appareil est marqué en lignes plus claires, et par ces précautions les colonnes non-seulement apparaîtront toujours plus lumineuses, mais se détacheront encore par les lignes verticales de leurs cannelures devant les lignes horizontales de l'appareil simulé.

Dans l'architecture grecque, les moyens de construction ne sont jamais dissimulés, la fonction de chacun des membres de la construction est toujours indiquée avec clarté, et cette condition n'est négligée pour aucune considération. Si les colonnes sont remplacées par des statues, les personnages sont posés avec élégance; mais on reconnaît, par la fermeté avec laquelle ils se dressent sous le fardeau, que véritablement ils remplissent le rôle de supports.

Guidés par le sentiment et la raison, les Grecs ne s'astreignent pas à une régularité matérielle; ainsi, dans l'ordre dorique ils ne posent pas régulièrement des triglyphes sur l'aplomb des colonnes et sur le milieu des entre-colonnements, mais ils mettent un triglyphe à l'extrémité de la frise [20, comparé au dorique moderne 16]; de même, vers les angles de l'édifice, les trilgyphes sont plus rapprochés les uns des autres, les colonnes se rapprochent de la même façon et sont plus grosses. Il y avait là des irrégularités frappantes; mais l'architecte s'était dit que les angles de l'édifice avaient surtout besoin d'être soutenus, qu'il était raisonnable d'y placer des supports plus nombreux et plus forts. D'ailleurs le spectateur lui-même se rend bien compte de cette disposition, et le regard est satisfait tout aussi bien que l'esprit.

De même l'artiste grec savait s'affranchir des lois banales de la symétrie; souvent ces lois suivies aveuglément sont gênantes, compromettent la bonne disposition d'un édifice, ou sont invoquées comme excuse par une imagination épuisée. Ainsi, sur une place publique où deux monuments sont mis en regard, dans une cathédrale ogivale qui présente deux flèches, il est plus facile sans doute de reproduire deux fois le même monument, la même flèche; mais une nouvelle production qui, par ses masses générales, son caractère, sa physionomie, rappellera la première sans la copier exactement, et s'harmonisera parfaitement avec elle, sera préférable assurément, car elle témoignera de la fécondité de l'artiste; les deux flèches seront pour ainsi dire équilibrées, pondérées dans leur ensemble, mais ne seront pas calquées l'une sur l'autre. C'est ainsi que les lois de la symétrie furent comprises par les Grecs et les artistes du moyen-âge. Nous verrons plus loin jusqu'à quel point elles furent acceptées par les Romains.

Les Grecs procédaient avec la plus grande liberté quand ils le jugeaient utile; citons l'Erectheïum, nommé aussi Pandrosium. Il fallait construire un temple à l'endroit où Minerve avait fait éclore un olivier et Neptune sortir une source; le sol, bien que très-inégal, devait être respecté. L'artiste acceptant franchement la difficulté, construit pour ainsi dire trois temples, avec des ordonnances de hauteur et de caractère variés. « Il n'est aucun architecte moderne qui osât procéder avec autant de liberté (*), » et cependant l'Erectheïum est cité comme une œuvre irréprochable en tout point ; ses différentes parties se relient dans une harmonieuse unité ; l'effet eût été moins riche et moins complet avec une seule ordonnance développée dans des proportions plus considérables.

Les Grecs, loin de se faire les esclaves des formes qu'ils avaient adoptées une première fois, en imaginaient de nouvelles, suivant l'opportunité ; ainsi ils faisaient du même ordre des applications différentes, selon le caractère du temple pour lequel il était employé. L'ordre dorique, par exemple, devenait plus ou moins léger, selon qu'il fallait élever un temple d'une physionomie plus ou moins élégante, plus ou moins grave.

Les Grecs, en procédant avec cette liberté, observaient scrupuleusement les lois de l'harmonie, c'est-à-dire que dans un même ordre toutes les parties avaient un caractère identique de gravité, de simplicité ou de richesse. Si l'ionique est plus élégant et plus riche dans son ensemble, son chapiteau est plus orné, la colonne reçoit des cannelures plus nombreuses et repose sur une base circulaire, les membres de l'entablement sont plus divisés. Toutes les parties de l'ordonnance, de même que les membres d'une statue, sont parfaitement dans le même caractère ; il serait en effet aussi déraisonnable de poser un entablement lourd sur des colonnes grêles, que de mettre le buste d'un Hercule sur les jambes d'un Apollon.

Cette préoccupation de l'artiste grec à étudier l'harmonie d'un ordre, la finesse de ses détails, s'exerçait bien davantage encore sur l'ensemble de l'édifice et sur son effet général ; l'architecte, avant de poser la première pierre d'un monument, le

---

(*) M. Viollet Le Duc. *Entret.*, p. 56.

voyait surgir dans son imagination avec sa silhouette et ses découpures sur le ciel, avec sa physionomie au milieu du site choisi pour la construction (*).

Dès le principe, tout était prévu et calculé, l'emplacement et l'entourage. L'édifice était comme encadré par la nature, et il s'élevait sur un large soubassement de hautes assises ou de marches nombreuses. Les temples les plus importants se présentaient dans un ensemble bien plus complet; c'était une vaste enceinte précédée d'une première construction qui déjà était un magnifique monument, les propylées; l'enceinte était entourée de portiques et contenait quelquefois un bois sacré, une fontaine, des grottes, de petits édicules renfermant des trésors, des colonnes portant des traités de paix et d'alliance, d'autres monuments religieux élevés par divers peuples, parfois même des théâtres; le plus magnifique théâtre construit par les Grecs était compris dans l'enceinte du temple d'Esculape à Epidaure. Les édifices grecs composés pour paraître sous un ciel toujours pur, perdent considérablement à être transportés dans nos contrées, au milieu d'un air souvent brumeux dans lequel sont voilées la délicatesse des sculptures et la finesse des profils. Mais nous ne pouvons plus en comprendre aucunement la beauté, si, avec leurs grandes lignes horizontales et leurs frontons surbaissés, ils nous apparaissent, non pas isolés dans un paysage ravissant, mais au milieu de hautes maisons qui les écrasent. Malheureusement, nous ne procédons pas toujours

---

(*) « Le monument s'élève-t-il, tout en lui grandit ensemble et de concert, colonne, architrave, fronton : ce sont les membres d'un même être et d'un être harmonieux et proportionné ; les parties opposées s'appellent et se répondent par un accord spontané, où ne paraît ni gêne, ni contrainte. Ainsi grandissent les beaux enfants et les beaux arbres ; ainsi grandirent sans doute les belles montagnes au temps où la terre, cherchant ses formes dernières, s'achevait avec la lenteur des siècles et s'apprêtait à recevoir l'homme. » M. C. Levesque, *Théorie du beau*, I, p. 408.

avec le même sentiment artistique que les Grecs. Combien de riches monuments sont tellement encombrés dans nos villes, qu'à cinquante pas nous n'en soupçonnons pas l'existence ; leurs profils se découpent sur des murs grossiers, leurs clochetons se mêlent, pour l'œil, aux cheminées des maisons voisines.

Pour l'emplacement d'une ville comme pour la pose d'un monument, nous nous préoccupons bien moins que les Grecs de ces conditions de beauté. Sans doute, quand ils choisissaient la place d'une ville dans laquelle ils devaient avoir à défendre leur indépendance contre des voisins jaloux et belliqueux, ils se laissaient guider par des considérations de sûreté, de même qu'ils tenaient compte des ressources d'utilité journalière et des richesses que pouvait procurer telle ou telle situation ; mais, à voir la façon pittoresque dont les villes grecques se présentent, il est évident aussi que le sentiment artistique agissait puissamment sur les populations de l'Attique. L'art chez les Grecs n'était pas seulement un accessoire, le superflu ; il présidait au choix du site sur lequel la cité serait construite, il régnait en maître dès les fondations de l'édifice, il en dirigeait tous les détails de construction et de décoration, et c'est pour cela que les villes grecques dévastées aujourd'hui ont conservé comme un parfum d'art au milieu de leurs débris.

ARCHITECTURE ROMAINE.

Les Romains eurent une architecture très-différente de celle des Grecs; ils voulurent que, sur toute la surface des nombreuses contrées soumises à leur domination, les édifices eussent un aspect de grandeur, de richesse et de luxe digne de l'empire romain. Ils tracèrent toujours avec une admirable entente les plans des édifices publics les plus vastes et les plus compliqués, ainsi des thermes, des amphithéâtres. Les thermes ou bains publics présentaient les difficultés les plus graves, par suite des pièces de toute dimension qu'il fallait y grouper, des différents services qui devaient y entrer chacun avec ses exigences : bains tièdes, bains chauds, bains froids, salles chauffées à différents degrés pour ménager les transitions, salles d'exercices avec des espaces réservés pour les spectateurs, salles de conversation, bibliothèques, vastes espaces découverts pour les exercices en plein air avec gradins pour les spectateurs de ces jeux, sans parler de tous les logements des employés, de tous ceux nécessaires aux approvisionnements, etc. Or, il est constaté que ce programme compliqué était admirablement rempli (*). Les

(*) On peut voir fig. 28 le plan des thermes de Caracalla et l'indication des pièces qu'il comprenait : A, bain froid; B, bain tiède; C, bain chaud; 1, 2, 3, 4, 5, bassins plus petits et de transition; D, bassins d'eau tiède; E, salles plus froides; F, bassins d'eau froide; G, portique ouvert; H, colonnade; I, péristyles

pièces étaient enchevêtrées les unes près des autres, chacune avec les dimensions et l'exposition convenables, les bains chauds étant toujours au Midi, les bains froids au Nord. Tout le terrain était occupé, et aucune de ses parties n'était prise inutilement. Quand il s'agissait d'une disposition meilleure, les Romains ne reculaient jamais devant la difficulté ; ainsi, ils adoptaient la forme d'ellipse pour les amphithéâtres, quoiqu'elle fût plus embarrassante pour la construction que la forme complétement circulaire, ne présentant pas comme celle-ci la même coupe pour toutes les parties. Mais avec la forme ronde, la lutte, dans ces horribles mêlées qu'il était impossible de diriger, aurait toujours été ramenée au centre ; ils n'hésitaient donc pas sur la forme à adopter.

Les Romains ne se préoccupaient aucunement du détail, du fini des formes, que les Grecs recherchaient avec tant de soin. Ils traitèrent les arts comme une affaire de convenance et non de conviction, s'en servirent comme d'une institution bonne, indispensable même à la dignité de l'empire, mais ne prêtèrent qu'une importance secondaire à l'art proprement dit. Ils ne prenaient pas la peine de discuter sur les principes, et s'il se présentait des embarras dans des combinaisons de formes, alors, à peu près comme Claudius Pulcher, qui faisait jeter à la mer les poulets sacrés parce qu'ils n'avaient pas voulu, en mangeant, lui fournir des présages, ils faisaient bon marché de la difficulté. A Athènes, les artistes étaient mis en évidence et honorés ; à Rome, ils étaient négligés et oubliés ; les édifices

---

avec exèdres pour ceux qui voulaient se promener, discuter, écouter les rhéteurs ; V, vestibules avec bibliothèques ; X, vaste espace couvert de gazon attribué aux exercices du xyste, avec gradins, M, pour les spectateurs de ces jeux ; P, palestres avec des salles pour la conversation ; J, colonnade ; K, cabinets pour les personnes qui ne voulaient pas prendre leur bain en public ; L, réservoirs d'eau.

n'étaient connus que par les noms des empereurs sous le règne desquels ils avaient été construits ; ainsi l'Amphithéâtre Flavien, commencé par Flavius Vespasien et terminé par Titus ; les Thermes de l'empereur Caracalla ; le Panthéon d'Agrippa. A Athènes on n'oubliait pas que la décoration du Parthénon était l'œuvre de Phidias, mais à Rome on ne s'occupait aucunement des architectes qui avaient donné les plans des monuments publics.

C'était l'empire qui paraissait dans toutes les œuvres ; il savait même à l'occasion décréter des monuments qui avaient le caractère puissant d'un sénatus-consulte. Citons la colonne Trajanne, un grand nombre d'arcs-de-triomphe [30].

Indiquons brièvement les caractères de la construction et de la décoration. Les Romains, dans toutes leurs constructions, se servaient surtout de ciment, de blocage, de briques, de matériaux de petites dimensions. Les Grecs s'étaient servi, pour former les entablements de leurs colonnades, de blocs considérables allant d'une colonne à l'autre. Les Romains, qui n'avaient pas cette ressource, furent obligés de recourir à des moyens différents ; ils remplacèrent l'entablement par des arcs reliant les colonnes et faciles à construire avec des briques. Se servant de l'arc, ils furent naturellement amenés à se servir des voûtes dont les Grecs ne faisaient point usage ; connaissant l'arc, il leur était d'ailleurs facile de concevoir la voûte en berceau, qui n'est qu'une suite d'arcs juxtaposés, la voûte d'arêtes, qui n'est qu'une combinaison de deux berceaux se pénétrant à angle droit [118]. Les Romains eurent encore la voûte hémisphérique ou la coupole, la demi-coupole ou voûte formée d'un quart de sphère. Il était facile aux Romains d'effectuer ces constructions avec le mode qu'ils avaient adopté, le ciment, les briques, le blocage ; et nous devons remarquer que ce système leur convenait parfaitement pour les plus grands édifices. Dans les amphithéâtres, les gradins étaient facilement formés avec des voûtes juxtaposées et superposées, les piliers de l'étage supérieur reposant sur les piliers de l'étage inférieur, et le mur extérieur étant percé d'arcades. Les aqueducs pouvaient être formés d'arcades superposées [29]. Pour ces immenses constructions, quelques hommes exercés suffisaient; il n'était besoin que d'un grand nombre de manœuvres pour porter les matériaux, préparer les briques, le mortier, battre le béton. Or, l'administration romaine avait à son service les armées et les populations qu'elle pouvait requérir. C'est ainsi que l'Amphithéâtre Flavien ou Colysée, qui pouvait contenir plus de cent mille spectateurs, fut achevé en moins de trois ans.

A peu près toujours la décoration s'applique sur l'édifice comme un vêtement; quand le Romain législateur a tracé les plans et construit l'édifice selon ses idées, il appelle le Grec pour en faire le costume, et ce sont assez souvent, après la conquête de la Grèce, des artistes exilés de l'Attique qui travaillent à la solde du Romain. Souvent l'artiste grec sera embarrassé avec ses colonnes, qu'il ne sait comment appliquer sur des constructions aussi différentes de l'édifice grec. Comment, par exemple, poser un portique, une colonnade, devant un temple circulaire couronné d'une coupole? « Il ne s'agit plus comme à Athènes, dit à ce propos M. Viollet Le Duc, d'un temple isolé dont la silhouette se détache sur le ciel; devant des masses de briques, la délicatesse de l'ordre dorique grec, ses contours si bien calculés en raison de la lumière et de l'air qui les entourent, les belles proportions de ses frontons dont l'angle est très-obtus pour ne point écraser en apparence l'ordonnance inférieure, toute la finesse d'un art qui se plaît dans la recherche des moindres détails, seraient perdus. » De plus, combien n'était-il pas difficile d'ajuster la raideur inflexible de l'architecture avec la courbure des arcades, l'angle du fronton avec la convexité de la coupole? Le Grec le comprend mieux encore que le Romain qui le fait travailler; aussi il procède largement;

il choisit un ordre plus riche que le dorique, l'ionique, et encore mieux le corinthien, qui a des effets heurtés, des oppositions vives et des profils plus compliqués ; il répond ainsi parfaitement aux désirs des maîtres de l'empire, qui ne sont pas exigeants sous le rapport de la forme, mais demandent des colonnades riches d'apparence, une richesse aussi complète que possible, digne de l'empire romain. Le décorateur n'épargnera pas le marbre, il aura des blocs énormes apportés des contrées éloignées pour faire des colonnes monolithes. Le luxe et la magnificence dans la décoration des monuments publics, telle était donc la préoccupation des Romains ; ils sont assez bien caractérisés par la conduite de Néron, qui, dans une fête où il recevait un roi d'Asie, fit jeter sur l'arène de l'Amphithéâtre de la poussière d'or, et sur le voile brodé d'or se fit représenter conduisant le char du soleil. Cette journée, que l'on nomma la journée d'or, n'affichait-elle pas un luxe barbare ?

Faisons quelques remarques sur les arcades et sur les ordres. Quelquefois les arcades restent apparentes, les pierres ou voussoirs étant plus régulièrement taillées, les voussoirs du milieu (claveaux) plus ornés. Souvent les arcades sont voilées par l'ordonnance grecque, les arcs étant cachés sous l'entablement [31]. Quelquefois l'entablement est posé au-dessus des arcs qui restent apparents ; cette disposition n'est pas raisonnable, puisque l'arc étant plus résistant devrait être au-dessus de l'entablement comme arc de décharge ; c'est ainsi que, souvent, on met un arc au-dessus du linteau d'une porte. Mais le Romain ne prétend pas que tout soit raisonnable dans les agencements de sa décoration.

Comment les ordres furent-ils pratiqués chez les Romains ?

Les Romains traitèrent les ordres avec la plus grande variété ; on pourrait dire que chacun de leurs édifices présente une composition nouvelle, en remarquant, toutefois, que les formes générales du corinthien s'y montrent plus fréquemment ; cette variété était amenée par le caprice et les circonstances plutôt que par le goût et la raison. Les règles sur les ordres, fixées par les modernes, ont donc pu être déterminées d'après les édifices romains; mais les Romains eux-mêmes étaient loin de suivre des règles. Ils n'ajoutèrent d'ailleurs aucun élément à ceux qu'ils avaient reçus des Grecs. Le toscan, qui n'est qu'un dorique appauvri et conséquemment emprunté aux Grecs, avait été d'abord employé par les Etrusques, et le composite, dans lequel sont accumulées les richesses des autres ordres, n'a été employé qu'une seule fois par les Romains. A Rome, les détails des ordres sont traités avec peu de scrupule. Chez les Grecs, non-seulement l'échine, mais toutes les moulures étaient tracées par le sentiment de l'artiste, et ne pouvaient être géométriquement définies; chez les Romains, toutes les moulures sont tracées avec le compas. Pour le dorique, les triglyphes sont toujours posés sur les colonnes et sur les entre-colonnements; tous les entre-colonnements deviennent égaux. Cette disposition laisse une demi-métope, c'est-à-dire un vide sur le bord de la frise, sous un angle; le goût en est moins satisfait, mais la symétrie est observée, et les Romains devaient prendre souvent la symétrie pour le sentiment de l'art. Les Romains se donnent peu la peine de raisonner dans l'emploi qu'ils font des ordres; ils les prennent sans se rendre compte des fonctions de chacune de leurs parties. Ainsi, dans un intérieur, sous la naissance d'une voûte, au-dessus du chapiteau qui serait suffisant, ils ajoutent une corniche saillante, bien qu'elle soit superflue.

Comme complément des ordres, les Romains employèrent les piédestaux sous les colonnes. Ils se servirent aussi des attiques, espèces d'entablements sans corniche posés sur l'entablement. Plus souvent que les Grecs, ils superposaient les ordres; ils accouplaient des colonnes, les réunissant sur un même piédestal et sous une partie de l'entablement ayant plus de saillie [32].

Pour avoir une idée plus complète des ressources de l'ornementation, indiquons les grottes pour les statues, les caissons peints et dorés dans les voûtes, le marbre, les stucs, la mosaïque avec laquelle on formait sur les murs des dessins très-riches de couleur et dont on se servait souvent aussi pour le pavé. La peinture ne faisait pas défaut à la décoration.

Faisons, en finissant, cette remarque importante, que jamais les dispositions intérieures n'étaient sacrifiées à l'ornementation, pas plus qu'aux règles de la symétrie.

Le Romain ne suit pas pour son habitation privée les mêmes principes que pour ses édifices publics. Quand il élevait un monument, il construisait pour l'empire; comme magistrat, il voulait paraître grand, magnifique et puissant; il acceptait même la symétrie autant qu'elle était utile pour donner du grandiose à l'ensemble de l'édifice. Là, il représentait. Quand il construit pour lui, il dépose ce caractère officiel. L'extérieur de sa maison sera toujours d'une grande simplicité et sacrifié aux dispositions de l'intérieur. Il ne cherche point à surprendre au dehors, à éblouir la multitude; il ne veut que la satisfaction de ses goûts personnels, une habitation agréable pour lui et pour les siens.

C'est ainsi que les Romains procédaient spécialement pour leurs maisons de campagne, ces splendides villas où les patriciens pouvaient profiter à l'aise de leurs richesses et agir avec une pleine liberté, sans s'inquiéter des rivalités jalouses. Il faut dire cependant que, vers le commencement de l'empire, le goût des décorations splendides à l'extérieur avait prévalu; Crassus avait fait mettre six colonnes de marbre devant sa maison; l'héritier des vols de Sylla, Scaurus, en fit dresser devant la sienne trois cent soixante, du marbre le plus précieux; elles avaient quarante pieds de haut et un tel diamètre, qu'on manqua d'effondrer les égouts sous leur poids en les transportant au mont Palatin.

Il serait intéressant de décrire avec détail la disposition des maisons romaines; nous ne pouvons que l'indiquer. Dans l'antiquité, chez les Grecs, chez les Romains, comme au moyen-âge, l'habitation privée et le palais des princes comprenaient deux parties bien distinctes : l'une, consacrée à la vie publique, à la réception des étrangers; l'autre, réservée à la vie privée, à la vie intime. Les Grecs avaient, de plus, des appartements destinés aux hommes, et d'autres plus retirés uniquement réservés aux femmes, condamnées, pour ainsi dire, à une réclusion perpétuelle.

Dans la maison romaine, la porte ouvrait sur un corridor où était la loge du portier et conduisant dans l'*atrium* ou partie de la maison ouverte aux visiteurs et aux clients. L'*atrium* se composait d'abord d'une cour entourée de portiques; au milieu de cette cour était un bassin carré appelé *impluvium*, pour recevoir les pluies; de ce bassin s'élançait ordinairement une fontaine jaillissante, alimentée par l'eau des aqueducs publics; presque toujours les murs de l'*atrium* étaient revêtus de marbre jusqu'à hauteur d'appui, et décorés de peintures représentant des sujets historiques. Au fond de l'*atrium*, en face de la porte principale, était le *tablinium ;* c'est là que l'on conservait les images des ancêtres, les généalogies et les archives de famille. Auprès était le cabinet des dieux lares, à côté duquel s'élevait un autel domestique. Puis venaient les salles où étaient admis les étrangers et les clients, des salons de conversation, le plus souvent richement décorés, le *triclinium* ou salle à manger, nommée *triclinium* parce qu'on y voyait ordinairement trois lits.

Passons au second corps de logis, aux appartements réservés à la vie intime. On y arrivait par des corridors ou *fauces,* C'était d'abord une grande cour entourée de portiques, au milieu de laquelle étaient un bassin, un parterre orné de fleurs et d'arbustes. Autour de cette cour se rangeaient les *dormitoria cubicula,* chambres à coucher, distinguées en *cubicula diurna, cubicula nocturna*. On arrivait à chacune d'elles par une antichambre gardée par des esclaves particuliers, et les lits y étaient placés dans une espèce d'alcôve. Cette partie de la maison renfermait un ou plusieurs *triclinium* et le *sacrarium* ou chapelle domestique. Puis venaient la cuisine avec ses dépendances, l'*olearium*, l'*horreum*, les *cellæ vinariæ*, le *pistrinum* ou boulangerie, l'*ergastulum* ou logement des esclaves. L'*hibernaculum* ou appartement d'hiver était chauffé par des tuyaux de chaleur ménagés dans l'épaisseur des murs, ou par des fourneaux dont la chaleur passait sous les parquets, c'est-à-dire des hypocaustes; un petit salon (*heliocaminus*) recevait les rayons du soleil par un vitrail placé au-dessus.

Les plus riches patriciens avaient encore dans leurs maisons une salle pour la bibliothèque, des bains ou thermes, et ces bains étaient accompagnés du *spheristerium* pour le jeu de paume, et d'un *aleatorium*, pièce garnie de tables sur lesquelles on jouait aux dés. Le plus souvent les maisons romaines avaient un étage supérieur qui présentait des terrasses plantées d'arbres, de fleurs et de treilles; ordinairement, sur ces terrasses était encore un *triclinium* pour le repas du soir. De riches Romains avaient un *triclinium* pour chaque saison. Quelquefois devant l'édifice se présentait une cour plantée d'arbres, ornée de statues, et dans laquelle les clients attendaient qu'on leur donnât audience; parfois aussi devant la maison étaient des boutiques où les esclaves vendaient les produits des biens de leurs maîtres. L'habitation romaine n'appartenait qu'à une seule famille. Nous ne parlons pas des maisons du peuple, des îles (*insulæ*), où était entassée la plus grande partie de la population.

La maison de campagne romaine ne gardait rien de la disposition que nous venons de décrire; on y voyait, le plus souvent, un théâtre, des thermes, une bibliothèque, et tous les moyens de jouissance que possède une grande ville; mais ces différentes pièces n'étaient point entassées dans un seul corps de bâtiment, pour présenter un ensemble capable d'en imposer ; elles étaient le plus souvent isolées les unes des autres, mises en communication par des portiques, et prenant chacune les dimensions les plus convenables et l'exposition la plus avantageuse. Vitruve posait cette règle : « Il est très-convenable que les chambres à coucher et les bibliothèques reçoivent la lumière du Levant, que les bains et les appartements d'hiver la reçoivent du Couchant, que les galeries de tableaux et les pièces qui demandent un jour bien égal soient tournées vers le Septentrion, parce qu'ainsi ces lieux ne seront point exposés aux variations de lumière que produit le soleil dans sa course, et resteront pendant tout le jour également éclairés. » Le programme que suivaient les Romains était toujours inspiré par cet esprit pratique, surtout dans leurs maisons de campagne. Ils savaient s'affranchir sagement d'une régularité gênante ; ils préféraient jouir d'une vue sur la mer, sur un lac ou sur quelque rivière, quand le paysage leur en offrait la possibilité. Ils variaient même les différents aspects de leurs constructions ; ils profitaient des accidents de terrain pour obtenir des effets pittoresques ; l'art et la nature contribuaient ainsi de concert aux charmes de leur habitation.

CONCLUSIONS SUR L'ARCHITECTURE GRECQUE ET SUR L'ARCHITECTURE ROMAINE.

L'architecture grecque eut l'immense avantage de relier la construction et la décoration dans l'accord le plus parfait et les liens les plus étroits. L'architecte grec, après avoir calculé la pose de son édifice, le construisait avec art, et l'ornementation n'était que le résultat de la construction taillée et sculptée, elle n'en était que le développement. Le Grec raisonnait, ne s'arrêtait pas au médiocre, au passable, cherchait toujours le plus parfait. Assurément il serait très-sage d'imiter cette manière de procéder. Il ne s'agit pas de copier les édifices des Grecs; nous avons d'autres mœurs, un autre climat. Ainsi les toits peu inclinés de leurs temples ne conviendraient pas à nos cathédrales, exposées à des vents impétueux qui en soulèveraient promptement les couvertures. Leurs temples étaient le plus souvent découverts; cet usage serait encore plus inacceptable dans nos contrées. Mais nous pouvons procéder comme les Grecs procédaient, et construire des édifices convenables à notre époque et à nos contrées, comme les édifices qu'ils construisaient étaient convenables à leur civilisation, à leur climat. Nous pouvons raisonner avec la même sagesse; mais pour cela il n'est pas nécessaire de parler la même langue.

Pourquoi ne pas emprunter aux Romains cette entente admirable avec laquelle ils réglaient le plan de leurs édifices, et, à leur exemple, poser cette loi en première ligne : que l'édifice doit avant tout satisfaire aux besoins pour lesquels il est élevé; que l'intérieur ne doit jamais être sacrifié à l'extérieur? Pourquoi ne pas leur emprunter pour les habitations particulières cet esprit droit qui les inspirait, cette élégance vraie qui cherchait surtout des dispositions commodes et agréables?

Il ne faut pas étudier chez les Romains la décoration. D'abord, autant qu'il est possible, on ne doit pas séparer, comme ils le faisaient, la construction de la décoration; on ne doit pas non plus prétendre leur emprunter des principes qu'ils ne suivaient pas, ni s'autoriser de leur exemple pour suivre en esclave des règles de symétrie dont ils ne tenaient pas compte. Ils cherchaient à régulariser leurs édifices pour leur donner un aspect d'ensemble, mais jamais la distribution n'en souffrait. Pour les habitations particulières, nous avons vu qu'ils ne se préoccupaient aucunement de la symétrie.

MOYEN-AGE.

PÉRIODE LATINE.

Pour comprendre la première époque de l'architecture religieuse, il faut étudier les basiliques d'Italie, ces édifices que les empereurs, après les persécutions, attribuèrent au culte catholique, et sur le modèle desquels on construisit les premiers temples en Italie et en France.

Les basiliques étaient de vastes édifices où l'on rendait la justice, et qui servaient aussi pour les réunions commerciales ou littéraires. Leur forme générale était un rectangle allongé [33]. Ordinairement la basilique s'ouvrait sur un vestibule ou *narthex* formé par une colonnade [a] et se terminait par un hémicycle voûté en quart de sphère et qu'on nommait *abside* [b]. L'intérieur était partagé par des colonnes en trois parties appelées nefs [34]; celle du milieu était ordinairement plus large et plus élevée que les autres. Au-dessus des nefs moins élevées étaient des galeries qui s'ouvraient sur la nef du milieu. Les différentes nefs laissaient devant l'abside un espace libre appelé transsept [33, S M]. On remarquait encore de chaque côté de l'abside deux chambres où l'on renfermait les archives et différents meubles [y, z].

Les basiliques n'avaient point été souillées, comme les temples païens, par la présence des idoles, et pouvaient être facilement appropriées au service du culte catholique. Dans l'abside, l'évêque et ses assistants prenaient la place du juge et de ses assesseurs [c, c, c]; l'autel était posé, entre l'abside et le transsept, sur les reliques d'un martyr [A]. Les pièces pour les archives [y, z] devenaient des sacristies, appelées alors *oblatorium, thesaurus,* ou bien *diaconicum munus.* Le peuple occupait les galeries, séparé en différentes classes comme il avait été d'usage dès l'époque des persécutions. Les pénitents (*prostrati, hyemantes*) s'arrêtaient sous le *narthex* [a, a], ordinairement fermé de tentures pendant l'hiver. Dans la partie des nefs la plus rapprochée de l'entrée se plaçaient les catéchumènes; les hommes du côté de l'Évangile [d, d], les femmes du côté de l'Épître [e, e]. Devant eux étaient les fidèles, séparés de la même manière. Le transsept était réservé aux personnes les plus recommandables; c'était, du côté de l'Épître, le *matroneum* [M], et du côté de l'Évangile, le *senatorium* [S]. Le collége des chantres, qui, depuis que l'abside s'est développée, se range le plus souvent derrière l'autel, occupait primitivement une partie assez considérable de la grande nef [f, f, f, f]. Devant l'autel, les chaires, où plaidaient autrefois les avocats, devinrent les *ambons* [h, h, 35], destinés, l'un au chant de l'Épître, l'autre au chant de l'Évangile; sur ce dernier était posé le chandelier du cierge pascal [i]. Pour terminer la nef principale, avant le transsept était une arcade plus ornée appelée *arcus triumphalis,* et sur laquelle le plus souvent était représentée, avec de brillantes décorations, la résurrection du Sauveur. Les basiliques les plus riches étaient précédées d'une cour carrée, sur les côtés de laquelle étaient répétés les portiques du *narthex* [a', a'], avec une fontaine au milieu [B]. Assez souvent, devant la porte principale étaient deux lions; c'est là que les évêques rendaient la justice. Cet usage se conserva au moyen-âge, d'où la formule *judicium inter leones* (*). Primitivement la basilique se terminait par une seule abside,

---

(*) Cet usage passa en France. Le voisinage tutélaire des autels donnait plus d'autorité aux tribunaux qui s'établissaient à la porte du temple.

mais bientôt elle en reçut trois, quand on voulut mettre plusieurs autels. Pendant plusieurs siècles les absides ne reçurent point de fenêtres; à peu près dès le principe, on vit les côtés du transsept s'élargir de manière à former, avec le reste de la basilique, l'image de la croix du Sauveur.

A l'époque où les chrétiens élevaient de nouvelles basiliques, les arts étaient en voie de décadence. Cependant il peut nous être utile de jeter un coup-d'œil sur la décoration de ces édifices. Pour l'intérieur elle consistait en colonnades superposées et en arcades cintrées reposant immédiatement sur les colonnes; un entablement comme intermédiaire entre des arcades et des colonnes eût été de trop; le chapiteau seul suffisait. Souvent un entablement plus ou moins complet ou une corniche seule avec modillons était rejetée sous le toit.

Dans la même colonnade on fit quelquefois un mélange de colonnes et de chapiteaux; il y eut des colonnes opposées, comme à Saint-Georges du Vélabre, à Rome, où l'on voit un côté corinthien et l'autre ionique; ou bien des colonnes alternées, comme à Saint-Clément où l'on voit une colonne ionique et à la suite une colonne corinthienne. Ces irrégularités venaient de ce que l'on empruntait une grande partie des matériaux aux temples païens que l'on démolissait. Peut-être elles habituèrent un peu les architectes à s'affranchir de la régularité des ordres antiques, ce qu'ils firent de plus en plus dans les siècles du moyen-âge. Dans les nefs des basiliques la charpente était apparente, sculptée et peinte [34 et 36], ou bien elle était revêtue d'un plafond divisé en caissons avec ornementation de peinture. La principale décoration de la basilique consistait surtout en mosaïques et en peintures. Les peintures étaient souvent sur fond d'or; on en décorait les absides. Dans l'abside principale on représentait fréquemment Notre-Seigneur et les apôtres, comme à Saint-Clément, où l'on voit d'abord Notre-Seigneur et les apôtres symbolisés par des agneaux; puis au-dessus, la représentation des personnages eux-mêmes, séparés par des palmiers qui les encadrent en inclinant leur feuillage. Les mosaïques étaient de deux sortes : les mosaïques-peintures, formées des marbres les plus précieux et les plus brillants taillés en petits cubes, et représentant tous les effets de la nature (*) ; les mosaïques-ornements, formées de plaques de marbre taillées en rond, en triangle, en losange, en étoile, toutes ces figures géométriques étant placées en incrustation et présentant les effets les plus variés ; on les employait souvent pour former le pavé des basiliques. A l'extérieur, si la basilique était précédée d'un *atrium* ou d'un *narthex,* les portiques étaient souvent ornés de peintures. Dans la façade, la partie supérieure formait un pignon encadré dans les moulures indiquant les deux pentes du toit ; puis, au milieu s'ouvrait une fenêtre ronde appelée *oculus Christi,* origine des belles roses du moyen-âge. Quelquefois on voyait de chaque côté deux autres fenêtres, ou bien au-dessus trois fenêtres ou même six. Dans la partie inférieure, la porte principale était quelquefois accompagnée de portes qui donnaient entrée dans les basses nefs. Au-dessus de la porte était Notre-Seigneur dans une Gloire improprement appelée *vesica piscis,* en souvenir du poisson dont la représentation servait, pendant les persécutions, à rappeler l'idée du Sauveur (**). Sur les côtés on pouvait remarquer les deux toits recouverts de tuiles en terre cuite, disposées comme chez les Grecs. Les rebords de deux rangs voisins, relevés perpendiculairement, étaient recouverts par d'autres tuiles ; ceux de la partie inférieure du toit étaient dissimulés par des tuiles nommées *antéfixes,* taillées en demi-rond et ornées de palmettes [37]. Quelquefois les tuiles étaient remplacées par des plaques de marbre ou de bronze

---

(*) Les mosaïstes emploient actuellement 35,000 nuances différentes.

(**) L'origine de ce symbole était dans le mot grec ιχθυς (poisson), dont les lettres donnent les initiales des mots Ιησους Χριστος, Θεου υιος, σωτηρ, Jésus-Christ, Fils de Dieu, Sauveur.

doré. Les fenêtres offraient un plein cintre formé d'appareils de briques alternées avec des pierres. A la place des vitraux étaient des plaques percées de trous assez étroits remplis par des *pierres spéculaires* ou marbres transparents [38].

CONSTRUCTIONS BYZANTINES.

Nous jetons un coup-d'œil sur les constructions byzantines parce qu'elles ont pu concourir à former le système d'architecture du moyen-âge. Nous y trouvons un genre de voûte que n'avaient point connu les Romains, la coupole sur plan carré avec pendentifs. Il y avait une grande difficulté à poser une coupole sur un plan carré; les Byzantins les premiers eurent l'idée de remplir, par des constructions arrondies que l'on nomme pendentifs [40], les parties laissées vides entre le plan circulaire de la coupole et les supports cantonnés aux quatre angles. Dans la construction de Sainte-Sophie de Constantinople, les architectes ne se contentèrent pas de vaincre la difficulté, il semble qu'ils voulurent la dépasser par plus de hardiesse qu'il n'était nécessaire. C'est une vaste coupole retombant sur deux autres demi-coupoles et posée sur des supports suffisamment écartés pour qu'elle paraisse complétement suspendue sur le vide [39] (*).

(*) Cet édifice, le plus splendide peut-être que les hommes aient jamais élevé à la gloire du vrai Dieu, avait été construit et décoré avec un luxe inouï. D'après Paul le Silentiaire, auquel nous empruntons les détails suivants, les gouverneurs des provinces d'Occident, les satrapes des provinces d'Asie avaient envoyé à Justinien, sur sa demande, tous les marbres les plus précieux et toutes les richesses qui pouvaient être utiles à l'édification du nouveau temple. Deux architectes grecs, Anthemius et Isidore, avaient la direction générale des travaux. Cent maîtres maçons avaient sous leurs ordres chacun cent ouvriers. Cinq

— 55 —

Le système byzantin, caractérisé par la coupole avec pendentifs, présentait quelquefois un ensemble de coupoles comme à Saint-Marc de Venise, où l'on en voit cinq [41]. Ces différentes coupoles sont comme des sections de constructions juxtaposées. Dans le système ogival, le travail de chacune des travées est de même complétement isolé. Les constructeurs, au début de l'époque ogivale, étudièrent donc, peut-être avec

mille ouvriers étaient distribués sur le côté droit, cinq mille sur le côté gauche. L'ordre le plus parfait était observé. Justinien lui-même venait souvent surveiller les ouvriers et les encourager par ses libéralités. Quand il s'agit d'élever la coupole, l'empereur envoya à Rhodes des intendants chargés de présider à la fabrication des briques dont on devait se servir. Elles étaient faites d'une argile particulière à cette île, et si légères lorsqu'elles étaient séchées et durcies au feu, que douze ne pesaient pas plus qu'une brique ordinaire. Sur l'un des côtés était gravée l'inscription suivante : *C'est Dieu qui l'a fondé, Dieu lui portera secours.* Rien ne fut épargné pour la décoration ; les murs furent revêtus de marbre précieux, les chapiteaux et les corniches dorés ; les mosaïques et les peintures sur fond d'or furent prodiguées. L'abside, plus riche encore que les autres parties de l'édifice, était séparée de la nef par une clôture en bois de cèdre, ornée de douze colonnes accouplées recouvertes d'argent et de médaillons représentant le Sauveur, la Sainte-Vierge, les apôtres, les prophètes. On y voyait aussi les monogrammes de l'empereur Justinien et de l'impératrice Theodora. La table de l'autel, soutenue par quatre colonnes d'or massif, était composée d'argent, d'or, de pierres précieuses ; autour de l'autel le sol était recouvert de lames d'or ; au-dessus s'élevait le *ciborium* ; la coupole d'or, appuyée sur quatre colonnes et quatre arcs d'argent, était enrichie de fleurs de lis d'or, du milieu desquelles sortaient un globe et une croix de même métal. Le trône du patriarche et les siéges des sept prêtres qui l'assistaient étaient d'argent doré. Le pavé de toute la nef, en marbre vert de Proconèse, fut taillé et ajusté de manière à représenter, par ses couleurs rubannées, les ondes de

profit, cette importation du système byzantin. L'église de Saint-Front de Périgueux date de l'époque où l'on commença à employer l'arc ogive, et ses grands arcs furent des premiers à présenter cette forme. Le style de Byzance fut d'ailleurs souvent imité en France dans d'autres constructions, et il eut une influence marquée sur l'ornementation. Son chapiteau n'est point de forme cylindrique, mais cubique, c'est-à-dire qu'il

quatre fleuves coulant vers la mer. Ces magnificences étaient complétées par la richesse du mobilier. Des milliers de lampes pendaient aux voûtes, attachées à des chaînes d'airain, et des candélabres sans nombre étaient dispersés dans toutes les parties de l'édifice. Lorsque toutes ces lampes brûlaient, on eût dit, d'après Paul le Silentiaire, qu'elles nageaient dans un océan de feu. Après seize années, la basilique était achevée ; l'empereur voulut en célébrer la dédicace avec le plus grand éclat. Il monta dans un char attelé de quatre chevaux et alla dans l'hippodrome, où l'on tua mille bœufs, dix mille moutons, six cents cerfs, mille porcs, dix mille poules et dix mille poulets, qui furent distribués au peuple. Puis, accompagné du patriarche Eutyctès, il marcha vers le temple. Les portes ouvertes, il courut à l'ambon, et, plein d'un juste enthousiasme, il s'écria : « Gloire à Dieu, qui m'a jugé digne d'accomplir cet ouvrage ; je t'ai vaincu, ô Salomon. » L'église fut bénie, et le magister Stratégius répandit sur le pavé trois quintaux d'or qui furent ramassés par le peuple. Les prières, les holocaustes, les festins publics, les distributions d'argent, durèrent quatorze jours. (On peut lire sur le même sujet Procope : *De imperatoris Justiniani œdificiis*.)

Depuis la prise de Constantinople par les Turcs, la magnifique basilique a été convertie en mosquée et dépouillée de ses ornements. Ses mosaïques sont arrachées par les jeunes Softas et vendues aux étrangers, ses peintures dégradées sont impitoyablement badigeonnées tous les deux ans ; tout son ameublement consiste en deux chaires surmontées de minarets. Le sultan occupe le trône où siégeaient les empereurs chrétiens, et le croissant brille sur le dôme à la place de la croix renversée.

présente quatre angles même à sa partie inférieure. Il est surmonté d'un épais tailloir et décoré d'entrelacs, de cordons de perles, de feuillages pointus, peu saillants, et disposés parfois avec assez de goût [chapiteaux de Saint-Vital de Ravenne, 42, 43, — imitations byzantines en France, 44, 45, 46].

En général, dans ces rubans et ces feuillages perlés on reconnaît moins l'imitation de la nature que le caprice et comme une réminiscence des riches étoffes de l'Orient. Saint-Front de Périgueux est la reproduction exacte de Saint-Marc de Venise; seulement l'édifice de France, absolument dépouillé d'ornements, « est vêtu de bure et non de drap d'or comme celui d'Italie (*). »

Les fonds d'or furent employés très-fréquemment par les Byzantins; quelquefois le support de la coupole formait un hexagone.

ARCHITECTURE EN FRANCE JUSQU'AU XIe SIÈCLE.
ROMAN PRIMITIF (**).

Avant le Xe siècle, on avait élevé en France bien des basiliques; mais ces constructions n'avaient point été faites dans des conditions suffisantes de durée (***). L'art n'était point

---

(*) M. Vitet, t. I, p. 324.

(**) Les artistes, tout en créant des œuvres dont la pensée et l'exécution leur appartenaient, restèrent, pour certaines formes, sous l'influence des traditions romaines. L'époque, par dérivation, prit le nom d'époque romane.

(***) Au VIIe siècle, la pratique de l'art était perdue au point que l'on admirait l'architecte qui, comme Didier, évêque de Cahors (630 à 654), pouvait bâtir un oratoire, « non pas avec des moëllons concassés à la manière gauloise, mais en imitant ces belles assises de larges pierres carrées, semblables à celles que l'on voyait aux remparts des cités antiques. » (*Vie de Didier.*)

encore formé. On avait seulement comme modèles quelques monuments romains à moitié délabrés, que l'on ne comprenait point ; et l'art du moyen-âge devait être un art nouveau, qui se formerait peu à peu, après des recherches, des études, des tâtonnements. Pendant l'époque qui nous occupe, une tentative fut faite par Charlemagne. Cet empereur avait compris qu'il fallait des éléments nouveaux, un enseignement, pour ces populations ignorantes que la civilisation n'avait point encore formées. Il fit venir de contrées éloignées des savants, des littérateurs, des mathématiciens, des architectes; il établit des écoles dans son empire. Ces institutions devaient avoir d'heureux effets. Des monastères établirent dans leur enceinte des écoles où ils donnèrent l'instruction aux populations ; des ateliers en tous genres, d'où sortiront plus tard les corporations. Mais le travail devait être d'abord silencieux, resserré dans le cloître. Seulement, au XIᵉ et au XIIᵉ siècle on fera des essais sérieux de constructions. L'effort si louable de Charlemagne ne devait point être secondé par ses successeurs, et l'impulsion donnée fut encore ralentie par les désastres des invasions normandes et les frayeurs survenues à l'approche de l'an 1000 (*).

Il existe peu de constructions certainement antérieures au Xᵉ siècle (**), et celles du Xᵉ diffèrent peu de celles du XIᵉ.

(*) Convaincu par cette parole de l'Apocalypse : *Au bout de mille ans, Satan sortira de sa prison et séduira les peuples... et chacun sera jugé selon ses œuvres*, c. xx, ℣ 1 à 7; chacun crut devoir oublier les intérêts de la terre et ne songer qu'au salut de son âme. Les laïques faisaient donation de leurs biens aux monastères, et tous se réfugiaient dans les basiliques pour demander à Dieu miséricorde; mais personne ne songeait à construire des édifices pour un monde qui allait finir.

(**) Nous devons citer l'église de Savanières (Maine-et-Loire); l'église de la Basse-Œuvre, à Beauvais; la chapelle de Langon (Ille-et-Vilaine); l'église du Vieux-Pont-en-Auge (Calvados); le

Indiquons cependant quelques-uns des caractères de ces constructions.

L'appareil est formé de pierres de petite dimension, aussi hautes que larges; quelquefois il forme des losanges [47, 48]; on y emploie souvent des briques formant des cordons ou des dessins en feuilles de fougère [48]. Dans l'ornementation, l'imitation de la nature est encore ignorée : on ne remarque que des formes géométriques, des dents de scie [49], des losanges, quelques essais de marqueteries ou de mosaïques assez imparfaites, composées de granits de teintes différentes [47], et dans lesquelles entrent parfois des verres coloriés.

Les villes qui ont reçu l'influence romaine font des interprétations assez inexactes des ordres grecs, et reproduisent le chapiteau corinthien ou composite [50, 51, 52]. Dans les villes plus pauvres de monuments antiques, les colonnes sont formées de piliers carrés, massifs, surmontés d'une corniche, et non encore revêtus de ces deux demi-colonnes engagées, dont l'emploi sera adopté dans les siècles suivants. Le chapiteau n'est composé que d'un ensemble grossier de moulures placé comme un bourrelet à la tête de la colonne [53]. Les bases, dans lesquelles le caprice du tailleur de pierre semble seul agir, décèlent encore plus d'ignorance dans la taille et dans la composition; elles sont parfois très-hautes pour des colonnes d'un faible diamètre, basses pour de grosses colonnes; parfois elles ne présentent qu'un bizeau [54, 55, 56] ou des moulures super-

baptistère de Saint-Jean de Poitiers; les restes de l'abbaye de Lorsch [47, un fragment de cette construction]. Il existe d'autres débris, mais enveloppés dans des constructions plus récentes. Dans le Midi, quelques églises sont mieux conservées, et l'on y reconnaît l'influence romaine : ainsi Notre-Dame-des-Doms, à Avignon; Saint-Quinid de Vaison; Saint-Restitut, près Saint-Paul-Trois-Châteaux; mais il est douteux que ces édifices remontent au Xe siècle.

posées sans raison [57, 58]. L'entablement des ordres antiques n'est plus employé; quelquefois, la corniche est rejetée sous le toit, portée par des modillons très-simples [59]. Les arcades reposent sans intermédiaire sur le chapiteau et ne reçoivent aucun ornement; elles sont quelquefois composées de pierres et de briques; leur forme est le cintre [60] quelquefois surhaussé [61], l'arc en fer à cheval [62], l'arc en mitre [63]. Jusqu'au XIe siècle, on essaya peu de faire des voûtes; on se contentait d'orner la charpente ou de la revêtir de plafonds divisés en caissons. Parfois, à l'intérieur, on voyait, comme dans les basiliques latines, des galeries pour suppléer aux proportions trop petites de l'église.

La façade dans sa composition était très-simple : des dessins de brique en faisaient tout l'ornement. Pour la porte, deux massifs carrés appliqués sur le mur portaient un arc plein cintre, formé de pierres et de briques, ou de briques seulement; le tympan au-dessus du linteau recevait une ciselure en damier ou quelques autres ornements géométriques. Au-dessus s'ouvraient les fenêtres; puis l'*oculus Christi,* qui fut sans doute admis dès le principe. Quelquefois l'entrée était précédée du *narthex* ou portique. Dès cette époque, on remarque, sur les côtés, des contreforts; ils sont très-simples dans leur forme; ils ont un peu moins de saillie que de largeur, sont terminés par un ou plusieurs retraits [64]; quelquefois ils s'arrondissent dans la partie supérieure [65] ou deviennent des colonnes plus ou moins engagées et munies de leurs chapiteaux [66].

ROMAN DES XIe ET XIIe SIÈCLES.

Les frayeurs de l'an 1000 étaient dissipées, et les populations, confiantes dans l'avenir, s'empressèrent de témoigner leur reconnaissance au Dieu de miséricorde en lui élevant des temples plus nombreux et plus riches (*). Trois ans après l'an 1000, dit Raoul Glaber, moine de Cluny, les basiliques furent renouvelées dans presque tout l'univers, surtout dans l'Italie et dans les Gaules, bien que la plupart fussent encore convenables. Mais les peuples chrétiens rivalisaient à qui bâtiraient les plus magnifiques; et l'on eût dit que le monde se secouait et dépouillait sa vieillesse pour revêtir la robe blanche des églises : *Erat enim instar ac si mundus ipse excutiendo semet, rejecta venustate, passim candidam ecclesiarum vestem indueret.* Les monastères, devenus riches et puissants, n'ont rien perdu de la ferveur des premiers jours; ils propagent de plus en plus l'enseignement et construisent eux-mêmes de beaux cloîtres, des églises d'une richesse inconnue jusqu'alors. Des religieux dirigent les travaux. Citons le bienheureux Guillaume de Dijon, qui, aidé du moine Hunald, sculpteur et peintre, construisit l'église de Saint-Bénigne de Dijon, longue de plus de cent coudées et soutenue par plus de cent colonnes; le B. Richard, abbé de Saint-Vanne, était l'émule de Guillaume; Lanfride bâtit la tour d'Ivry; l'abbé Azon édifia une

(*) Indiquons les édifices qui appartiennent à cette époque, du moins pour des parties importantes de leur construction. Dans le Calvados, les églises de Saint-Nicolas de Caen, de Biéville, de Meuvaines, de Lemanoir, de Goustianville ; dans la Seine-Inférieure, Jumiéges; dans la Manche, l'abbaye de Cerisy et la nef de l'église abbatiale du mont Saint-Michel; dans l'Eure-et-Loire, Bonneval; à Paris, Saint-Germain-des-Prés; à Poitiers, Saint-Hilaire; dans la même ville, le chœur et la nef de Notre-Dame; une partie des églises du Puy, de Clermont, de Corbeil, de Tournus, de Sainte-Croix de Bordeaux, de la cathédrale de Worms et de celle de Mayence.

En souvenir de l'église du Saint-Sépulcre de Jérusalem, on construisit, aux XIe et XIIe siècles, quelques églises entièrement rondes : à Metz, à Rieux (Aude), à Lanleff (Côtes-du-Nord); à Paris, Saint-Germain-le-Rond, devenu Saint-Germain-l'Auxerrois.

cathédrale à Séez; saint Guillaume, abbé de Hirschau, en Souabe, dirigeait alors deux écoles d'architecture (*).

C'est au XI⁰ et au XII⁰ siècle que se fait sentir l'influence byzantine.

Le plan des églises s'agrandit, tout en conservant la forme de croix. La colonnade des nefs est continuée le plus souvent autour de l'autel, et les bas-côtés sont ainsi prolongés autour du chœur. Des chapelles s'ouvrent sur l'abside au nombre de trois ou de cinq.

L'appareil est généralement de moyenne grandeur, même petit, mais plus allongé que haut ; on y emploie toute espèce de pierres, même des briques ; mais il est travaillé avec plus de soins que précédemment, surtout dans les façades. Les joints des pierres forment des dessins qui ne sont pas sans effet, des losanges [67], des feuilles de fougère [68, 69],

---

(*) Ajoutons encore quelques noms illustres, bien qu'ils n'appartiennent pas à l'architecture; celui de Tutilon, bénédictin du couvent de Saint-Gall, mort en 908, célèbre comme peintre, statuaire, poète et musicien; celui du moine Théophile. Ce religieux, dans l'introduction du livre que nous avons de lui, se déclare *humilis presbyter, servus servorum Dei, indignus nomine et professione monachi*, et continue ainsi : « O toi, qui liras cet ouvrage, qui que tu sois, ô mon cher fils, je ne te cacherai rien de ce qu'il m'a été possible d'apprendre. Je t'enseignerai ce que savent les Grecs dans l'art de choisir et de mélanger les couleurs; les Italiens, dans la fabrication de l'argenterie, le travail de l'ivoire, l'emploi des pierres fines; l'Arabie, dans la damasquinerie; l'Allemagne, dans le travail de l'or, du cuivre, du fer, du bois; la France, dans la fabrication de ses brillants et précieux vitraux. Recueille et conserve, mon cher fils, ces leçons que j'ai apprises moi-même dans beaucoup de voyages, de travaux et de fatigues ; et quand tu les posséderas, loin d'en être avare, transmets-les toi-même à d'autres disciples ; nécessaires à l'embellissement des temples, ces connaissances sont l'héritage du Seigneur. »

des écailles [70]; on voit aussi des marqueteries d'un effet assez brillant.

L'ornementation ne présente pas le même caractère dans toutes les contrées. Dans telle région on conserve des formes géométriques, plus variées et exécutées avec plus d'habileté que précédemment, des nattes [71], des étoiles [72], des imbrications [73], des torsades [74], des étoiles [75], des billettes [76], des losanges [77], des dents de scie [78, a], des frettes [78, b], des zigzags [78, c]. Les artistes de Bourgogne s'essaient à copier la nature [79 à 87]; d'autres provinces suivent l'influence byzantine [45, 46, 88, 89]. Souvent des arcatures couvrent le nu des murs [90].

Après avoir considéré le plan de l'édifice, les éléments de la construction et de la décoration, nous étudions l'édifice à l'intérieur. On peut voir [91] une travée (*) de l'église de Châtel-Montagne, le *triforium* en a, le *clerystère* (*clerestory*) en b.

Dans les piliers massifs de l'époque précédente s'engagent des colonnes qui leur donnent plus de légèreté. Ces colonnes deviendront plus nombreuses à mesure que les arcs de la voûte se multiplieront. Les chapiteaux du XIIe siècle sont très-variés; assez souvent ils présentent sur leurs angles deux feuilles repliées en volutes et séparées par une console [93, 94, 95, 96]; c'est comme une préparation aux crochets du XIIIe siècle. On rencontre aussi des imitations byzantines [44, 97], des réminiscences du chapiteau corinthien ou composite [avec ceux déjà cités, 98, 99, 100, 101]. Au XIe et au XIIe siècle on exécuta beaucoup de chapiteaux historiés; aux feuillages se mêlaient des démons, des griffons, des serpents, des épisodes de l'histoire sacrée, des légendes populaires [102, 103, 104, 105]. Ces représentations, très-imparfaites comme exécution,

(*) On appelle travée, toute la partie de construction comprise entre les axes de deux piliers successifs, ainsi dans la figure 127 de M en N.

étaient un enseignement utile pour le peuple. Elles furent abandonnées dès le XIIe siècle dans certaines contrées.

Les bases sont encore imparfaites ; généralement elles présentent un tore, ou une scotie entre deux tores [106] et reproduisent ainsi la base attique ; elles offrent parfois un plus grand nombre de moulures [107]. Dès le commencement du XIIe siècle, les bases sont souvent ornées de griffes [108, 109] ; ce sont des feuilles de formes très-variées qui remplissent l'intervalle laissé, sur le socle carré, par les moulures circulaires [109 *bis*].

Quelquefois les colonnettes, principalement sous les cloîtres des abbayes, se parent d'une ornementation très-compliquée, en têtes de clou, imbrications, etc. [110, 111, 112].

Les fenêtres sont de moyenne grandeur ; leur archivolte, c'est-à-dire l'arc qui les forme, simple ou décorée de moulures, a pour supports deux colonnes ou seulement deux pieds-droits. Ceci est vrai de l'intérieur et de l'extérieur de l'édifice. Très-étroites à l'extérieur, les fenêtres s'évasent à l'intérieur. Quelquefois deux fenêtres sont encadrées dans un même arc et prennent le nom de fenêtres géminées [113].

Dans l'époque romane on fit des essais de voûte ; ordinairement, dans les grands édifices, on posait des voûtes seulement sur les bas-côtés et les absides ; c'était des voûtes d'arête, des voûtes en berceau ou en demi-berceau, la courbe décrivant seulement un quart de cercle. Ce dernier moyen fut surtout employé dans les églises plus petites, quand on mettait sur la nef principale une voûte qu'il fallait contrebutter [114, 128]. Les essais de voûte pour les grandes nefs réussirent mieux dans le Midi, où les églises étaient plus petites. Dans l'Ile-de-France, la Champagne, la Picardie, la Bourgogne, où les églises plus larges présentaient plus de difficultés, ces voûtes ne tardèrent pas à s'écrouler, par suite de l'insuffisance des moyens employés. Nous reviendrons sur ce sujet en étudiant le travail de transition.

Après l'intérieur de l'édifice nous considérons l'extérieur, et d'abord la façade. Au commencement du XIe siècle, l'ornementation de la porte est encore très-simple. L'archivolte, presque toujours unie, est soutenue de chaque côté par une ou deux colonnes, ou même par de simples pieds-droits. Au milieu du siècle, l'archivolte se pare d'étoiles, de zigzags, de frettes; elle multiplie ses voussures concentriques et à retrait, et, par suite, ses colonnes de support; le tympan se garnit de ciselures en damier, en étoiles; on y voit même des bas-reliefs, assez souvent Notre-Seigneur entouré des symboles des évangélistes; le trumeau, qui sépare la porte en deux baies, reçoit une statue; au-dessus de la porte viennent des arcatures, quelquefois avec des statues; puis l'*oculus Christi*, qui se développe de plus en plus, reçoit des rayons allant du centre à la circonférence. Quelques porches de cette époque existent encore; ils étaient construits autant dans un motif d'utilité publique que d'ornement.

Sur les côtés, les murs sont consolidés par des contreforts plus nombreux et plus épais; ces contreforts ont d'ailleurs la forme indiquée précédemment [115]. Les corniches sont formées d'un larmier, c'est-à-dire d'une moulure saillante portée par des modillons de formes très-variées. Ce sont des figures grotesques, des têtes d'animaux, des têtes monstrueuses et grimaçantes, des volutes, des feuillages byzantins [116, 117, 118]. Les sculpteurs vont jusqu'à reproduire le petit baril qui contient leur boisson et le verre dont ils se servent [119, 120], tant ils agissent avec liberté. Ces modillons sont quelquefois réunis par de petits arcs [121].

TRAVAIL DE TRANSITION.

Le travail de transition, par lequel l'architecture passe des formes romanes au système ogival, est une des phases de l'architecture les plus intéressantes à étudier. Il commence à peu près dès la première moitié du XIIe siècle, du moins pour l'Ile-de-France et les contrées environnantes. Le mouvement passe ensuite dans les autres provinces. Pour se rendre compte de ce travail, il faut d'abord constater le point de départ, les ressources dont disposaient les constructeurs et les difficultés qu'ils avaient à vaincre. Il fallait de grandes églises voûtées, des églises monumentales à plusieurs nefs, dont une plus élevée et plus large, percée de fenêtres. La difficulté était de poser solidement cette voûte de la grande nef sur des murs percés de fenêtres et de galeries, de contrebutter cette voûte par des contreforts bien posés, malgré les basses nefs.

Quels avaient été les moyens de construction employés jusqu'alors ? Les Grecs n'avaient connu que les entablements portés sur des colonnes. Les Romains avaient employé les voûtes, mais ils avaient construit ces voûtes avec des moyens que ne pouvaient employer les constructeurs romans. La stabilité des voûtes romaines était assurée par l'excellence du mortier, qui établissait entre toutes les parties une cohésion si forte, qu'elles ne formaient plus pour ainsi dire qu'une seule pièce. Dans une voûte il n'y a pas seulement la pesanteur tombant verticalement et d'aplomb sur les supports; la voûte tend à faire écarter les murs qui la soutiennent. Il y a deux actions, la charge verticale et la poussée, auxquelles il faut opposer des résistances suffisantes. Or, dans les constructions romaines, les voûtes étaient maintenues inébranlables sur les points d'appui dont elles étaient comme la continuation. Mais les constructeurs romans qui ne savent pas suffisamment composer des ciments renoncent nécessairement, pour la construction des voûtes, à ce principe de cohésion, de résistance passive. Ils ont recours à des moyens tout nouveaux, à des principes de résistance active, d'équilibre et d'élasticité (*). Cette recherche de principes nouveaux est précisément une grande difficulté. De plus, il fallait des voûtes d'une forme et d'une dimension comme on n'en avait point posé jusqu'alors, auxquelles n'eussent pas suffi les ressources des constructeurs romains.

Disons encore quelles étaient les formes des voûtes alors connues. On connaissait la voûte en berceau, la voûte d'arête [125], la coupole sur plan circulaire ou sur plan carré. On s'était servi, dans certaines églises peu larges, pour la grande nef, de la voûte en berceau, contrebuttée par les voûtes des bas-côtés, construites, elles aussi, en berceau, quelquefois en demi-berceau, c'est-à-dire en quart de circonférence ; mais on ne pouvait alors élever la voûte de la grande nef que peu au-dessus des basses nefs, ne percer que peu ou point de fenêtres pour l'éclairer [114, 128]. Ou bien, si on ne tenait point assez compte de ces conditions de sûreté, si l'on posait ces voûtes sur des nefs trop larges, même en prenant des précautions, les voûtes s'écroulaient bientôt. Les voûtes à arêtes présentaient d'autres difficultés ; les constructeurs romans ne comprenaient pas encore comment on aurait pu les employer autrement que sur plan

---

(*) Si l'on considère un édifice ogival complet [coupe d'Amiens, l], il est facile de reconnaître l'application de ces principes : différentes poussées, agissant en sens contraire et se rencontrant sur le même point, se neutralisent ; un grand nombre de parties se maintiennent en s'équilibrant. La condition d'élasticité dans la construction se vérifie de la façon la plus évidente au moment où l'on enlève la charpente qui servait à la pose des voûtes ; à peu près toujours les côtés se rapprochent sensiblement et le milieu se relève.

carré, et les grandes nefs présentaient des sections moins longues que larges à cause des petites nefs [127, 129].

Les constructeurs du moyen-âge vont donc marcher nécessairement dans une voie nouvelle, et voici comment ils procèdent, comment ils apportent successivement des perfectionnements réclamés, suggérés souvent par des essais malheureux.

Ils composent leurs voûtes de pierres taillées en voussoirs [122], imparfaits sans doute d'abord, mais qui cependant se soutiendront par l'équilibre, de sorte que la voûte, s'il survient une dépression en quelque endroit, ne se brisera pas comme une croûte homogène. Ils bandent de distance en distance des arcs nommés arcs-doubleaux [A], composés eux aussi de voussoirs, et se prêtant, par leur élasticité, au mouvement que peut subir la voûte. Ils construisent des piliers plus solides sous ces arcs [B]; ils posent des contreforts à l'extérieur pour appuyer le pilier et recevoir la poussée [C], et afin que la résistance des contreforts n'ait pas son action sur un seul point, ils jugent à propos de mettre dans la maçonnerie des poutres qui étendent cette action dans toute la longueur des murs [E]. Avec ces moyens bien entendus on pouvait maintenir des voûtes, mais ils étaient insuffisants pour beaucoup de voûtes dans les proportions où on les élevait. Puis les poutres posées dans la maçonnerie étaient un mauvais expédient; privées d'air, elles pourrissaient promptement et laissaient des vides nuisibles dans la construction. Il y avait donc bien à perfectionner. Un grand progrès fut de changer la forme de l'arc-doubleau. Quand cet arc faiblissait, les murs s'étant écartés, le milieu s'abaissait [123] et les reins [r] se brisaient. Pour lui donner plus de force, les constructeurs relèvent le milieu [124], et les côtés de l'arc ainsi redressés ont plus de résistance. Cette innovation, de même que bien d'autres essais, au début est à peine apparente; le milieu de l'arc n'est relevé que de l'épaisseur des voussoirs. Mais cependant l'arc ogive

— 69 —

était accepté, et l'on voit pour quels motifs ; cet arc est plus solide en lui-même, il a moins de poussée. On remarque souvent, dans les premiers arcs ogives, que les reins sont formés par des lignes droites [124, H] ; ils avaient ainsi encore plus de résistance.

La voûte tout entière fut modifiée. Le plan plus large que long de chaque travée embarrassait : on mit deux travées dans un seul carré [127]. Dans ce carré, deux arcs diagonaux pleins cintres [a], puis des arcs doubleaux en ogive, venaient à des hauteurs convenables et différentes, selon leur place ; il est facile de relever ou d'abaisser un arc ogive selon qu'il est utile. Puis on ajouta le long des murs des arcs ogives appelés formerets [F]. Ces différents arcs, les doubleaux et les diagonaux, les formerets, composant les voûtes, faisaient que le travail de chaque travée était isolé, que la déformation d'une travée ne causait pas la déformation d'une travée voisine. Toutes les parties de voûtes portaient sur les arcs comme sur une ossature, et tout leur poids, toute leur poussée, venaient se concentrer sur les points d'appui [G, M, N], où ce poids et cette poussée étaient reçus par les piliers et les contreforts. (On peut voir [126] une voûte romane avec ses arcs diagonaux et ses deux arcs doubleaux.)

Le contrefort était une des conditions les plus indispensables dans le nouveau système. On ne trouva le moyen de l'établir convenablement qu'après bien des essais infructueux, bien des mécomptes ; mais aussi, quand cette partie de la construction sera arrivée à son développement, le système ogival nous apparaîtra dans toute sa perfection. A l'époque de transition où nous sommes, on n'ose pas assez le mettre en évidence, il est dissimulé sous les basses nefs [128]. Plus tard le contrefort se composera pour soutenir la voûte principale, et c'est là qu'est la difficulté, d'un pilier sur la ligne extérieure de l'édifice et d'un arc passant hardiment par-dessus les basses nefs, pour aller recevoir la poussée de la voûte de la grande nef. C'est à la fin de cette époque de transition que l'on voit les premières tentatives de ce genre.

Il est facile de reconnaître les productions de cette phase de l'architecture. On y remarque le mélange du plein cintre et de l'ogive dans le même édifice, le plein cintre étant encore employé et l'ogive prêtant son concours pour les parties de la construction qui fatigueraient le plus. L'architecture a gagné d'ailleurs pour l'ensemble de ses formes. Au XIe siècle elle était encore lourde, écrasée, massive. Au XIIe siècle elle devient plus élancée, plus élégante; les différentes parties sont mieux proportionnées; le plan de l'édifice offre moins de massifs de maçonnerie; les vides se multiplient et s'agrandissent; dans les élévations, les parties horizontales, telles que les corniches, les cordons, les frises, diminuent, disparaissent de plus en plus, la ligne verticale l'emporte chaque jour sur la ligne horizontale. On voit apparaître des clochers d'une grande hauteur. L'architecture a gagné aussi pour les détails d'ornementation et de sculpture, qui sont bien moins imparfaits et font déjà pressentir la pureté et la richesse des formes du XIIIe siècle (*).

(*) Citons les cathédrales de Laon et de Noyon, les églises de Notre-Dame de Poitiers, de Saint-Denis, de Pontigny (Yonne), de Saint-Germer (Oise), de Civray (Vienne), de la Charité-sur-Loire (Nièvre), de Nonant, de Mithois et de Trevières (Calvados); de Fontenai (Côte-d'Or); de Saint-Ours, à Loches; à Angers, la cathédrale à peu près tout entière, la Trinité; à Nantes, l'église Saint-Jacques, le chœur de la cathédrale.

PÉRIODE OGIVALE.

XIIIᵉ SIÈCLE (*).

L'architecture progresse rapidement par des transformations qui se succèdent sans interruption. On ne saurait délimiter par des coupures les périodes de ces progrès. L'art du XIIIᵉ siècle n'était que la continuation, le développement de l'art du XIIᵉ. Nous remarquerons de plus que certaines contrées devançaient et frayaient la voie; d'autres suivaient l'exemple, acceptaient un peu plus tard les innovations. Ce n'est qu'avec cette explication que nous fixons les dates auxquelles il est bon d'avoir recours pour rattacher dans la mémoire les phases de l'architecture à celles de l'histoire.

Au XIIIᵉ siècle, le chœur de l'édifice devient plus long comparativement à la nef (**). On prolonge les collatéraux autour du sanctuaire, et des chapelles se rangent autour du chœur

---

(*) Primitivement on nommait ogives les arcs diagonaux qui se croisent dans une voûte, quelle que fût d'ailleurs la courbure de ces arcs. Le XIXᵉ siècle, sans savoir pour quel motif, a donné le nom d'ogives à tous les arcs composés de deux courbes, et tout le système a pris le nom de système ogival. Le nom de gothique a été donné au même système par ceux qui le regardaient comme une œuvre barbare.

(**) Pour procéder avec méthode, nous suivons toujours la même marche; nous considérons d'abord les éléments de la construction, le plan de l'édifice, l'appareil, les ornements; nous étudions ensuite l'édifice à l'intérieur, la colonne avec sa base et son chapiteau, l'arc, le *triforium*, le *clérystère*, les voûtes; l'édifice à l'extérieur, dans la façade, la porte, les galeries, les roses; sur les côtés, le contrefort, les corniches et les balustrades.

comme un rayonnement. Ces dispositions, qui avaient paru au XII° siècle, sont plus fréquentes au XIII°. Dans quelques grands édifices on voit quatre basses nefs, et ces basses nefs tournent autour du sanctuaire. La chapelle du fond de l'abside s'allonge plus que les autres et est ordinairement consacrée à la Sainte-Vierge. Cet usage, qui commence au XIII° siècle, devient universel au XIV°. (On peut voir [129] le plan de la cathédrale d'Amiens, — 130, une coupe de la même cathédrale.)

L'appareil n'est pas d'une grande dimension. Toutes les assises ne sont point de la même hauteur, ni les pierres de chaque assise de la même largeur; cependant cet appareil est bien approprié aux riches constructions de l'époque.

Si nous considérons les différents éléments de l'ornementation, nous faisons ces remarques : les moulures sont saillantes et rondes [131, 132, 133, 134, 135]. Dans les feuillages qui ornent les corniches et les chapiteaux, toutes les réminiscences grecques et byzantines sont désormais abandonnées. Les artistes n'empruntent plus leurs motifs qu'à la nature, à la flore indigène; ce sont des copies faites avec une latitude bien comprise, variées, gracieuses, et du caractère le plus monumental [136, 136 bis, 137, 138, 139, 140, 141]. Ces notions seront complétées à l'endroit du chapiteau. Les trèfles et les quatre-feuilles apparaissent sur les nus des murs, gravés en creux avec assez de profondeur, ou figurés par des tores saillants; ils ne sont point sous-trilobés [142]. Les crochets ou crosses sont placés sur les frontons, aux angles des pyramides, sous les corniches et dans quelques autres parties de l'édifice, surtout à l'extérieur. Ils sont allongés et terminés par un évasement qui figure tantôt un petit fleuron, tantôt une feuille roulée en forme de volute, quelquefois ils se terminent par des têtes humaines [143]. Les crochets apparaissent à la fin du XII° siècle, mais ils sont surtout du XIII°. Les dais qui abritent les statues en les couronnant sont diversement composés; souvent ils ont la ressemblance d'une ville, et on les appelle alors Jérusalem céleste [144]. Les pinacles se composent d'une arcature surmontée d'un pignon avec ses ornements; ils décorent ordinairement les contreforts [163]. Les clochetons sont de petits clochers couronnant les contreforts ou d'autres parties de l'édifice [130, 164]. Au XIIIe siècle, on retrouve quelquefois encore des ornements géométriques, zigzags, billettes, etc., mais traités avec une régularité parfaite.

Intérieur de l'édifice.

Les piliers se transforment de plus en plus pour se prêter aux besoins de la construction. Les colonnes, dont la hauteur n'est point, comme dans l'antiquité, déterminée par le diamètre, s'élèvent selon le besoin de toutes les parties où elles sont appliquées. Il en est qui montent depuis le sol jusqu'aux voûtes pour en recevoir les nervures; elles ont peut-être trente fois leur diamètre dans leur hauteur; cependant elles ne paraissent pas maigres, parce qu'elles sont groupées, et l'œil comprend qu'étant engagées dans le mur, elles ne sont pas seules à supporter le fardeau. Parfois certaines colonnes, complétement dégagées, ont une telle élévation, que par elles-mêmes elles ne seraient pas dans des conditions suffisantes de stabilité (*); elles sont maintenues par le fardeau qui pèse sur le chapiteau. Bien d'autres parties de l'édifice ne se maintiennent qu'en s'équilibrant mutuellement. Les colonnes monocylindriques sont assez souvent conservées dans le pourtour du chœur, afin que la construction soit plus dégagée, la vue moins gênée, la circulation plus facile. Dans toutes les autres parties de l'édifice les colonnes se groupent en plus grand nombre que par le passé, et nous verrons cette multiplication

---

(*) Une colonne isolée qui contient dans sa hauteur plus de douze fois son diamètre, n'est pas dans des conditions suffisantes de stabilité. (M. Viollet Le Duc, *Dict.*)

croître encore dans les siècles suivants, par suite de la multiplication des arcs de la voûte.

A cette époque de perfection de l'architecture ogivale, tous les membres de l'édifice montrent parfaitement les fonctions qu'ils ont à remplir; à ce point de vue, le chapiteau est un sujet très-intéressant d'étude. Chez les Grecs, le chapiteau était un intermédiaire nécessaire entre la charge de l'entablement et le fût de la colonne. Au XIII° siècle, le chapiteau était bien plus indispensable encore pour recevoir les nervures de la voûte et les déposer sur le fût de la colonne, beaucoup moins large que l'ensemble de ces nervures. Aussi toutes ses parties sont parfaitement disposées pour répondre à ce besoin. La corbeille qui forme le fond du chapiteau s'évase dans sa partie supérieure; mais elle est arrondie, et les angles du tailloir carré sont changés comme les autres parties; des crochets solides s'avancent donc pour soutenir ces angles. Toute l'ornementation du chapiteau est disposée avec la même sagesse, la même prévision. C'est une riche végétation qui sort du pilier et s'épanouit sous les arcs de la voûte pour les recevoir et les soutenir. Toutefois les transformations s'opèrent avec tant de rapidité, que pour avoir une juste idée du caractère de l'ornementation dont nous parlons, il faut s'arrêter à une phase qui fut de très-courte durée. Quand les enroulements perlés et les représentations de figures d'animaux fantastiques eurent été délaissés, une flore de convention se développa à sa façon. Les sculpteurs, pour travailler dans les églises, semblent n'avoir gardé qu'un souvenir de la nature; ils en connaissent les lois; mais ils ne l'ont pas sous les yeux. Ils ont considéré peut-être la feuille de trèfle plus attentivement, mais ils donnent à cette feuille cinq ou sept lobes et les dispositions les plus variées.

La végétation qui se développe librement sous le ciseau du sculpteur du XIII° siècle, en se prêtant admirablement au rôle qu'elle doit remplir, bien qu'elle n'imite aucune plante en particulier, paraît suivre la marche ordinaire de la végétation. D'abord les formes sont incertaines; les feuilles sont repliées sur elles-mêmes; il semble que c'est une floraison encore incomplète, une plante qui n'est pas encore développée. Bientôt les feuilles grandissent, présentent des nervures anguleuses qui indiquent plus de fermeté; des grappes de fruit apparaissent comme pour annoncer que la plante, arrivée à sa maturité, a pris toute sa force. [145, 146, 147, 148, 149, 150, montrent ce développement.] « Cependant, dit M. Viollet Le Duc caractérisant cette époque, la sculpture conserve alors quelque chose de monumental, de symétrique. Elle a de la souplesse, non la souplesse molle de la jeune pousse, mais la souplesse vigoureuse, puissante de la végétation qui arrive à son développement et peut braver les intempéries. Les sculpteurs auraient pu s'arrêter à ces formes, qui n'étaient pas encore une imitation recherchée de la nature, comme on le voit un peu plus tard. Les artistes, dans la seconde moitié du XIII° siècle, copient des feuillages avec une exactitude merveilleuse, mais que nous pouvons indiquer comme le commencement de la décadence. » Ces reproductions, dans lesquelles on reconnaît tel ou tel feuillage, le poirier, le chêne, le rosier [151], etc., étaient plus gracieuses, plus capables d'exciter la curiosité, mais aussi moins monumentales; les formes générales devenaient confuses, les crochets soutenant les angles n'étaient plus aussi bien formulés; le feuillage alors n'était plus un secours pour la solidité du chapiteau et devenait une décoration de caprice. Le chapiteau subit d'autres transformations plus importantes que celles de son feuillage. Dans les piliers où les colonnes se multiplient avec les nervures de la voûte, on voit d'abord des chapiteaux différents et proportionnés aux diamètres des colonnes; puis ces chapiteaux tendent à s'égaliser, à n'en faire qu'un. Au XIV° siècle, ce ne sera plus qu'une couronne de feuillage.

Il était réservé au XIII° siècle de perfectionner la base de la colonne, et pour la composition des moulures et pour la délicatesse de la taille. On pourrait remarquer d'abord une loi universellement admise, c'est qu'on ne laissait point de surface horizontale vide; toujours des transitions étaient ménagées entre la ligne verticale et la ligne horizontale, et cette loi était observée, non-seulement pour la base de la colonne, mais pour tous les supports de l'édifice. Il est facile de comprendre la sagesse de cette précaution. Pour sa composition, la base du XIIIe siècle rappelle la base attique : en commençant par le bas, c'est un tore très-applati, une scotie très-large et creusée de façon à ce que de l'eau pût y séjourner; puis un tore moins développé [152, 153, 154]. Afin qu'il ne reste point de surface horizontale vide, le socle devient octogone [155], laisse dépasser un peu sur ses côtés le tore inférieur; quelquefois les angles du socle sont abattus [156], et les saillies des moulures sont le plus souvent soutenues par de petites consoles [157]. Quand les colonnes sont groupées, des bases partielles se multiplient au-dessus du socle principal.

L'ogive a pris dans les arcades plus d'élancement qu'elle n'en aura jamais ; au XIVe siècle elle sera tracée en tiers point, c'est-à-dire de manière que les deux côtés et la base forment un triangle équilatéral. Mais au XIIIe siècle elle est le plus souvent surélevée par deux lignes perpendiculaires. [172, on peut voir au même endroit les transformations successives de l'arc.] Les arcs ne sont ornés que de moulures, mais bien accentuées [131, 132, 133, 134, 135].

Assez généralement, dans les édifices de quelque importance, au-dessus des arcades des bas-côtés s'ouvrent des galeries nommées *triforium* [158 en A]. Au XIIIe siècle, le *triforium* n'est ordinairement qu'un couloir assez rétréci, suffisant seulement pour donner un passage, et présentant sur le pourtour de la grande nef une suite d'arcades qui se rangent ordinairement au nombre de trois dans chaque travée. Quelques édifices présentent deux *triforium* superposés (à Noyon, à Laon, à Montier-en-Der).

— 77 —

Les fenêtres du clérystère, sans être étroites, sont élancées (*). Dans les grands édifices, les fenêtres sont divisées par des montants de pierre très-légers qui se terminent en ogives et en rosaces [158 en B]. Les fenêtres, avec cette décoration ordinairement riche et gracieuse, avec ces meneaux, reçoivent des voussures multipliées, des colonnettes; à l'extérieur de l'édifice elles sont encore surmontées de gâbles découpés [159]. Il y a aussi des fenêtres moins compliquées [160].

Les voûtes sont la partie la plus importante de l'édifice ogival, et commandent tout le reste de la construction; aussi pour les comprendre il faut étudier tout l'ensemble de l'édifice, les piliers, les contreforts, les arcs-boutants; et l'on ne fera une étude sérieuse du système ogival qu'en rapprochant sous un seul coup-d'œil toutes les parties que nous considérons séparément. C'est en examinant tout l'ensemble de la structure d'une cathédrale que l'on pourra comprendre avec quelle science, quelle habileté ces voûtes sont bien équilibrées avec leurs supports, avec quelle prévoyance elles sont jetées à des hauteurs souvent considérables. Ces voûtes sont formées d'un appareil assez petit qui leur donne ordinairement à peine six pouces d'épaisseur; un appareil plus considérable n'aurait pas été aussi facile à poser, aurait donné plus de charge, et probablement n'aurait pas eu autant de résistance.

Les clefs de voûte sont très-nombreuses et très-richement travaillées; quand on y voit des personnages, ils sont d'un dessin plus correct et plus gracieux que dans le siècle précédent. On commence au XIIIe siècle à peindre ces clefs de voûte, même quand le reste de l'édifice ne reçoit point de pein-

---

(*) A cause de cette forme aiguë rappelant vaguement le fer d'une lance, ces fenêtres reçurent le nom de lancettes, dénomination dont quelques archéologues se sont servi pour qualifier tout le style de cette époque qu'ils ont nommé style à lancettes.

ture, et cet usage continue dans les siècles suivants. Au XIIIe siècle, on introduit dans les clefs de voûte des armoiries.

Extérieur de l'édifice.

La façade est la partie du monument la plus ornementée, la plus enrichie de sculptures. On y voit ordinairement trois portes dans lesquelles de nombreuses voussures s'avancent les unes sur les autres portées par des colonnettes. Des statues posées entre ces colonnes et surmontées d'un dais représentent les apôtres, les patriarches, les prophètes, les évêques et autres personnages. Souvent sur le trumeau paraît Notre-Seigneur tenant le livre des saints Évangiles et donnant sa bénédiction. Sur le tympan et dans les voussures se développent différents sujets. Quelquefois c'est une représentation du Jugement dernier, quelquefois la vie de Notre-Seigneur Jésus-Christ, celle de la Sainte-Vierge ou de quelque saint.

Les roses de la façade, de même que celles des transsepts, sont plus développées et plus riches qu'au XIIe siècle, surtout dans la seconde partie du XIIIe ; les dessins qui les remplissent sont formés de rayons allant du centre à la circonférence, de trèfles, de quatre-feuilles, dans le caractère de l'époque [161]. Dans les édifices plus petits, les rosaces sont moins compliquées [162].

Dans les façades apparaissent encore parfois, sur plusieurs lignes, des galeries très-riches formées de colonnettes et d'arcatures. Ces galeries, à peu près toujours munies de balustrades, facilitent la circulation dans la partie supérieure de l'édifice, et quelquefois servent à abriter de grandes statues.

Le contrefort était le moyen le plus indispensable pour faire avancer le système ogival. C'était la partie de la construction qui demandait le plus d'études; ce fut celle qui coûta le plus d'essais malheureux. Mais aussi, quand cette ressource fut suffisamment connue, l'édifice apparut dans toute sa grandeur, dans

— 79 —

toute sa légèreté. Indiquons rapidement les transformations de cette partie de la construction. D'abord le contrefort et l'arc-boutant étaient cachés dans les basses nefs [128]. A la fin du XIIe siècle, les constructeurs ne craignent plus de les mettre en évidence. La plus grande difficulté était de trouver le point à contrebutter ; on avait d'abord élargi la tête de l'arc-boutant, bientôt on pose deux arcs serrant une pile contre le mur de la nef et reliant ainsi leur action. Les têtes des arcs ne sont point engagées dans les murs, afin qu'ils puissent glisser s'il survient un tassement dans le mur ou dans la pile extérieure ; ainsi ils ne se déformeront point, et la déformation de l'arc aurait bien plus d'inconvénient qu'un léger déplacement dans le point d'appui. Au début les arcs étaient formés par des quarts de cercle s'opposant à la poussée par leur résistance et aussi par leur poids, et chargeaient ainsi les piles intérieures de l'édifice [128]. Dans la suite la fonction de l'arc-boutant est mieux comprise ; il se redresse par une courbe d'un plus grand rayon, n'oppose plus seulement une force passive, mais une force active ; il reçoit une partie du poids de la voûte et décharge d'autant les piles intérieures .[130]. Les autres difficultés ne furent pas moins heureusement vaincues. Dans les édifices à cinq nefs, comme l'arc ne peut s'étendre de la pile extérieure au mur de la grande nef, une pile intermédiaire est posée sur les piles des basses nefs, et la poussée de la voûte est ainsi reportée par deux arcs sur la pile extérieure, plus forte que la pile intermédiaire. (On peut se faire une idée de cette disposition en jetant les yeux sur la figure 210, bien qu'elle représente un monument de date plus récente.) Le contrefort et l'arc-boutant ainsi perfectionnés, tout l'édifice devient plus léger. La charge des voûtes étant divisée et reportée par les arcs-boutants, principalement sur les piles extérieures de l'édifice, les constructeurs peuvent évider les murs sous les formerets et ouvrir de belles fenêtres à meneaux ; à l'intérieur, toute la construction se réduit à des piles minces rendues rigides par la charge, et maintenues dans un plan vertical par suite de l'équilibre établi entre la poussée des voûtes et la résistance des arcs-boutants.

Nous pourrions ajouter un mot sur la décoration du contrefort. Cette décoration, comme celle de toutes les autres parties de l'édifice, n'est point une ornementation appliquée, mais tous ses éléments sont des parties de la construction que l'imagination de l'artiste constructeur a travaillées pour en faire des motifs de décoration. Ainsi, pour empêcher l'arc-boutant de glisser sur la tête de la pile extérieure, on élève le sommet de celle-ci; ce poids de maçonne devient un clocheton ou un pinacle, enrichi de tous les ornements de l'époque, de colonnettes, d'ogives trilobées, etc.; sous ces clochetons ou ces pinacles sont posées des statues [130, 164].

Les arcs-boutants, vers la fin du XIIIe siècle, devinrent à jour et se remplirent d'élégantes arcatures. Ces arcatures ne furent point introduites par le caprice ou seulement à titre d'ornementation, mais on s'en servit pour répondre à une nécessité. On avait eu l'idée précédemment de se servir des arcs-boutants supérieurs comme d'aqueducs, pour conduire les eaux des cheneaux des grands combles à travers les têtes des contreforts et se débarrasser ainsi des eaux de pluie. Or ce moyen, comme tous les autres, quand il fut employé pour la première fois, n'en était pas à sa perfection. On était amené ainsi à élever la tête des arcs-boutants supérieurs jusqu'à la corniche des grands combles, c'est-à-dire bien au-dessus de la poussée des voûtes, ou à conduire les eaux des cheneaux sur ces arcs-boutants au moyen de coffres verticaux en pierre, qui avaient l'inconvénient de causer des infiltrations à la naissance des voûtes. On remplaça donc les arcs-boutants supérieurs par une construction à claire-voie, qui donnait toute facilité pour poser l'aqueduc à une hauteur convenable, cet aqueduc et la ligne inférieure recourbée étant reliés par des arcatures. L'égout par lequel se terminait le conduit et qui était en saillie pour rejeter l'eau en dehors des murs, devint, lui aussi, un motif de décoration, la gargouille, que l'on tailla sous toute espèce de formes. Ce furent des animaux fantastiques, des monstres, des diables, des hommes faisant des contorsions [163].

Nous aurions pu parler des balustrades du *triforium*, de celles de la façade où l'on en voit souvent plusieurs lignes. Il était préférable d'étudier celles qui sont placées sur les côtés de l'édifice, au bas des grands combles, parce qu'elles ont plus d'importance. Les constructeurs, en posant ces balustrades, n'avaient point recherché une décoration qui ne fût pas motivée : ils avaient répondu à un besoin par une construction dont ils firent ensuite un ornement. Il fallait des canaux pour recevoir les eaux pluviales, le bord de ces canaux se relève et devient la balustrade; cette rampe servira d'ailleurs pour les travaux de réparation ou même pour arrêter les ardoises se détachant du toit. Dans les transformations que subissent les balustrades, on peut voir comment les constructeurs savent approprier leurs dessins aux moyens de construction. C'était d'abord un mur plein décoré seulement d'arcatures en relief; pour rendre la balustrade plus légère, ils la mettent à jour en lui conservant la même forme; ce sont encore des arcatures construites; la partie supérieure est très-pesante pour donner de l'aplomb aux colonnettes [165, 166]. Bientôt on trouve plus convenable, pour la solidité, de prendre toute la hauteur de la balustrade dans un seul morceau de pierre, que l'on amincit et que l'on découpe; mais le dessin convenable pour ces balustrades découpées ne doit pas être le même que pour les balustrades construites. Les architectes du XIIIe siècle l'ont bientôt compris; aussi ils remplacent les dessins d'arcatures par les dessins de trèfles [167] et de quatre-feuilles [168]. Cependant ces praticiens si habiles, en posant un principe basé sur la raison, ne s'en faisaient point pour cela les esclaves; ils savaient encore s'en affranchir et suivre avant tout les lois du goût et de l'à-propos. Ces lois ne se formulent point, mais elles n'en sont pas moins impérieuses; elles doivent surtout intervenir dans ces accessoires de l'architecture, utiles sans doute à la construction, mais subordonnés à un grand nombre de circonstances particulières. Les architectes du XIIIᵉ siècle suivaient ces lois avec une merveilleuse perspicacité. Fallait-il poser une balustrade dans des travées où des dessins de trèfles et de quatre-feuilles seraient entrés plus difficilement ou n'auraient pas produit leur effet parce qu'ils n'auraient pas été suffisamment répétés, ils adoptaient des arcatures dans lesquelles une différence de largeur pouvait être plus facilement dissimulée; quand pour une balustrade prise dans un seul bloc, le dessinateur s'arrête à un dessin d'arcatures, on reconnaît encore aux détails de ce dessin que la balustrade est découpée et non pas construite [169, 170].

Nous pourrions voir encore comment les architectes du XIIIᵉ siècle savaient approprier leurs dessins aux différents édifices, comment ils évitaient de mettre la même balustrade à des édifices dont le caractère n'était pas le même, comment dans un édifice les balustrades étaient différentes selon la place qu'elles occupaient et l'effet qu'elles devaient produire.

Les balustrades ne subissent pas la même suite de transformations dans les différentes contrées, car les dessins doivent être encore subordonnés à la nature des matériaux.

Les balustrades que nous venons d'étudier sont la partie la plus importante du couronnement de la muraille. Au-dessous de la balustrade, sur la corniche elle-même, est assez ordinairement une moulure portant des feuilles entablées. Quand il n'y a point de balustrade, la corniche est ordinairement formée de consoles disposées en arcatures, en dents de scie, etc.

DEUX QUESTIONS SUR LE XIIIe SIÈCLE.

Peut-être pourrait-on se poser ici plusieurs questions intéressantes, et d'abord celle-ci : Quelle est l'origine de l'architecture ogivale ? S'est-elle formée en France, ou bien y a-t-elle été importée ?

Il ne s'agit pas de l'ogive, elle n'est qu'un des éléments du système (*). Il s'agit de tout le système ogival, tel qu'il se présente dans un édifice complet, avec ses combinaisons de construction et de décoration. Or, il nous paraît impossible de ne pas admettre que ce système s'est formé en France. Nous suivons sur notre sol toutes les phases qu'il a traversées ; toutes ces transformations se succèdent avec l'enchaînement le plus rigoureux, depuis les premières recherches et les premiers essais jusqu'aux derniers progrès.

Laquelle de ces transformations nous aurait été importée ? De quelle contrée nous serait-elle venue ? L'Angleterre et les provinces rhénanes nous montrent d'admirables édifices du style ogival arrivé à sa perfection ; mais la France seule prouve par ses monuments qu'elle a eu le mérite des études laborieuses, du travail d'où est sorti le système ogival. De plus, l'Angleterre et l'Allemagne nous empruntèrent nos artistes pour la construction de leurs grands édifices.

On pourrait se poser une autre question plus importante. Comment au XIIe et au XIIIe siècle parvint-on à réaliser un si

---

(*) L'ogive eût-elle été importée d'Orient ou d'une autre contrée, les constructeurs l'adoptèrent comme une ressource qu'ils avaient analysée et dont ils comprenaient la valeur ; il faudrait donc leur accorder sur ce point le mérite de l'à-propos.

grand nombre de constructions étonnantes par leur dimension et leurs richesses? Nos plus beaux édifices étaient à peu près tous achevés à la fin du XIIIe siècle : les cathédrales de Paris, de Reims, de Chartres, d'Amiens, du Mans, de Laon, de Rouen, de Coutances, de Saint-Quentin, de Soissons, de Bourges, la Sainte-Chapelle de Paris (*).

(*) Nous ne pouvons donner qu'une énumération très-incomplète des constructions appartenant au XIIIe siècle ; ajoutons quelques noms à ceux que nous venons de citer : Saint-Pierre de Lisieux, la cathédrale de Poitiers (excepté la façade), la Sainte-Chapelle de Saint-Germer, Saint-Julien de Tours, la chapelle du séminaire de Bayeux, l'église de Moulineaux, Notre-Dame de Dijon; le chœur et la nef de Langrune (Calvados), de Mortain et de Dol pour la plus grande partie; de la cathédrale de Séez et de celle de Toul, de Notre-Dame de Mantes; le chœur des cathédrales du Mans, de Bayeux, de Troyes pour la plus grande partie, de Tours, de Bourges, d'Auxerre, de Châlons-sur-Marne, de Saint-Étienne de Caen, de Vezelay, de Saint-Serge, à Angers; de Montier-en-Der (Haute-Marne), de Saint-Amable, à Riom ; de la cathédrale de Vienne (Isère); la nef d'Eu, celles de Fécamp, de Louviers, de Saint-Pol de Léon, de la cathédrale de Lausanne; à Angers, l'hospice Saint-Jean.
En Allemagne s'élevaient les dômes de Ratisbonne, de Magdebourg, d'Halberstadt, Notre-Dame de Trèves, Sainte-Élisabeth de Marbourg, la cathédrale de Fribourg, en Brisgau, une partie de celle de Cologne. — En Belgique, le chœur de Sainte-Gudule, à Bruxelles; la tour de Notre-Dame de Bruges. — En Angleterre, la cathédrale de Salisbury, le chœur et la nef de celle de Lichtfield, les transsepts de celle d'York, le chœur de celle de Vinchester, une partie de l'abbaye de Westminster.
L'évêque Maurice, anglais de naissance, pose les fondements de la cathédrale de Burgos en 1221; la cathédrale de Tolède est commencée en 1258. — En Italie, Saint-Jean et Saint-Paul de Venise, Saint-François de Bologne, Sainte-Marie-della-Spina, à Pise; les dômes d'Orviette et d'Arezzo, la grande église de Sainte-Marie-des-Fleurs, à Florence.

Comment pourrait-on expliquer tant de travaux et la rapidité avec laquelle ils étaient exécutés? La cathédrale de Reims fut achevée en trente ans, celle de Chartres en vingt-huit ans, la Sainte-Chapelle en trois ans, la cathédrale de Paris, qui, d'après M. Viollet Le Duc, n'aurait pas coûté moins de 60 à 70 millions de notre monnaie, fut achevée en moins de cinquante ans. Comment donc s'accomplirent tant de merveilles?

Les religieux, après avoir répandu la science, formé les populations, avaient réalisé d'admirables modèles et donné un puissant élan. Ils n'élevèrent pas nos cathédrales comme on le vit en Angleterre, mais ils construisirent un grand nombre de chapelles abbatiales qui font encore l'admiration des architectes; il suffit de citer Vezelay, Pontigny, le Mont-Saint-Michel, Souvigny, Fontevrault, Saint-Denis, la basilique de Cluny, dont il ne reste plus que des dessins, mais qui fut longtemps la plus vaste (*) et une des plus riches de la chrétienté. Nous ne parlons pas d'une profusion de cloîtres, de salles capitulaires, dont les ruines sont encore un sujet d'étude.

Du monastère sortit l'idée d'association; les corps de métiers se soumirent à des règles, à l'exemple de ces religieux, qui leur avaient donné l'enseignement, et les premiers étaient arrivés, par la puissance de l'association, à réaliser des œuvres plus considérables que tout ce qui avait été fait jusqu'alors. Il y eut les frères Pontifes, qui, avec l'image d'un pont et d'une croix sur leur robe, se transportaient où ils étaient appelés; ils rendaient un immense service en rétablissant les moyens de communication dont on ne s'était que peu occupé depuis l'époque romaine. Mais il y eut aussi les grandes corporations maçoniques, qui contribuèrent si efficacement à l'édification de nos immenses cathédrales. Les membres de l'association

(*) Elle était ornée de neuf flèches, avait 555 pieds de long, 9 pieds seulement de moins que l'église de Saint-Pierre de Rome [564]. Notre-Dame de Paris n'a que 396 pieds.

s'engageaient à se rendre réciproquement les devoirs de l'hospitalité, de la charité, de la fraternité chrétienne. Ils conservaient les procédés de leur art et les transmettaient aux ouvriers qu'ils s'aggrégeaient. Ils se distinguaient de ceux qui travaillaient simplement sous leurs ordres ; et se divisaient par groupes de dix sous la conduite d'un chef appelé *maître de l'œuvre, maître des pierres vives*, ou même *carrier, peirerius*. Les uns, fixés dans une localité, y construisaient ou y réparaient les monuments ; les autres étaient nomades. Campés autour de l'édifice en construction, ils pliaient leurs tentes à la fin des travaux et allaient ailleurs commencer de nouveaux ouvrages (*).

Plusieurs circonstances concoururent à favoriser l'élan imprimé par les monastères. Au XIIe et au XIIIe siècle les communes s'affranchissaient, et elles employaient volontiers toutes leurs ressources à construire des monuments qui devenaient un signe de leur richesse et de leur indépendance. Le Beffroi et l'Hôtel-de-Ville, ou le Parloir-aux-Bourgeois, comme on l'appelait alors, étaient par leur caractère les édifices de la commune ; mais la cathédrale, par sa grandeur et sa magnificence, attestait mieux encore l'abondance des moyens que savaient se créer les populations en dehors de l'influence féodale. La ville de Laon commença à construire sa cathédrale aussitôt qu'elle eut

(*) Sous saint Louis, on vit en France la confrérie de Saint-Luc qui réunissait des architectes, des sculpteurs, des peintres, des doreurs, des enlumineurs ; elle s'accrut pendant le règne de Philippe le Bel, et reçut alors des réglements qui nous ont été transmis (Emeric David, *Hist. de la sculpt.*, p. 84). — En Italie, la congrégation de Saint-Luc prit naissance au XIVe siècle. « Les peintres de cette association, dit M. Rio, avaient des réunions périodiques, non pour se communiquer leurs découvertes ou pour délibérer sur l'adoption de nouvelles méthodes, mais tout simplement pour chanter les louanges de Dieu et lui rendre des actions de grâces. » (*Poésie*, p. 88.)

obtenu le décret de son affranchissement, comme pour établir par ce monument la garantie de ses priviléges. C'était, du reste, dans les cathédrales que le peuple tenait ses grandes assemblées. M. Viollet Le Duc remarque que l'église de Laon, comme bien d'autres églises, se prêtait parfaitement aux grandes réunions populaires; et que probablement, après les scènes tragiques qui signalèrent les premières tentatives de la ville de Laon, quand le décret d'affranchissement eut été signé par l'entremise du pouvoir royal, d'un commun accord, le chapitre, l'évêque et les bourgeois élevèrent cet édifice à la fois religieux et civil. On peut remarquer encore qu'au XIIIe siècle on construisit beaucoup de cathédrales et très-peu de beffrois et d'hôtels-de-ville.

Les églises servaient parfois, non-seulement aux délibérations de la commune, mais à des fêtes civiles, à des réjouissances populaires, même à des représentations profanes et à des bouffonneries extravagantes dont le peuple se faisait alors un besoin. On représentait, par exemple, dans le diocèse de Langres, la fête de la danse aux sabots, le mystère de saint Didier, dont le manuscrit existe encore; à Laon, le 28 décembre, à la fête des Innocents, les enfants de chœur portant chapes occupaient les hautes stalles et chantaient l'office avec toute espèce de plaisanteries grossières; le soir, ils étaient régalés aux frais du chapitre. Il y avait aussi la fête des fous ou des ânes, dont le programme nous a été conservé, et bien d'autres qu'il n'est pas utile d'énumérer. En 1476, on représenta le mystère de la vie de monseigneur saint Denis; afin que le peuple y assistât plus facilement, le chapitre décida que la messe serait chantée à huit heures et les vêpres avant midi.

L'ensemble de la situation de cette époque explique parfaitement la conduite du clergé. « Les évêques, dit M. Viollet Le Duc, aimaient mieux ouvrir de vastes édifices à la foule, sauf à lui permettre parfois de véritables saturnales, plutôt que de se renfermer dans le sanctuaire et de laisser bouillonner au-dehors les idées populaires; sous les voûtes de la grande cathédrale, les assemblées de citoyens, quoique profanes, étaient forcément empreintes d'un caractère religieux. Les populations urbaines s'habituaient ainsi à considérer la cathédrale comme le centre de toute manifestation publique. Les évêques et les chapitres avaient raison; ils comprenaient leur époque; ils savaient que pour civiliser des esprits encore grossiers, faciles à entraîner, mus par un profond sentiment d'indépendance, il fallait que le monument religieux fût par excellence le pivot de tout acte public. »

La cathédrale était donc le monument de la cité. Elle était véritablement la maison du peuple. « Cette misérable masure où le peuple revenait le soir, dit M. Michelet (*), n'était qu'un abri momentané; il n'y avait qu'une maison, à vrai dire, la maison de Dieu. Ce n'était pas en vain que l'église avait droit d'asile; c'était alors l'asile universel; la vie sociale s'y était réfugiée tout entière, l'homme y priait, la commune y délibérait, la cloche était la voix de la cité. »

La cathédrale était le monument de la commune et de la cité; sa construction était un acte de foi de la part du peuple, et nous en verrons la preuve dans les documents qui vont être cités.

Stimulées par tous ces motifs, les populations s'empressaient de concourir à l'édification de la cathédrale par tous les moyens en leur pouvoir. Ne parlons pas de l'argent qu'elles apportaient avec empressement. A Rouen, à Bourges, avec les offrandes que firent les fidèles en compensation de l'abstinence de lait et de beurre pendant le carême, on put élever une des tours de la cathédrale. Cette tour, en souvenir, prit le nom de tour de *Beurre*. Le pauvre apportait son obole, le riche ses trésors et ses joyaux; tous y contribuaient généreusement. Les populations entières se mettaient à l'œuvre,

---

(*) *Histoire de France*, t. II, p. 653.

oubliant tout autre soin et toute autre préoccupation, et, sans distinction de rang et de fortune, s'employaient, non à tailler la pierre ou à sculpter, mais au transport fatigant des matériaux. On ne s'inquiétait aucunement de dresser un budget, de préciser les moyens, mais on se mettait à l'œuvre avec enthousiasme, et l'édifice grandissait rapidement ; non-seulement les habitants d'une contrée se réunissaient pour la construction d'une cathédrale, mais ceux des contrées voisines y accouraient, et, l'œuvre terminée, tous se transportaient dans une autre province (*).
Nous le voyons dans une lettre de Hugues, évêque de Rouen, écrite en 1145 à Thierry, évêque d'Amiens : « Les habitants de Chartres, dit-il, ont concouru à la construction de leur église en charriant des matériaux. Notre-Seigneur a récompensé leur humble zèle par des miracles qui ont excité les Normands à imiter la piété de leurs voisins. Nos diocésains ayant donc reçu notre bénédiction, se sont transportés à Chartres, où ils ont accompli leur vœu. Depuis lors, les fidèles de notre diocèse et des autres contrées voisines ont formé des associations dans un but semblable. Ils n'admettent personne dans leur compagnie, à moins qu'il ne se soit confessé et réconcilié avec ses ennemis. Cela fait, ils élisent un chef, sous la conduite duquel ils tirent leurs charriots en silence et avec humilité. »

Haimon, abbé de Saint-Pierre-sur-Dive, nous montre bien de quel esprit étaient animés ces travailleurs désintéressés, dans une lettre qu'il écrivait aux religieux de Tutteberg sur les travaux de la cathédrale de Chartres. « Qui a jamais ouï, qui a jamais vu des princes, des seigneurs puissants dans le siècle, des hommes d'armes et des femmes délicates, plier leur cou sous le joug auquel ils se laissent attacher comme des bêtes de somme pour charrier de lourds fardeaux ? On les rencontre par milliers, traînant parfois une seule machine, tellement elle

---

(*) On vit jusqu'à cent mille ouvriers travaillant en même temps à Notre-Dame de Strasbourg.

est pesante, et transportant à une grande distance du froment, du vin, de l'huile, de la chaux, des pierres et autres matériaux pour les ouvriers. Rien ne les arrête, ni monts, ni vaux, ni même les rivières. Mais la merveille est que ces troupes innombrables marchent sans désordre et sans bruit. Leurs voix ne se font entendre qu'au signal donné; alors ils chantent des cantiques ou implorent merci pour leurs péchés. Arrivés à leur destination, les confrères environnent l'église; ils se tiennent autour de leur char comme des soldats dans leur camp. A la nuit tombante, on allume des cierges, on entonne la prière, on porte l'offrande sur les reliques sacrées; puis les prêtres, les clercs, le peuple fidèle, s'en retournent avec une grande édification, chacun dans son foyer, marchant avec ordre en psalmodiant et priant pour les malades et les affligés. »

La construction de la cathédrale était aussi une œuvre de foi de la part des artistes, de tous ces tailleurs d'images, qui contribuaient aux sculptures innombrables des édifices religieux. « Calculez, dit M. Pitre Chevalier, tout le temps qu'il a fallu aux maîtres de ces pierres (*magistri de lapidibus vivis*) pour élever de la terre au ciel cette puissante végétation de piliers et de nefs, depuis la masse inébranlable des troncs jusqu'aux délicieux caprices des feuillages; pour découper à jour les rosaces où joue la lumière et les clochers d'où s'envole l'harmonie; pour ciseler jusque dans les moindres recoins des voûtes, jusqu'à la pointe des flèches perdues dans les nuages, ces petits chefs-d'œuvre qui usaient la vie d'un homme et que les anges seuls peuvent apercevoir en s'inclinant vers notre monde! Demandez-vous quel prix les auteurs de ces merveilles ont retiré de leur immense labeur; aucun, si ce n'est la gloire de Dieu. Oui, ces artistes travaillaient pour Dieu seul. Cherchez, dans les millions de pierres taillées par leur main, une seule lettre de leur nom, le moindre signe qui les révèle à la renommée! Vous chercherez en vain; ils n'ont rien voulu gagner sur Dieu qu'un petit coin de son paradis pour leurs âmes !... »

Le silence désintéressé dans lequel se réfugiaient les artistes du moyen-âge était de leur part un mérite de plus; il était aussi un titre à ce que leurs noms fussent enregistrés avec un soin plus empressé dans nos annales, et que leur vie nous fût racontée avec détails. Malheureusement leurs contemporains ne se sont point préoccupés de nous apprendre ce que personne n'ignorait alors, et nous devons d'autant plus le regretter, que nous aurions trouvé sans doute, mêlés aux documents biographiques, d'utiles leçons sur la pratique d'un art que ces grands hommes connaissaient si bien.

Le XIXe siècle a essayé de combler cette lacune autant qu'il était possible après un si long temps écoulé. On ne pouvait consulter que des comptes ensevelis sous la poussière des archives. Ces mémoires, de peu d'importance en eux-mêmes, précieux pour les noms qu'ils conservaient au milieu de leurs chiffres, ont été consultés avec soin; ainsi, bien des noms illustres ont été retrouvés. Citons Jean de Chelles, architecte de Notre-Dame de Paris; Robert de Coucy, qui construisit la cathédrale de Reims; Ingelram, celle de Rouen; Robert de Luzarches, celle d'Amiens; Pierre de Montereau, le réfectoire de Saint-Martin-des-Champs, la Sainte-Chapelle de Paris; Eudes de Montreuil, qui accompagna saint Louis à la croisade, construisit Notre-Dame de Mantes et le chœur de Beauvais. La cathédrale de Strasbourg avait été commencée en 1237 par Erwin de Steinbach.

XIVe SIÈCLE.

Les architectes essaient, comme par le passé, par des recherches incessantes, de compléter leur système de construction et de décoration. Mais ces transformations nouvelles ne pourront guère que déformer l'œuvre si belle du XIII° siècle. Il est vrai que cette déformation ne s'opère que peu à peu et d'une manière insensible. Les abus existeront surtout au XV° siècle, mais le XIV° les prépare. Pour donner plus de légèreté aux membres de l'architecture, il commence à les amaigrir, il multiplie et complique les détails; cette complication amènera plus tard la confusion. La richesse d'ornements qu'il ajoute nuit déjà à l'effet général; un bel ensemble de formes dans un édifice est préférable au luxe et à la recherche de décoration. Le XIV° siècle, d'ailleurs, complète les édifices religieux commencés au XIII°, et n'en entreprend guère de nouveaux, du moins de grands édifices (*).

Le plan de l'édifice se complète par des chapelles ajoutées le long des basses nefs, entre les piles extérieures des contreforts; cet espace est ainsi utilisé à peu de frais, mais la forme de la basilique ne présente plus aussi clairement l'image de la croix.

Les ornements sont à peu près les mêmes qu'au XIII° siècle. Ils se feraient reconnaître par plus de délicatesse et plus de maigreur. Les tores n'ont plus la rondeur ni la saillie qui les distinguaient au XIII° siècle; ils reçoivent assez souvent un filet sur leur partie antérieure [178, 179, 180]. Les feuillages sont toujours une imitation fidèle de la nature, et l'on nommerait facilement les plantes copiées par le sculpteur [184, 185]. Les trèfles et les quatre-feuilles ont moins de profondeur quand ils sont gravés en creux; ils ont moins de saillie quand ils sont formés de tores; assez souvent ils prennent la forme aiguë et sont sous-trilobés [181, 182]. Les crochets, plus multipliés qu'à l'époque précédente, sont formés de feuilles plus dévelop-

---

(*) Parmi les édifices du XIV° siècle, on peut citer la cathédrale de Metz et Notre-Dame-de-l'Épine (près Châlons-sur-Marne) en grande partie, les clochers de Reims et de Strasbourg; une partie ou la totalité des nefs des cathédrales de Toul, Auxerre, Tours, Carcassonne, Meaux, Perpignan, Évreux.

pées et repliées sur elles-mêmes [183]. Les dais sont plus souvent terminés par des clochetons et des gâbles découpés. Les pinacles et les clochetons sont prodigués et prennent plus d'élancement.

Intérieur de l'édifice.

Les colonnettes se groupent en plus grand nombre sur le pilier; elles n'ont plus autant de saillie, et reçoivent sur la partie antérieure ce renflement équarri qui prépare la forme ondulée du XV siècle [180]. Après cette multiplication des colonnettes sur le pilier, le chapiteau n'est plus aussi important dans la construction; aussi il reçoit une ornementation de caprice. Les crochets moins développés sont plus nombreux, et se confondent avec le reste du feuillage [184, 185]. Le sculpteur ne se préoccupe que d'imiter la nature avec fidélité, et il y réussit admirablement. Dans la base des colonnes, la scotie n'est plus aussi profonde; les colonnettes ont chacune leur base particulière, reposant sur le socle général [186]; pour éviter les surfaces horizontales, les intervalles sont remplis par des plans inclinés.

Dans les arcades, l'ogive est en tiers point [173], quelquefois elle est plus écrasée, les centres des courbes étant pris entre les côtés de l'ogive. Les moulures ne sont plus aussi bien accentuées [178, 179]; leur ensemble n'a plus autant de précision, ni ces vigoureuses alternatives de creux et de reliefs qui faisaient naître des oppositions si remarquables d'ombres et de lumières.

Le *triforium*, jusqu'alors obscur, reçoit le jour de l'extérieur; assez souvent ce sont les arcatures mêmes du *triforium* qui sont garnies de vitraux.

Dans le clérystère, les fenêtres se sont élargies; les meneaux se composent d'un plus grand nombre d'ogives surmontées de rosaces, de quatre-feuilles [187].

Les voûtes ne reçoivent point de nouvelles nervures, mais les clefs de voûte sont plus développées et plus riches.

Extérieur de l'édifice.

Le fronton qui décore la porte est plus développé, plus aigu, détaché de la muraille et percé de trèfles, de quatre-feuilles, de rosaces. Sur le tympan, les bas-reliefs sont assez souvent remplacés par des dessins de trèfles, de quatre-feuilles, de rosaces (*).

Les roses ont pris leur dernier développement et reçoivent des meneaux de la plus grande richesse.

Le système des contreforts et des arcs-boutants, à la fin du XIII° siècle, était arrivé à son plus grand perfectionnement; au XIV° siècle, il est appliqué sans hésitation comme une formule. Il semble alors que les constructeurs, n'ayant plus de difficulté à vaincre, s'étudient souvent à n'employer que les moyens de résistance les plus simplifiés; mais ils adoptent des formes plus savantes que gracieuses, dans lesquelles l'art est trop sacrifié à des combinaisons géométriques.

Dans les balustrades, la recherche des détails nuit à la sévérité et à l'harmonie des formes [188].

Terminons par cette remarque générale. Plus les membres de l'architecture sont d'une petite dimension, et plus leurs formes doivent être largement composées, afin de ne pas détruire l'aspect de grandeur que doit avoir l'édifice. En multipliant les détails sans mesure, on rapetisse l'architecture au lieu de la grandir; les détails se confondent et font tort à l'ensemble. Les architectes du XIII° siècle observaient parfaitement cette règle; ceux du XIV° ne la comprirent pas aussi bien, et ceux du XV° moins encore.

(*) Ces dessins, dans les fenêtres et encore mieux dans les rosaces, semblent prendre une apparence de rayonnement d'où les archéologues avaient donné au style de cette époque le nom de style rayonnant.

XVe SIÈCLE.

Le style de cette époque a des qualités et des défauts, un caractère propre qui saisit au premier aspect. Au XIIIe siècle avaient appartenu la hardiesse des arcs et des voûtes, la simplicité et la pureté des lignes, la grandeur et l'élégance de l'ensemble, la vigueur de l'accentuation; au XIVe, les mêmes caractères affaiblis par une ornementation plus développée. Au XVe siècle, les différents membres de l'architecture sont plus compliqués, plus amaigris (les colonnettes des piliers). Les ornements, prodigués avec surabondance, prennent une légèreté, une finesse exagérée, une délicatesse peu logique ; tout y est mince, anguleux, fragile, déchiqueté, fouillé, et, par conséquent, sans corps et sans appui, offre trop de prises aux injures du temps et aux accidents qu'il produit. Des ornements inutiles surchargent même la construction et nuisent à la solidité (de nouvelles arêtes, des clefs de voûte démesurées).

Le caractère du XVe siècle est donc la recherche, et ce caractère nous apparaît dans un genre de ligne tout-à-fait distinctif de cette époque, la ligne ondulée. Cette ligne ondulée se montre dans toutes les moulures [188, 189, 190], de même dans les colonnettes, dans les dessins des ornements géométriques, trèfles [198] et quatre-feuilles [204] ; dans les archivoltes en accolade [175], dans les réseaux des fenêtres et des rosaces, où toutes les lignes se tordent, se plient en flammes, se contournent [201, 208], enfin dans les feuillages qui, par les mouvements de leurs nervures, sinon par leurs dessins extérieurs, témoignent de leur prédilection pour l'ondulation [193]; cette forme apparaît même dans des arcs-boutants et dans des nervures de voûte [202, 209].

On peut dire qu'au XVe siècle les détails sont riches et compliqués, mais que ces délicatesses se perdent le plus souvent dans un ensemble surchargé, lourd, confus. Les constructions du XVe siècle nous sont arrivées beaucoup plus endommagées et plus difficiles à restaurer que les édifices du XIIIe. Indépendamment des détails qui sont en partie la cause de cet état de ruine, ils sont d'ailleurs, pour le fond de la construction, beaucoup moins solides. Ces notions générales se résumeraient ainsi pour le XVe siècle : multiplicité, amaigrissement, légèreté, richesse dans les détails; confusion, pesanteur dans l'ensemble (*).

Les églises que l'on construisit au XVe siècle furent généralement moins longues et moins élevées que celles du XIVe.

Toutes les moulures donnent dans leur section la ligne ondulée; elles ont pour l'œil quelque chose de sec, de dur, un effet beaucoup moins puissant, moins harmonieux que les moulures franchement arrondies du XIIIe siècle. Pour l'ornementation, les artistes choisissent les feuilles les plus légères, les plus découpées : le chardon [193], le chou frisé [192], la chicorée, la vigne, le houx, etc. Jamais la nature n'a été copiée avec plus de fidélité. Cette ornementation est la richesse du

(*) Citons, parmi les monuments du XVe siècle, la belle église de Saint-Nizier, Notre-Dame de Saint-Lô, Saint-Maclou et Saint-Vincent, à Rouen; la cathédrale de Moulins en entier, une partie de celle d'Alby, les chapelles et les flèches de celle d'Autun, une des flèches de celle de Chartres, due à Jean Texier; le chœur, le transsept et les chapelles de celle d'Evreux, une partie de Saint-Ouen de Rouen; à Paris, Saint-Gervais et Saint-Merri, le porche de Saint-Germain-l'Auxerrois, Saint-Jacques d'Orléans, Saint-Jean de Caen, Saint-Pierre de Senlis, Saint-Pierre et les Célestins, à Avignon.

Jetons un coup-d'œil rapide sur les productions du style ogival en dehors de la France.

En Allemagne et dans les Pays-Bas, l'architecture suivit à peu près les mêmes destinées qu'en France. Le dôme de Francfort (1415-1512), Notre-Dame de Munich (1468-1494), la tour de

XVᵉ siècle. Comme nouvel ornement, indiquons les festons trilobés attachés en broderies élégantes à l'intérieur et à l'extérieur des arcs [194], ou bien couronnant à l'intérieur ou à l'extérieur des parties saillantes de l'édifice [197].

Intérieur de l'édifice.

Les colonnettes engagées sur le pilier, comme toutes les moulures, présentent dans leur section la forme ondulée [189]; désormais aussi nombreuses que les nervures de la voûte, elles montent et se ramifient pour former les arceaux de la voûte; le chapiteau, qui ne fait plus qu'interrompre ces lignes, est retranché, et nous pouvons remarquer qu'il disparaît d'abord dans les parties de l'édifice où son rôle était plus important: dans les grandes arcades de la nef.

On ne peut retrancher de la même manière la base du pilier; toutes ces colonnettes ne peuvent retomber sur le sol sans intermédiaire. La base est donc conservée; elle se complique; chacune des nervures reçoit une petite base reposant sur le plan incliné du socle général.

Les moulures des arcades sont quelquefois ornées de feuillage.

Saint-Etienne, à Vienne; Saint-Michel et Notre-Dame, à Anvers; la cathédrale et Notre-Dame de Malines sont des derniers et brillants rayons de l'art ogival. En Espagne, les cathédrales de Séville et de Tolède, l'église de Miraflores, montrent le style du XVᵉ siècle réuni à une décoration empruntée aux Arabes.

Le XIVᵉ siècle dota l'Angleterre de monuments qui allient la richesse à la majesté: chœur et transsept de la cathédrale de Bristol (1306-1332), nef de celle de Cantorbéry, chœurs de celles de Lincoln et de Carlisle. Le style de ces édifices se caractérise par des meneaux divisant perpendiculairement les fenêtres, par des compartiments carrés employés comme motifs de décoration, surtout dans la partie supérieure de l'édifice. C'est vers l'imitation de cette époque que reviennent les architectes anglais, tandis qu'en France nous revenons au XIIIᵉ siècle.

— 98 —

Dans le clérystère, les meneaux des fenêtres, plus amincis et plus compliqués, présentent des dessins très-variés qui sont souvent d'une grande richesse [208] (*).

Dans la seconde moitié du XV⁰ siècle apparaissent dans les voûtes de nouvelles nervures : les liernes se croisant à la clef de voûte, et les tiercerons prenant aux liernes et descendant vers les piliers [203]. Aux rencontres de ces nouvelles nervures sont attachées des clefs de voûte. Ces clefs de voûte ainsi multipliées, prennent des proportions démesurées et deviennent une surcharge.

Extérieur de l'édifice.

Dans les portes, les deux lignes extérieures de l'ogive se relèvent lorsqu'elles approchent l'une de l'autre, et portent un couronnement, soit des feuillages disposés en forme de croix, soit un piédestal avec une statue. Cette forme, connue sous le nom d'arc en accolade, fut adoptée pour les fenêtres, pour les arcatures, etc. Dans le cours du XV⁰ siècle, l'arc en accolade s'écrase de plus en plus, et à la fin de cette période apparaît l'arc en anse de panier, le plus souvent surmonté de l'arc en accolade [177].

Les abus que nous avons remarqués au XIV⁰ siècle dans les contreforts, deviennent plus graves au XV⁰. Il semble que les constructeurs vont jusqu'à oublier parfois les conditions de stabilité et de résistance des arcs-boutants, tant ils les établissent dans de mauvaises conditions pour leur donner plus de légèreté ou en enrichir l'ornementation [209].

Les fenêtres reçoivent l'arc en accolade et des gâbles très-développés. Afin que les vides de la balustrade soient augmentés, elle est taillée en bizeau des deux côtés. Pour sa composition, on

---

(*) Les archéologues ont cru voir dans ces dessins les mouvements des flammes, et ils ont donné au style de cette époque le nom de flamboyant.

choisit les trèfles, les quatre-feuilles, des chiffres, des attributs, des lettres [204, 205, 206] (*).

Au commencement du XVIᵉ siècle, le système ogival avait subi ses dernières transformations. Les architectes, appliqués sans cesse à chercher de nouveaux perfectionnements, allant de déduction en déduction, en étaient arrivés à introduire dans ce système les abus les plus fâcheux. Ils semblent avoir perdu la trace des principes qui les avaient guidés, et avoir oublié les fonctions des différentes parties de la construction. Ainsi les clefs de voûte sont nuisibles par un développement déraisonnable ; les arcs-boutants sont souvent tellement tourmentés, qu'ils ne sont plus capables de résister à la poussée des voûtes [209]. Les colonnettes ont été groupées en si grand nombre sur le pilier, que les artistes, après tous les perfectionnements qu'ils avaient apportés

---

(*) Parmi les dernières œuvres de l'ère ogivale, il faut citer l'église de Brou, que Marguerite d'Autriche fit commencer en 1506, après la mort de son mari, Philibert de Savoie. Plus de quatre cents ouvriers de France, d'Allemagne, d'Italie, de Flandre, y travaillèrent pendant vingt-cinq ans sous la direction des artistes les plus renommés de l'époque. Les architectes étaient André Colomban, Philippe de Chartres, Wauboglem. Citons encore la cathédrale de Nantes, commencée en 1434. Ordinairement la profusion des détails appesantit l'ensemble des productions du XVᵉ siècle, mais un effet contraire semble se produire ici. Dans ces nefs de dimensions remarquables, dans ce vaste ensemble, il ne s'agit plus d'une complication de feuillage, d'une surcharge d'ornementation ; les nombreuses moulures groupées sur les piliers en font oublier la grosseur ; elles montent vers la voûte avec un jet plein d'élan, et le regard s'élève avec elles irrésistiblement. L'édifice a retrouvé dans sa structure de la simplicité et du grandiose. Les nefs manquent actuellement de profondeur, mais quand, le chœur achevé, l'œil, après avoir mesuré l'immensité de la voûte, aura à pénétrer aussi dans le lointain plus mystérieux de l'abside et des chapelles rayonnantes, la cathédrale de Nantes sera citée parmi les plus remarquables de France.

au chapiteau, n'ont eu rien de mieux à faire que de le retrancher. Le feuillage et toute la décoration, par trop de délicatesse, de complication, n'est plus une ornementation bien comprise.

Le système ogival est donc arrivé, sinon à une décadence, du moins à des abus réels. Mais si nous voulons le juger, nous ne devons pas le considérer dans ses dernières phases. Il serait injuste de juger sévèrement cette rapidité avec laquelle il se transforme, puisque les architectes furent irrésistiblement entraînés dans cette voie, précisément par ce besoin de recherches et de progrès qui leur avait fait trouver les meilleures combinaisons et les formes les plus parfaites. La belle période du style ogival ne fut pas de longue durée, mais celle de l'architecture grecque, au siècle de Périclès, passa en moins de 70 ans.

Avant de quitter le style du moyen-âge et d'étudier la Renaissance, faisons ces remarques :

Au moyen-âge, les artistes avaient procédé comme l'avaient fait les Grecs ; prenant pour guides la raison et le sentiment, ils avaient cherché un système de construction et de décoration, avec lequel on pût élever les édifices dont la nation avait besoin. L'art s'était développé librement comme chez les Grecs, et l'on avait eu des édifices dont la disposition répondait parfaitement à la destination. Les moyens de construction n'étaient point dissimulés, ils étaient au contraire mis en évidence ; la décoration n'était que la construction taillée et développée, et ces formes décoratives étaient aussi belles dans leur application que celles des édifices de la Grèce. Disons mieux, les formes des édifices gothiques, avec toutes leurs ressources, étaient préférables pour nous aux formes grecques. Ces silhouettes si nombreuses, si riches, si variées, devaient, sur un ciel gris et nuageux, produire plus d'effet que les lignes monotones des entablements et des colonnades antiques. Enfin cette architecture nouvelle avait l'immense avantage d'offrir dans ses fenêtres un plus vaste champ aux verrières colorées, qui complètent si heureusement l'effet de nos édifices religieux.

RENAISSANCE.

Le retour aux arts de l'antiquité, appelé Renaissance, s'opère en Italie à l'époque des Médicis, commence en France sous les règnes de Charles VIII et de Louis XII. Ce mouvement eut sur la peinture et la sculpture une influence considérable dont nous essaierons plus tard de discerner les avantages et les résultats funestes. Nous ne nous occupons ici que de l'architecture, et nous nous bornons à l'envisager spécialement en France; la Renaissance, prise à ce point de vue, ne peut donc être jugée indépendamment du système ogival. En Italie, ce système n'avait été pratiqué que par imitation; on n'avait point à conserver une architecture que l'on n'avait point connue, et l'on revenait aux arts de la Rome des Césars. En France, si le système ogival était arrivé à des abus, il nous avait légué néanmoins des édifices que nous aurions dû toujours considérer comme un de nos plus riches trésors, une de nos gloires les plus précieuses. Or, à la Renaissance, on conçut pour l'art antique une admiration tellement exclusive, que le mérite des œuvres du moyen-âge fut absolument méconnu, et, pendant plusieurs siècles, ces édifices furent considérés comme l'œuvre de barbares (*); non-seulement ils furent négligés, mais même dégradés et mutilés. Le regret avec lequel nous signalons ce

(*) Cette erreur était tellement accréditée, que, aujourd'hui encore, des critiques très-renommés se servent de la dénomination de gothique pour désigner un art incomplet, presque barbare.

déplorable égarement peut être exprimé sans préjuger la valeur des œuvres de la Renaissance, qui ne furent pas sans un grand mérite.

Le bon sens, inné à notre nation, protesta longtemps avec énergie. L'art ogival, malgré ses déviations, était tellement implanté sur notre sol, il fallait briser avec des traditions si fortement enracinées dans les esprits, que la révolution ne s'accomplit que très-lentement. Cependant on demandait au nouveau style le genre de construction dans lequel il pouvait le mieux réussir, des monuments civils et de riantes habitations. Charles VIII et ses compagnons d'armes avaient été éblouis par le luxe des splendides palais dans lesquels ils avaient été reçus au delà des monts, et leurs manoirs féodaux leur parurent trop sombres quand ils furent de retour. Des architectes et des peintres furent donc appelés. Mais les artistes italiens (*) qui vinrent alors en France ne comprenaient point cet art compliqué, dont la pratique, depuis longtemps, n'avait plus de difficulté pour les ouvriers qu'ils avaient à commander; au lendemain des fêtes par lesquelles on célébrait leur arrivée, jetés au milieu des corporations, ils y réussissaient assez mal. Tout se borna à quelques ornements de l'architecture italienne adaptés sur des édifices de constructions moyen-âge (**).

Pour plus de clarté, établissons dans l'architecture de la Renaissance quatre périodes principales: la première, du règne de Louis XII jusqu'à la fin de celui de Henri III; la seconde, depuis Henri IV jusqu'à la fin du règne de Louis XIV; la troi-

(*) Avec le littérateur Jean de Lascaris étaient venus Jean Giocundo, architecte; Guido Paganino, enlumineur et peintre; un orfèvre, deux armuriers, un facteur d'orgue.

(**) Il est à remarquer que l'on doit à ces premiers artistes italiens la délicieuse chapelle du château d'Amboise, décorée dans le style du XVe siècle. Jean Giocundo, dans le palais de la Chambre des Comptes, détruit par un incendie en 1737, avait employé l'ogive et les sculptures du XVe siècle. De 1502 à 1510,

sième, depuis Louis XV jusqu'à la Révolution ; la quatrième, depuis la Révolution jusqu'à nos jours.

PREMIÈRE PÉRIODE.

Du règne de Louis XII à la fin de celui de Henri III.

La première période de la Renaissance est caractérisée par le mélange des formes. Les souvenirs du moyen-âge y sont associés aux ressources apportées d'Italie. L'ornementation elle-même emprunte au style ogival le plus grand nombre de ses éléments, la croix de pierre dans les fenêtres, les dais pour les statues, les lucarnes dans les toits avec leurs accessoires, etc. On conserve tout cet ensemble d'ornementation qui couronnait les derniers étages de l'édifice, à la fin du moyen-âge, et que n'avait point connu l'Italie. La transformation que l'on s'efforce de faire subir à ces ornements ne réussit pas à en faire oublier l'origine. Le grec, admis seulement dans l'ornementation et très-secondairement, est plié aux exigences du gothique. On ne tient aucun compte pour les ordres des règles de proportion et de composition, que l'on suivra bientôt servilement. Les ordres sévères, comme le dorique, ne sont point acceptés d'abord. On ne pouvait arriver que graduellement à la sobriété et à la gravité de l'architecture antique ; celle du XVe siècle était trop surchargée d'ornements, trop détaillée ; les premières productions de la Renaissance durent participer à cette complication.

Georges d'Amboise, ministre de Louis XII, fit construire sa splendide résidence de Gaillon. Le travail fut dirigé par trois architectes français, Guillaume Senault, *maître maçon des œuvres du cardinal d'Amboise, à Gaillon*, Pierre Fain, Pierre Delorme, qui surent allier avec une grande habileté les détails les plus riches empruntés à l'art français et à l'art italien. En 1796, l'administration départementale fit démolir ce château parce qu'il était « *d'architecture gothique.* »

Sous François Ier, l'ornementation commence à être moins minutieuse, elle se simplifie peu à peu, prend une physionomie plus grave. Les éléments gothiques sont expulsés par des motifs de l'art grec et de l'art romain; les clochetons sont remplacés par des obélisques; les dais et les piliers accessoires, par des niches (*).

Dès la fin du XVe siècle, on avait vu apparaître en France le genre de décoration assez mal nommé arabesque, où l'imagination de l'ornemaniste peut se permettre les plus gracieux caprices, en se gardant toutefois des fantaisies bizarres que le bon goût répudierait. Raphaël avait exécuté de délicieuses compositions en ce genre pour la décoration des *loges* [211], s'inspirant, dit-on, des exemples laissés par l'antiquité, spécialement de ceux que l'on venait de découvrir dans les thermes de Titus. Raphaël dessinait ces ornements en 1515;

(*) François Ier, par sa bienveillance et ses faveurs, attira en France les artistes les plus renommés de l'Italie. Des constructions nombreuses furent exécutées; on fit des parties importantes du château de Fontainebleau; on éleva le château de Chambord, dont on admire, avec raison, l'élégance et la majesté. Le grand escalier surtout est remarquable; il s'élève en spirales jusque au-dessus du faitage, soutenu par une gracieuse ornementation. Des campanilles nombreux couronnent l'édifice, et donnent à son aspect une grande légèreté. Pierre Nepveu, de Blois, fut l'architecte, et la construction fut commencée en 1523. On exécuta encore le magnifique escalier du château de Blois, orné de statues et d'arabesques; Madrid, avec ses arcades ouvertes et ses plaques émaillées. Pour se soustraire aux importunités de la foule, François Ier s'y réfugiait souvent. Les courtisans, mécontents de voir leur idole s'emprisonner ainsi, avaient donné malicieusement le nom de Madrid à cette retraite. Ce château fut démoli sous Louis XVI. Saint-Germain, construction plus sévère et d'un aspect militaire.

Dans la période que nous considérons, des architectes français acquirent une réputation bien méritée par les grands travaux

avant cette époque, des artistes français en avaient exécuté au château de Gaillon (1502 à 1510); à Chartres, dans le pourtour

qu'ils exécutèrent. Philibert Delorme (1518-1577), après avoir étudié en Italie, construisit à Lyon le beau portail de Saint-Nizier; sous Henri II, il donna les plans des châteaux d'Anet, de Meudon et de Saint-Maur; en 1564, il commença les Tuileries en construisant le pavillon du milieu, autrefois couronné d'une gracieuse coupole, les galeries contiguës et les deux premiers pavillons carrés qui s'y rattachent. Les deux corps de bâtiments qui suivent furent construits sous Henri IV; Louis XIII fit élever les lourds pavillons de Flore et de Marsan, qui terminent le château. Pierre Lescot (1510-1571) commença le Louvre par cette partie dans laquelle on voit, au rez-de-chaussée, un ordre corinthien; au premier étage, un composite; au second, un ordre attique avec des avant-corps, surmonté de frontons à lignes courbes. Peut-être cette construction était un peu chargée d'ornementation, mais elle convenait parfaitement, par son caractère, aux habitudes brillantes de la cour de François Ier et de Henri II; d'après d'habiles critiques, elle peut même être comparée, sans désavantage, à tout ce qui a été fait depuis. « C'est un édifice tout français, dit M. Vaudoyer (*Etude d'Arch.*), élevé par un génie français, et dont on chercherait vainement, non-seulement le modèle, mais l'égal en Italie. » Henri II, Charles IX, Henri IV, continuèrent l'aile qui se dirige vers la Seine. Louis XIV devait entreprendre de réunir l'œuvre de Pierre Lescot à celle de Philibert Delorme; mais il était réservé au XIXe siècle de relier toutes ces constructions dans un seul ensemble. Les grands suivaient l'exemple des rois. La délicieuse résidence de Chenonceaux, placée sur le lit même du Cher, avait été commencée en 1515 par un riche trésorier des finances, Thomas Bohier, sur l'emplacement du moulin de Chenonceaux. Duprat bâtissait sa fameuse demeure de Nantouillet; Semblançay, le château du même nom, près de Tours. Dans le château d'Écouen, construit pour le connétable Anne de Montmorency (1540-1541), Jean Bullant inaugura la période où les souvenirs du moyen-âge s'effacèrent sous les colonnades antiques.

du chœur de la cathédrale ; à Nantes, au tombeau de François II, terminé en 1507 [212].

DEUXIÈME PÉRIODE.

De Henri IV à la fin de Louis XIV.

L'architecture s'est débarrassée des éléments gothiques ; on remarque de plus grandes dimensions et en même temps plus d'ensemble dans l'ornementation. Le plus souvent la même ordonnance se développe dans toute la hauteur de l'édifice, et se continue aussi dans la largeur, comme autrefois dans les temples grecs : ainsi, longues colonnades ou bien larges avant-corps ; en un mot, importance des masses et moins de subdivisions, de pavillons, de petites ordonnances appliquées aux fenêtres et aux portes.

Pendant le règne de Henri IV apparaissent des frontons sans base, à volutes, à rampants ondulés, des demi-frontons [213], de lourdes balustrades en pierre (*).

Sous Louis XIII, on remarque, avec les formes précédentes, des balustrades en fer, des lucarnes amoindries en œil-de-bœuf,

---

(*) Du règne de Henri IV datent la place Royale, la place Dauphine, vastes enceintes composées d'une série de bâtiments uniformes, dont l'aspect, grand et sévère, n'est guère égayé que par le mélange de la pierre et de la brique. Le rouge des briques, le blanc de la pierre et le noir des ardoises, produisent un effet pittoresque, que l'on utilisa à l'époque de la Renaissance pour les plus grands édifices, les plus riches palais ; on s'en était servi à Chambord, à Saint-Germain, à Verneuil, à Monceaux, à Fontainebleau. Dans ce genre aussi fut construit, à la fin du règne de Henri IV, l'hôtel de Rambouillet, dont l'architecture devint à la mode tout aussi bien que les soirées littéraires qui s'y donnaient ; la célèbre marquise de Rambouillet en avait, dit-on, donné tous les dessins.

des crossettes aux fenêtres [214]; les ornements deviennent plus rares et sont exécutés avec plus de relief. De nouveaux éléments apparaissent dans la décoration, ainsi des génies supportant des guirlandes. Ce fut réellement sous Louis XIII que les demeures des familles nobles, comme les châteaux, perdirent ce caractère formidable que la féodalité leur avait imprimé. De cette époque datent ces hôtels somptueux, bien différents des châteaux du moyen-âge, qui, pour l'extérieur, nous devons en convenir, ressemblaient trop à des prisons (*).

Le règne de Louis XIV fut l'époque la plus brillante de la Renaissance. Rien ne peut mieux donner une idée de la magnificence de ce prince et du caractère de son règne que les palais alors construits et décorés. Jusqu'alors on avait tendu, pour l'extérieur des édifices, à simplifier les détails, à les faire disparaître et à les sacrifier à l'effet d'ensemble. Sous l'inspiration de Louis XIV, l'architecture prit, il est vrai, le cachet de grandeur un peu emphatique que le monarque imprimait à tout uniformément; mais aussi, la décoration intérieure des

(*) Le Luxembourg avait été construit par les ordres de Marie de Médicis, de 1615 à 1620. Il est considéré comme le plus bel édifice de Paris et de la France, après le Louvre et les Tuileries. Salomon de Brosse en avait donné les plans. Le même architecte dessina la façade de Saint-Gervais, composée d'ordres grecs devant une nef ogivale. Si nous tenons compte des circonstances dans lesquelles cette œuvre fut produite, nous comprenons comment elle fut admirée et comment elle eut une grande influence sur les œuvres du même genre exécutées dans la suite. Jacques Lemercier construisit l'église de la Sorbonne (1635-1653), le palais actuellement connu sous le nom de Palais-Royal (1629-1636). Richelieu, qui devait en faire sa résidence, voulut que rien ne fût épargné pour la décoration. On avait, dès cette époque, conçu le projet de réunir le Louvre et les Tuileries; Lemercier y travailla; il donna les dessins du pavillon de l'Horloge, et dans ce qu'il fit, il sut respecter l'œuvre de ses devanciers.

palais fut exécutée avec un luxe indescriptible. Rien n'était épargné. Les artistes les plus illustres de l'époque, comblés d'honneurs, rivalisaient d'ardeur et d'habileté afin de mériter les faveurs du roi, lequel, du reste, entendait bien le faste et la grandeur (*). L'embellissement des villes était complété par un grand nombre de monuments, des statues équestres, des fontaines, des arcs-de-triomphe.

CONSIDÉRATIONS SUR LES DEUX PREMIÈRES PÉRIODES.

Les constructions faites dans les premières périodes de la Renaissance ne sont pas sans un grand intérêt. Avec l'emprunt d'une décoration étrangère, elles nous montrent des conceptions où l'on retrouve le plus souvent le génie français. Ces luxueuses demeures, ces riches palais sont encore admirés de nos jours avec raison. Il serait injuste et déraisonnable de déprécier

---

(*) F. Mansard donna les dessins du Val-de-Grâce, dont la coupole montre sur une petite échelle, mais cependant avec fidélité, les lignes si bien calculées de la coupole de Saint-Pierre de Rome. F. Mansard fut remplacé dans cette œuvre par Lemercier, et ensuite par Lemuet. Jules Mansard construisit la chapelle des Invalides, où la richesse est alliée à une sage sobriété, et dont la coupole s'élève avec une courbe légère et gracieuse. Versailles avec son parc fut l'œuvre la plus considérable du règne de Louis XIV. Sans doute on peut blâmer le mauvais choix du site qui occasionna des dépenses plus considérables, la violence faite à la nature, la disproportion entre la longueur des bâtiments et leur peu d'élévation; mais si l'on dit, avec le duc de Saint-Simon, que « l'on n'en finirait pas sur les défauts monstrueux d'un palais si immense et si immensément cher, » il faut convenir encore, après tous ces reproches, que le palais et le parc de Versailles sont une œuvre d'une magnificence incomparable et vraiment royale. Jules Hardouin-Mansard fut l'architecte, André Lenôtre dessina les jardins.

les œuvres du règne de Louis XIV, incomparablement supérieures à tout ce qui a été fait depuis dans le même genre (*). Cependant, il est permis de dire que, dans l'art de la Renaissance et spécialement de l'époque à laquelle nous sommes arrivés, bien des tendances ne furent pas heureuses.

Une des œuvres les plus importantes du siècle de Louis XIV fut la grande colonnade du Louvre; elle est assurément d'un aspect monumental et empreinte de noblesse et de grandeur; mais C. Perraut, qui l'exécuta, eut le tort de ne pas tenir compte des parties du palais exécutées précédemment; cet immense portique ne s'y rattache qu'incomplétement; l'accouplement des colonnes n'est pas d'un heureux effet; de plus, la nature des matériaux n'étant pas d'accord avec les agencements de la construction, on fut obligé de consolider l'ensemble par des armatures en fer, contrairement aux principes simples et rationnels de l'art de bâtir. Cette œuvre, ainsi caractérisée avec ses qualités et ses défauts, fait connaître la marche que l'on suivit alors. Elle eut une influence considérable, non-seulement pour la construction des monuments publics, mais pour les habitations particulières. On ambitionnait exclusivement de faire ce que l'on appelait de la grande architecture, c'est-à-dire d'établir de grandes colonnades, car on ne comprit plus autrement le grandiose; on ne se préoccupait que secondairement de la nature des matériaux dont on pouvait disposer et du caractère à imprimer à tel ou tel édifice, en raison de l'usage pour lequel il était élevé. Les façades étaient considérées comme de grandes enveloppes dans lesquelles on pouvait renfermer plus ou moins bien tel ou tel établissement public; et l'on était satisfait, pourvu que la physionomie générale fût pompeuse et solennelle.

Pour les habitations particulières, on visa à réunir toutes les

---

(*) Les meilleures productions du règne de Louis XIV datent de la première partie du règne de ce prince.

pièces dans un vaste ensemble auquel on s'efforçait de donner un aspect grandiose par les dimensions et par les colonnades dont la façade était décorée. Plusieurs étages étant ainsi compris dans la même ordonnance, toutes les fenêtres devenaient de la même grandeur, et bien des pièces étaient gênées par cette régularité. Or, si nous rapprochons ce système des principes suivis au moyen-âge, l'avantage ne reste pas à la Renaissance. Au moyen-âge, en effet, on procédait pour l'habitation avec bien plus de liberté encore que pour les monuments publics. Dans le manoir et dans le château, on songeait surtout à se loger sainement, à prendre les dispositions les plus commodes et les plus agréables ; on perçait des fenêtres où il fallait de la lumière, et en proportion de la pièce qu'il fallait éclairer. Si le maître du logis se faisait besoin d'un encorbellement, c'est-à-dire d'une saillie pour son escalier ou pour une communication à établir entre deux pièces différentes, il ne se laissait pas arrêter par la crainte de déranger la régularité de sa façade. Il allait même jusqu'à se permettre des fantaisies capables de nous surprendre : l'âtre de cette vaste cheminée à l'intérieur de laquelle il pouvait commodément s'asseoir, était souvent presque tout entier en saillie sur la rue ; or, en face de son banc, il perçait parfois une fenêtre pour se donner le plaisir de voir les passants et jouir du coup-d'œil sans se déranger. L'extérieur de la maison était toujours une expression vraie de l'intérieur, et toutes les irrégularités devenaient des motifs de décoration.

Il ne faut pas nier absolument les avantages de la symétrie. Ces grandes constructions, qui, avec leurs colonnes ou leurs pilastres, auraient presque l'apparence de palais si les boutiques du rez-de-chaussée ne détruisaient l'illusion, donnent à nos villes un aspect de grandeur, de magnificence qu'elles n'avaient pas avec les maisons isolées et irrégulières du moyen-âge. Il est vrai qu'autrefois on était dédommagé par l'effet pittoresque, et qu'aujourd'hui la régularité de ces longues files de maisons qui se succèdent sans variété devient d'une monotomie fatigante. Du moins, nous condamnerons l'exagération de la symétrie ; nous ne l'admettrons que dans la mesure où elle ne compromettra pas gravement les dispositions intérieures ; nous n'accepterons jamais une gêne considérable pour rendre l'extérieur plus agréable au regard des passants ; du reste, des dispositions intérieures commodes peuvent être conciliées avec une régularité extérieure suffisante.

Nous remarquerons que le moyen-âge n'avait pas la prétention de faire de l'architecture antique ; cependant sans se préoccuper de poser sur ses façades des colonnades et des portiques, par la liberté et la sagesse avec lesquelles il procédait, il était beaucoup plus que la Renaissance dans les données de l'architecture grecque et de l'architecture romaine.

Dès le début de la Renaissance, les artistes français n'avaient pas considéré en Italie seulement le château, mais ils en avaient aussi étudié les dépendances. Ils avaient appris cet art de composer des jardins dans lesquels la nature se plie aux lois de l'architecture et s'enrichit de ses ressources. Les terrains partagés en surfaces symétriques furent ornés de terrasses, de larges escaliers, de balustrades, d'urnes et de statues. Ce genre, dont Lenôtre fut le plus célèbre représentant, produisit des merveilles ; mais, comme tout ce qui est de mode en France, reçu avec le plus grand empressement, il fut bientôt pratiqué jusqu'à l'exagération et à l'abus. Au naturel orné avec art, on substitua un genre uniforme et compassé qui devint fastidieux et devait appeler une réaction. Vers le milieu du XVIII° siècle, on adopta le genre dit anglais, que les Chinois, paraît-il, ont cultivé les premiers avec un succès incontestable (*). Dans cet autre système toute symétrie est rejetée ; on recherche surtout des allées sinueuses, des courbes insen-

(*) Lire à ce sujet, dans l'*Empire chinois*, par M. l'abbé Huc, le chapitre V du tome Ier.

sibles, des dispositions imprévues, des effets pittoresques et variés ; les arbres, les bosquets plantés irrégulièrement, trompent le regard, donnent de la profondeur, semblent agrandir l'espace. Ces deux manières ont assurément leurs avantages et leurs inconvénients ; la première arrive facilement à la monotonie, prétend souvent régulariser outre mesure la végétation, en donnant aux arbres des formes géométriques de cônes, de boules, contre lesquelles le goût proteste tout aussi énergiquement que la nature. Lenôtre lui-même fut plus architecte que jardinier ; le parc de Versailles a du grandiose, mais les formes régulières n'y sont pas assez sacrifiées à la nature. Dans la seconde manière, les irrégularités évidemment recherchées, la préoccupation du pittoresque, ne produisent parfois qu'une nature tourmentée et travaillée à l'excès ; on y voit des minuties ridicules, des cailloutages qui n'ont que la prétention d'imiter la nature, des massifs encombrés qui ne sont plus que des fouillis indescriptibles (*). Il paraît préférable de n'exclure aucun de ces systèmes et de les pratiquer chacun dans une juste proportion ; ainsi il est convenable que le jardin, dans les parties qui avoisinent l'habitation, ait de la symétrie, pour s'harmoniser avec les lignes régulières de l'architecture. A mesure que l'on s'éloigne de l'habitation, la nature doit reprendre ses droits, présenter des aspects plus pittoresques et plus variés, sans devenir jamais confuse ou trop apprêtée, mais en restant toujours vraie, choisie, élégante ou grandiose (**).

(*) Nous ne disons rien de ces trompe-l'œil désormais abandonnés comme des puérilités : ainsi des pans de murailles recouverts de lierre pour simuler des ruines, des troncs d'arbres desséchés, des bruyères incultes, des chaumières à demi-brûlées, des clochers et des hameaux sans habitants, des ponts passant sur des pelouses ou sur des rivières sans eau.

(**) Ainsi dans les célèbres villas de Rome, que M. Vitet cite comme modèles du genre, à mesure que l'on s'éloigne de l'habitation la symétrie architecturale et la rigueur des lignes se mo-

Nous pouvons conclure, sur l'architecture civile de cette époque, par les réflexions suivantes :

A la Renaissance, l'art vécut moins de liberté et d'inspiration qu'au moyen-âge. Il était pour ainsi dire administré; des formules lui étaient imposées, et l'inspiration était dominée par la science, qui doit toujours lui rester soumise; l'inspiration doit d'abord agir librement, et la science ne doit venir qu'en second lieu prêter son indispensable secours. L'art que l'on adopta était importé d'Italie et devait moins bien convenir que celui qui s'était formé sur le sol même. La Grèce nous aurait offert dans ses monuments les plus utiles leçons; mais au pouvoir des Turcs, elle nous était fermée. Vitruve, qui avait écrit sous les empereurs romains, devint un oracle. Placé pour bien voir, sensé, méthodique, comment son témoignage n'aurait-il pas fait foi? Cependant les lois qu'il posait étaient bien éloignées des principes de l'architecture grecque (*). On prétendit déterminer, d'après les monuments romains, des principes que les

difient, s'effacent et viennent se perdre dans les formes agrestes du paysage. « Vous n'êtes pas emprisonné dans des cachots de verdure, vous n'êtes pas non plus lancé brusquement dans une prétendue pleine campagne qui n'a ni forme, ni style, ni caractère; vous avez la nature en perspective, et les arts sont à vos pieds et autour de vous comme un cadre magnifique au tableau. » (Article très-intéressant, 4e vol.)

(*) Qui aurait pu prévoir, dit M. Vitet, qu'un jour, en parcourant la Grèce, nous verrions ce législateur neuf fois sur dix démenti par les monuments?... Il fut cru sur parole, et pendant 300 ans, au lieu d'un art plein d'imprévu, d'audace et de liberté, respectant, il est vrai, certaines grandes lois éternelles, mais n'enchaînant jamais l'imagination, il nous fit accueillir et cultiver dans nos écoles, sous ce grand nom d'architecture grecque, un système à la fois timide et inflexible, où de nobles et sages préceptes semblent comme enfouis sous de mesquines prescriptions. (*Etudes*, 1er vol.)

Romains n'avaient point suivis, des règles rigoureuses sur les ordres auxquelles ils n'avaient point pensé. On eut même le tort d'emprunter à ces édifices certains agencements défectueux d'ornementation, comme l'entablement posé sur un arc, agencement dont les Romains, peu soucieux d'ailleurs que tout fût motivé dans la décoration, avaient pu se servir, mais que l'on n'aurait pas dû reproduire (*). Pour les constructions civiles, les palais furent plus largement construits, devinrent plus spacieux, plus grandioses et plus riches. L'habitation des particuliers devint plus commode sous beaucoup de rapports. Les escaliers, étroits au moyen-âge et rejetés souvent à l'extérieur en encorbellement, trouvèrent une place plus ample dans l'intérieur de l'édifice. Bien des dépendances y furent plus largement installées. On circula plus facilement dans les rues mieux tracées. Mais il faut se garder d'attribuer à l'emprunt des formes architectoniques étrangères, ces améliorations qui venaient surtout du changement de situation. Au moyen-âge, les villes étaient resserrées par leur enceinte de murailles; on était obligé d'y entasser les constructions et d'y regagner par la superposition ce que l'on ne pouvait obtenir en surface. A partir du XVIe siècle, on commença à ne plus tenir compte des enceintes de fortifications; bien plus d'espace était laissé aux constructions, et l'on pouvait plus facilement développer les rez-de-chaussées qui donnaient un vaste plein-pied. L'interprétation fausse que l'on fit des principes des Romains aurait plutôt gêné que favorisé les dispositions bien comprises des édifices et de l'habitation privée.

Comment pendant cette période l'architecture religieuse fut-elle comprise ? On avait construit quelques édifices à coupole, les Invalides, le Val-de-Grâce. Mais le plus souvent, pour le peu d'églises que l'on construisit alors, on s'efforça d'allier autant qu'on le pouvait le système de construction

(*) M. Viollet Le Duc, *Entret.*, p. 92.

gothique avec l'ornementation grecque. On faisait oublier les formes du moyen-âge en donnant aux détails une apparence grecque (Saint-Eustache, commencé en 1532) [210]. Pour compléter certaines églises commencées, on ne recula pas devant une juxta-position de systèmes très-différents; ainsi, à Saint-Gervais, devant une nef ogivale, on fit en style grec une façade composée d'ordres superposés.

Voici comment ces constructions nous semblent devoir être appréciées : 1° La juxta-position doit être condamnée, ainsi la façade grecque de Saint-Gervais posée devant une nef ogivale. Cette façade est une expression fausse de l'édifice; la superposition d'ordres, quand il n'y a pas plusieurs étages à exprimer, est contre les principes de l'architecture romaine; mais, pour adapter des ordres limités dans leur hauteur sur une construction gothique dont le caractère est l'arc affranchi, il fallait avoir recours à cette superposition. Il y avait bien d'autres difficultés pour accorder la plate-bande avec l'arc ogive, le fronton grec surbaissé avec l'angle aigu du toit gothique. S'il n'était pas facile aux Romains d'ajuster l'entablement grec sur leurs arcades, il était bien plus difficile aux architectes de la Renaissance d'accorder les lignes horizontales du grec avec les formes élancées et les lignes verticales du gothique. 2° On ne peut approuver cet alliage par lequel on a voulu se servir de toutes les ressources de la construction ogivale en évitant toutes les formes décoratives du gothique, les remplaçant par des formes grecques, du moins en apparence, car il serait impossible de rencontrer dans l'Attique rien qui ressemble à cette ornementation. Nous pouvons dire qu'il est déraisonnable de refuser à une construction ogivale la décoration qu'elle réclame et qui lui convient si bien, pour lui adapter avec tant de difficulté cette décoration bien moins riche et qui produira toujours l'effet d'un vêtement mal ajusté. Si quelque admirateur du style antique, désireux de concilier les différents systèmes et supposant possible d'en réunir les beautés, nous exprimait son regret de nous voir bannir les colonnades grecques de nos constructions ogivales, nous lui ferions observer, en le renvoyant aux considérations qui précèdent pour en trouver les preuves, que ces systèmes sont complétement inconciliables; de plus, nous plaçant uniquement au point de vue des formes, de l'aspect, nous le prierions de remarquer que l'ordonnance grecque, le dorique, par exemple, avec son chapiteau et ses triglyphes, l'ionique avec ses volutes, s'accorderaient très-mal avec les combinaisons de la construction ogivale; nous lui dirions enfin : Est-ce la colonne corinthienne que vous regrettez, parce que vous avez cru voir en elle un type incomparable dans ses proportions, dans son chapiteau? Mais les proportions de la colonne corinthienne, vous les retrouverez souvent dans les constructions gothiques; et si vous voulez vous asservir à toujours employer cette colonne avec les mêmes proportions, il arrivera que cette colonne produira parfois très-mauvais effet, parce qu'il aurait fallu des proportions différentes dans la partie de l'édifice où vous l'aurez posée. Est-ce le chapiteau corinthien que vous regrettez? Mais les découpures trop multipliées, trop sèches de ce chapiteau sont dures à l'œil; la sculpture plus large, plus monumentale des chapiteaux gothiques est préférable. Les chapiteaux du XIIIe siècle se présentent beaucoup mieux pour recevoir les retombées de la voûte, et ils auront encore l'avantage immense de la variété. 3° Dans les considérations par lesquelles nous terminerons, nous dirons un mot des édifices à coupole.

TROISIÈME PÉRIODE.

Louis XV et Louis XVI.

L'art, après le règne de Louis XIV, avait besoin de rompre avec les traditions d'ordre et de majestueuse gravité auxquelles il avait été si longtemps astreint. L'architecture, comme la peinture, dès le temps de la régence, procède avec plus de liberté, recherche une élégance, une grâce voluptueuses. Elle se pare d'ornements d'un genre tout nouveau, et dont un des caractères les plus marqués est d'éviter la symétrie [215]. « On renonça, dit M. Hope, à toute régularité, à toute forme, à toute surface nettement définie, à tout ce qui était bien décidément rond ou carré, uni ou saillant, droit ou angulaire, et l'on substitua à tout cela je ne sais quelle ligne irrégulière, vague, complexe, qui n'était ni positivement continue, ni positivement brisée, je ne sais quel lourd entortillage. Tous les arts sur lesquels le goût peut exercer une influence bonne ou mauvaise, le bois, la pierre, la porcelaine, le verre, le tissu même des étoffes que l'homme emploie pour se meubler ou se vêtir; l'architecture, la sculpture, la peinture, la ciselure, l'orfévrerie, la broderie, le tissage, le temple et le tombeau, l'intérieur et l'extérieur des maisons, les voitures et les vaisseaux, les murs, les plafonds et les planchers, la quincaillerie et la papeterie, l'autel et le buffet, la chaise, la table, la cheminée, le chandelier, le lustre, le cadre des tableaux, le surplis du prêtre, le falbala de la grande dame, les manchettes en dentelles du marquis, le calice et la tabatière, la tasse et la soucoupe, la bague et le bracelet, tout en un mot fut envahi par cette manie. Dans l'architecture elle eut bientôt rongé toutes les moulures. » A l'extérieur, les ordonnances perdent de leur importance : ce ne sont plus que des pilastres ou même un entablement sans supports. A l'intérieur, dans les édifices civils, il n'est plus question d'ordre : les pilastres sont remplacés par des bandes, les corniches par une gorge très-développée.

Il ne faudrait pas cependant tout déprécier dans cette époque, prétendre la juger en lui jetant les épithètes injurieuses de rocailles, rococo, Pompadour, qui lui ont été données avec un sentiment de profond dédain. On sembla, il est vrai, ne plus comprendre aussi bien les principes sévères de l'architecture, ne plus s'en préoccuper. Les membres de la construction disparurent sous les fantaisies capricieuses de l'ornementation ; mais aussi, dans les habitations particulières, en se détachant du grandiose, on trouva des dispositions beaucoup plus commodes. « Avant ce temps on donnait tout à l'extérieur et à la magnificence, écrivait en 1765 l'architecte Pierre Patte ; c'était de spacieuses salles de compagnie, des salles de festin immenses, des galeries, des escaliers d'une grandeur extraordinaire. Toutes ces pièces étaient placées sans dégagement les unes au bout des autres ; on était logé uniquement pour représenter, l'on ignorait l'art de se loger commodément et pour soi. Toutes ces distributions agréables que l'on admire aujourd'hui dans nos hôtels modernes qui dégagent les appartements avec tant d'art, ces escaliers, ces commodités recherchées qui rendent le service des domestiques si aisé et qui font de nos demeures des séjours délicieux et enchantés, n'ont été inventés que de nos jours. » Nous ne devons pas laisser aux architectes de cette époque tout le mérite de cette découverte, et le moyen-âge avait su ne pas sacrifier le confortable à l'apparat. Ces subdivisions conduisaient aux distributions mesquines de notre époque. Cependant, il faut convenir qu'elles étaient en progrès sur le système de la période précédente. De même, l'ornementation des appartements avec cette surcharge de rocailles capricieuses, n'était pas sans richesse et sans élégance. Du reste, le style de Louis XV, comme celui du XVe siècle, offrait des ressources surtout pour l'ornementation du mobilier.

Les ornements du style Louis XVI se distinguent par des formes plus déliées, plus amaigries et plus régulières. Ils reçoivent dans le mobilier une plus grande quantité de dorures.

QUATRIÈME PÉRIODE.

De la Révolution de 1793 à notre époque.

A l'époque de la Révolution, les républicains ne rêvaient que les institutions de Rome et d'Athènes, et les mœurs de ces villes qu'ils voulaient rappeler même dans la forme de leurs habits. Ces hommes de sang prétendaient ne suivre que les principes les plus austères, et l'architecture dut subir l'influence de ces idées. Elle fut, non pas austère, mais pauvre. Du reste, on s'occupa très-peu alors de construire des édifices. Dans le plus grand nombre de ceux qui furent élevés pendant cette période, on peut remarquer : 1° que l'architecture est économique pour la qualité et le choix des matériaux ; c'est le plus souvent une simple maçonnerie avec laquelle on fait un grand emploi du plâtre, de la fonte, du bois et de la brique ; 2° que l'architecture est pauvre de forme. Les ordres sont dépouillés de leurs richesses on peut dire essentielles. Au dorique, on retranche les triglyphes ; à l'ionique, les oves de son chapiteau. Cependant quelques édifices publics importants, construits depuis le règne de Louis XVI et sous le premier empire, font exception et se recommandent par des qualités réelles. Quelques architectes comprirent mieux le caractère de l'architecture antique et essayèrent avec sincérité d'en interpréter les lois. Ils réalisèrent des œuvres qui ont de la simplicité et de la grandeur. L'église de la Madeleine, qui ne devait être qu'un temple de la Gloire, fut achevée sous le premier empire ; elle reproduit une des antiquités les plus intéressantes que possède la France, la maison carrée de Nîmes (*).

(*) Ce charmant édifice, le souvenir le mieux conservé de la domination romaine, avait été consacré, la première année de notre ère, aux petits-fils d'Auguste. Nous pouvons citer, dans la

A l'égard des constructions religieuses, les appréciations précédentes ne sont pas trop sévères. Dans les églises, les arcades sont remplacées par des entablements, les colonnes par des pilastres. Les ouvertures, portes et fenêtres, les niches même, affectent la forme carrée. Du reste, nous n'avons point à nous étendre sur cette triste période de l'architecture religieuse, qui

province, la colonnade du théâtre de Nantes, d'une pureté de style remarquable; le théâtre de Bordeaux.

Dans la dernière moitié du XVIIIe siècle fut construit, à Paris, le dôme de Sainte-Geneviève, d'un mérite bien inférieur à celui des Invalides. L'architecte Jacques Soufflot donna dans ce monument une copie de Saint-Paul de Londres, dans lequel on avait prétendu copier Saint-Pierre de Rome. Mais le temple de Londres, par son aspect glacial, semble dire que l'art italien s'est refroidi, a perdu sa vie et sa richesse en arrivant dans le climat brumeux de la protestante Angleterre. Sainte-Geneviève est donc une réminiscence bien plus éloignée encore de la basilique italienne.

On s'accorde à reconnaître que la basilique de Saint-Pierre de Rome est trop chargée d'ornementation, et de là vient sans doute qu'elle semble beaucoup moins vaste qu'elle ne l'est en effet, tandis que le Panthéon d'Agrippa, dans lequel on aperçoit moins de détail, paraît beaucoup plus grand qu'il ne l'est. « C'est ainsi que la poésie antique, remarque à ce sujet Mme de Staël, ne dessinait que les grandes masses et laissait à la pensée de l'auditeur de remplir les vides, de suppléer les développements. En tout genre, nous autres modernes, nous disons trop. »

Toutefois, l'exubérance de l'ornementation dans Saint-Pierre de Rome ne doit pas être attribuée à Michel-Ange, et si cette richesse trop abondante est un défaut, l'absence de richesse dans Saint-Paul de Londres et Sainte-Geneviève est un défaut bien plus fâcheux encore. L'art grec, au siècle de Périclès, dans sa sévérité et sa sobriété, était riche et ne laissait rien à désirer. Les deux édifices modernes que nous comparons à la basilique italienne, sont bien éloignés de la simplicité antique, et cependant ils manquent de richesse.

se prolongea jusqu'à la Renaissance ogivale, inaugurée à peu près de 1830 à 1840. Nous l'avons dit, nos plus magnifiques basiliques étaient considérées comme des œuvres de barbares; on les encombrait d'un mobilier qui les défigurait, on leur faisait subir les restaurations les plus déplorables, quand on ne les détruisait pas pour les remplacer par des constructions de la plus insigne pauvreté. Après l'époque désastreuse de la Révolution, qui laissait tant de ruines à réparer, il fallait nécessairement procéder avec économie dans la réédification des églises; mais disons-le avec regret : la science et le goût faisaient encore plus défaut que les ressources.

ARCHITECTURE A NOTRE ÉPOQUE.

Il est assez difficile de déterminer le caractère de l'architecture civile de notre époque. Quelques-uns reproduisent le style du moyen-âge; en se servant des formes décoratives, ils accommodent les dispositions aux exigences de notre temps. Le grec plus pur de l'époque de Louis XIV paraît assez négligé. Parfois, des ornements empruntés aux différentes époques de la Renaissance, de l'antiquité et du moyen-âge, sont rapprochés dans la même décoration. Le plus souvent, c'est un ensemble d'ornements dont quelques-uns sont pris à l'architecture grecque, mais traités comme ils ne l'avaient jamais été; ce sont des triglyphes placés de telle sorte, qu'un Athénien ne les reconnaîtrait pas; des modillons qui se sont développés considérablement pour soutenir les corniches; puis, comme complément, apparaissent des colonnes d'un genre tout nouveau, chargées de colonnettes subdivisées, enguirlandées et enrubannées, des arabesques pour les vides et les dessus de portes, des médaillons encadrant des têtes. D'autres fois l'ornementation a moins de relief, et consiste surtout en des ciselures. Cependant, on peut remarquer que le plus souvent ce n'est pas la décoration qui fait défaut ; bien des constructions en sont surchargées. Seulement il semble que ces constructions manquent d'aspect, de physionomie ; la composition n'est pas assez simple ; on n'y remarque pas de saillies assez importantes ; les corniches sont épargnées ; souvent des étages surmontent ces corniches ; l'ensemble de la construction s'arrondit vers le milieu, tandis que le couronnement n'est pas assez développé ; souvent aussi, il faut le dire, dans ces immenses bâtisses, faites par le moyen de l'association, on retrouve bien moins des idées d'art que de spéculation. En présence de ces constructions, on peut reconnaître le caractère essentiellement calculateur de notre époque.

L'architecture religieuse est moins incertaine dans ses tendances. Notre temps, il est vrai, ne produit pas de nouveaux systèmes ; on peut dire, pour sa justification, qu'il n'est point pressé par ce besoin de recherche qui aiguillonnait les architectes du XII° siècle et du XIII°. Alors, non-seulement on manquait d'églises, on ne possédait même pas les moyens d'en construire d'assez vastes et d'assez convenables ; aussi la société tout entière marchait dans des voies novatrices, emportée par l'inspiration, soutenue par la persévérance. Aujourd'hui nous parlons beaucoup plus de progrès qu'au XIII° siècle. Ne déprécions pas notre âge pour le plaisir de relever un temps qui n'est plus et qui peut avoir eu ses torts comme nous avons les nôtres, cependant reconnaissons modestement que notre progrès actuel, dans le domaine de l'architecture, se borne à demander au passé de bons conseils, à nous servir des grands modèles qu'il nous a légués. Nous avons un mérite sur les deux siècles qui viennent de s'écouler : nous ne répudions pas notre propre histoire, nos gloires nationales. Nous reconnaissons à l'antiquité son mérite incontestable, supérieur sous bien des rapports ; mieux qu'à la Renaissance, du moins théoriquement, nous savons apprécier la beauté sévère de l'art grec ; nous ne nous arrêtons pas en Italie, nous allons jusque dans l'Attique chercher les vrais principes de l'art ; mais après cette excursion, nous avons encore un reste d'enthousiasme pour admirer les œuvres de nos ancêtres ; nous aimons à dire que, nous aussi, nous avons notre architecture, notre art, et nous ajoutons que, seuls après les Grecs, nous avons créé, un système véritablement neuf comme construction et comme décoration.

Nous donnons à ce système la préférence pour le plus grand nombre de nos constructions religieuses ; et nous prenons avec raison l'architecture ogivale au XIIIe siècle, quand, en possession de toutes ses ressources, elle a encore de la simplicité et de l'ampleur. Mieux vaudrait, en effet, remonter vers la sobriété de l'époque de transition ou de l'époque romane que de tendre à la complication et à la recherche des siècles suivants.

Sans doute le système ogival, considéré en lui-même, n'est pas sans défaut ; nous conviendrons, avec M. Charles Levesque, que « cette architecture hardie n'a ni la solidité parfaite (*), ni les proportions sages et discrètes de l'art grec ; elle manque un peu de cette unité concentrée qui se laisse embrasser d'un coup-d'œil (**). » Cependant les constructions ogivales bien conçues ne manquent ni d'unité, ni d'harmonie. Nous pouvons dire que si les membres de la construction sont divisés, l'ornementation dispersée, de là ne résulte pas seulement de la

(*) Le Parthénon, jusqu'à l'année 1688, d'après les récits des voyageurs, était aussi entier et aussi peu offensé de l'injure des temps que s'il venait d'être fait. En 1688, les Turcs, attaqués par les Vénitiens, y avaient amoncelé de la poudre. Les assiégeants, informés par un transfuge, pointèrent leurs pièces de ce côté, et une bombe trop bien dirigée détermina l'explosion par laquelle l'édifice fut coupé en deux et gravement ébranlé dans toutes ses parties. Sans cette catastrophe, le Parthénon eût sans doute traversé encore bien des siècles.

(**) *Science du beau*, t. II, p. 45.

complication, mais aussi de la richesse. Les piles extérieures, les arcs-boutants, les balustrades, les clochetons avec leurs statues, les corniches avec leurs feuillages, tout cet ensemble donne à l'édifice des silhouettes plus découpées, plus variées, une physionomie pour ainsi dire plus animée sous notre ciel souvent brumeux et triste. Le temple grec se présentait complétement isolé sur de larges soubassements ; mais dans nos villes modernes, où nous disputons avec tant de parcimonie l'espace à nos édifices les plus importants, il serait effacé par les maisons aux étages superposés qui le domineraient. L'édifice ogival, au contraire, actuellement mieux encore qu'au moyen-âge, se distingue par son aspect des monuments civils et des habitations particulières, dont les formes générales et la décoration ont une apparence très-différente. Or, n'est-il pas heureux que l'asile de la prière se fasse ainsi reconnaître avec évidence. C'est donc à bon droit que le style ogival est aujourd'hui en faveur pour les constructions religieuses (*).

(*) Nous aimons à noter que, dans ce retour au style ogival, la reconstruction de l'église Saint-Nicolas de Nantes a joué un rôle important. En 1837, quand on n'avait encore essayé que des restaurations partielles, M. de Montalembert, l'éloquent apologiste de l'art du moyen-âge, écrivait ces lignes : « Nous savons qu'il y a un jeune curé de Nantes, M. l'abbé Fournier, qui, aidé par plusieurs paroissiens instruits, a conçu le projet de rebâtir son église sur un modèle du moyen-âge. Que Dieu le conduise. » (*Du Vandalisme*, p. 189). Dieu a en effet béni cette louable entreprise ; l'édifice aujourd'hui n'attend plus que sa flèche, et il ne craint pas la comparaison avec tant de constructions commencées depuis, en France, avec le profit de l'expérience. Du moins, le mérite de l'initiative reste entier et incontestable à ceux qui, les premiers, ont marché dans la voie. Pour frayer la route il faut de la clairvoyance, et, de plus, un courage qui ne se laisse rebuter par aucun obstacle. A l'époque où l'on enregistrait les efforts qui provoquaient cette véritable renais-

La ferveur avec laquelle nous revenons au système du moyen-âge, envers lequel nous avons été si longtemps injustes, ne doit pas nous porter à des exagérations qui nous prépareraient pour l'avenir de nouveaux regrets. A l'époque de la Renaissance, par aversion du *gothique,* on dépouillait la construction ogivale de l'ornementation qui en est inséparable, pour l'envelopper d'un vêtement d'emprunt. On avait le tort de considérer des formes décoratives comme constituant un système d'architecture. Aujourd'hui ne supposons pas que l'expression d'un édifice réside dans des formes de chapiteaux, dans des détails de feuillage; l'expression est le résultat de combinaisons plus importantes. Ne lançons point contre les formes grecques un édit de proscription qui serait désavoué par la génération qui doit nous suivre. Sans doute il n'y a point à essayer des compromis impossibles, des alliages de systèmes que l'art repousse. Nous ne devons point demander à l'antiquité ce qu'elle ne saurait nous donner, lui faire des emprunts qui seraient déraisonnables. Si, prenant le temple grec, nous entreprenions de le reproduire pour l'usage du culte catholique, avec sa colonnade enveloppant une salle rectangulaire, son toit surbaissé, nous oublierions alors qu'un pareil édifice n'est point fait pour notre climat, qu'il se présente, non-seulement avec des détails, mais avec une physionomie d'ensemble qui n'est point en harmonie avec le spiritualisme chrétien, et qu'il a l'immense désavantage de ne ressembler

sance dont nous jouissons actuellement, il y avait à surmonter les préjugés les plus enracinés. Le conseil des bâtiments civils blâma les plans de la nouvelle église; il ne refusa pas l'autorisation sollicitée, uniquement parce que, disait-il, *il ne devait ni proscrire, ni prescrire aucun genre d'architecture religieuse.* Dans les douceurs de la paix, il serait injuste d'oublier ceux qui, les premiers, affrontèrent les périls de la lutte et contribuèrent le plus à nous assurer des victoires glorieuses et fécondes en heureux résultats.

aucunement aux basiliques du moyen-âge; dans lesquelles le peuple aime à reconnaître le symbole de la foi de ses ancêtres. De plus, la disposition de cet édifice ne peut, sans de graves modifications, se prêter aux exigences de nos cérémonies; elle se refuse à recevoir des cloches dont l'usage, consacré par les siècles, est devenu indispensable. Le Parthénon, que nous ne saurions assez admirer à Athènes, reproduit dans une de nos cités pour devenir une de nos basiliques, serait un grossier contre-sens. Mais les formes de l'architecture grecque ne sont pas à répudier pour cela, et si elles ne se prêtent pas avec autant de facilité que les formes ogivales à des dispositions variées, elles peuvent cependant offrir dans l'application une latitude suffisante. Elles pourront paraître avantageusement dans les constructions à coupole; les édifices de ce genre ne seront, il est vrai, que des exceptions, mais avec le mérite qu'ils pourront avoir en eux-mêmes, ils apporteront de plus une heureuse variété parmi nos monuments. L'architecture grecque peut encore s'harmoniser avec les anciennes dispositions des basiliques ou des dispositions à peu près du même genre. Du reste, sans déterminer d'avance tous les services que peut nous rendre ce système, il est permis de dire que les refuser indistinctement serait déraisonnable.

De même, en nous attachant à une phase du système ogival, celle que nous croyons à bon droit la meilleure, nous aurions tort d'exclure absolument les autres périodes, surtout de fermer les yeux sur les indications et les enseignements que nous pouvons en retirer. Qu'il nous soit permis à ce sujet de terminer par les considérations suivantes.

Au XIXe siècle, nous avons sous les yeux les expériences successives faites par les générations qui nous ont précédés, toutes les transformations du système ogival; il est bon de considérer ces différentes phases, de les consulter, de les comparer, et sans doute de ces rapprochements nous retirerons les plus précieux avantages. Car, sans prétendre réunir des qualités inconciliables, nous pouvons, en reproduisant une époque, ne pas la copier servilement, il nous est facile de la compléter par des ressources que ne possédaient pas les constructeurs de cette époque, et qu'ils se seraient gardés de négliger s'ils avaient été à même de les employer. Ainsi, tout en conservant au style roman la gravité, la simplicité qui doivent le caractériser, pourquoi ne lui prêterait-on pas, si le monument que l'on construit doit y gagner, un peu de cette élégance, de cette ornementation qui parfois lui faisaient trop défaut ? Si l'on a recours au XVᵉ siècle, pourquoi ne lui rendrait-on pas un peu de cette solidité et de cette simplicité qu'il avait trop sacrifiées à l'ornementation ?

L'architecture ogivale, dans ses différentes phases, est susceptible d'interprétation plus que tout autre système : le moyen-âge procéda avec bien plus de liberté qu'aucune autre époque. Aussi, l'art qu'il produisit fut tout d'inspiration, de hardiesse et d'élan; cet art ne put jamais être formulé en règles fixes, comme l'art grec. Cette expression plus vague, plus indéterminée, présente en un sens plus de difficulté ; mais, bien comprise, elle peut aussi enlever une gêne souvent très-embarrassante, laisser comme une marge plus large sur laquelle il sera plus facile d'accommoder les combinaisons jugées utiles.

Assurément tout l'édifice, dans sa construction et sa décoration, doit présenter l'unité de style, cette condition première de la beauté dans toute œuvre d'art. Mais comment faut-il comprendre l'unité de style ? Dans le sens le plus vrai, le style d'un monument est sa physionomie, son expression. Ainsi un château-fort, un palais, un théâtre, une bourse, n'auront pas le même cachet, et ce cachet est précisément ce que l'on peut appeler leur style. Le style d'un édifice, comme celui d'un tableau ou d'une statue, est le caractère qu'il présente dans son ensemble et par lequel il nous impressionne. L'unité du style sera donc l'accord de toutes les parties se coordonnant dans une harmonie parfaite et concourant à produire une impression. Deux édifices construits en même temps au XIIIe siècle pouvaient être d'un style très-différent, l'un grandiose et sévère comme Notre-Dame de Paris, l'autre élégant et orné comme la Sainte-Chapelle.

Un édifice pourra manquer de style parce qu'il ne sera pas possible d'y reconnaître des formes architectoniques déterminées, mais il manquera aussi de style parce qu'il n'aura pas de cachet, de caractère suffisamment prononcé.

L'unité de style pourra faire défaut de plusieurs manières : si l'on rapproche des agencements de construction qui ne peuvent être alliés, qu'ils soient empruntés à des époques différentes ou à la même époque; si l'on réunit des ornements qui ne sont pas du même goût, du même caractère, dont les uns sont courts, massifs, les autres élégants, découpés avec recherche. L'unité de style peut disparaître seulement dans une portion de l'édifice, par le mauvais alliage de détails qui ne devraient pas entrer dans la même combinaison. Il ne suffit donc pas que des agencements de construction, des ornements soient empruntés à des monuments de même date ; même avec cette précaution, quelquefois des supports trop grêles seront mis sous un fardeau trop pesant, des ornements sévères, lourds, seront encadrés dans de gracieuses découpures, et l'unité sera compromise, comme il arrive trop souvent à une époque qui procède beaucoup par emprunts. Il y aura dans l'édifice unité de style et harmonie, si l'architecte, après avoir arrêté son plan, les dispositions de la construction, développe son idée, la complète, l'enrichit par l'ornementation sans troubler sa pensée première, en sorte que toutes les parties de son œuvre restent le fruit de la même conception, s'harmonisent parfaitement et concourent à donner au monument ce caractère, cette physionomie dont nous recevrons une impression. Or, l'unité de style ainsi comprise, non-seulement permet, mais réclame que l'architecte procède avec liberté.

Remarquons qu'il serait déraisonnable de gêner la disposition d'un édifice en prenant pour prétexte l'exactitude du style, comme condamnant telle disposition indispensable dans une circonstance donnée. Agir ainsi, surtout quand on prétend se modeler sur le moyen-âge, où l'on procédait avec tant d'indépendance, serait tomber dans l'erreur la plus grossière et se mettre en contravention de la façon la plus flagrante avec l'art que l'on veut imiter. Une construction peut toujours être disposée selon que les besoins le réclament, et prendre un caractère très-bien formulé de style, quel que soit le genre adopté. Des architectes du XIIe siècle, construisant l'édifice dont nous avons besoin, auraient su le disposer dans les conditions les plus commodes, tout en lui conservant le caractère et l'unité du style. Suivons leurs exemples. Ils réglaient le plan de façon à ce que l'édifice répondît parfaitement à sa destination, à tous les services qui devaient y entrer. La construction s'élevait sans contrainte et sans dissimulation ; les éléments de l'ornementation n'étaient que les membres de la construction taillés par un ciseau que dirigeait une imagination féconde. Les artistes du moyen-âge acceptaient sans hésitation la nécessité des circonstances, se gardaient bien surtout de se préoccuper d'abord de certaines formes décoratives et secondaires qui auraient gêné les dispositions. Avant tout, ils remplissaient le programme donné, procédaient avec liberté en réalisant la construction, assurés qu'ils y adapteraient toujours une décoration suffisamment élégante. L'aspect de l'édifice avec son ornementation prenait ainsi un cachet spécial qui n'était pas la reproduction de ce que l'on avait vu ailleurs, et c'était un mérite de plus.

Il serait déraisonnable de s'obstiner à ne point tenir compte, pour l'ornementation, des progrès faits dans la peinture et la sculpture. Sans doute il faut rester, pour la décoration du monument, pour les peintures murales et les vitraux, dans des combinaisons et des formes qui s'harmonisent avec le caractère de la construction. L'aspect de l'édifice ne doit point présenter de disparates. Toutefois n'établissons pas à tort, entre telles formes architecturales et tel genre de dessin, des liens qui n'existent aucunement. Si, dans les édifices du XII⁰ ou du XIII⁰ siècle, nous voyons des personnages mal dessinés, ne concluons pas que des figures dessinées plus correctement ne s'accorderaient pas aussi bien avec le caractère de cette architecture, et ne nous attachons pas à reproduire le tout indistinctement et avec le même zèle.

Aujourd'hui nous procédons surtout par imitation ; nous voulons nous servir des ressources créées par le passé ; pourquoi donc négligerions-nous quelqu'une de celles qu'il nous a léguées et dont il nous est parfaitement permis d'user ? Au commencement du XIII⁰ siècle, l'art de la peinture n'avait pas progressé autant que celui de l'architecture (*). Or, si nous consultons l'architecte du XII⁰ siècle, capable de nous donner un enseignement utile, nous ne sommes pas pour cela tenus à dessiner comme le peintre de la même époque ; nous pouvons bien demander conseil à des dessinateurs plus expérimentés. Supposons un instant que des dessinateurs ou des sculpteurs du XII⁰ siècle se mettent au service du XIX⁰, et que nous leur demandions de travailler à la décoration d'édifices ayant la même physionomie que ceux de leur temps, c'est-à-dire dans le style du XII⁰ siècle. Émerveillés des progrès réalisés dans l'art du dessin depuis qu'ils ont vécu, à même de profiter de ces progrès, ils se garderaient bien de les dédaigner. Après avoir parcouru quelqu'une de nos cités, et considéré dans la plus modeste vitrine l'image que l'enfant du peuple achète cinq

---

(*) Nous verrons dans l'histoire de la peinture comment les peintres verriers du moyen-âge étaient bien moins avancés dans la science du dessin que dans celle de l'harmonie des couleurs, cette condition si importante dans les vitraux. Nous ne parlons actuellement que du dessin, nous réservant d'apprécier plus tard ces œuvres d'une façon plus complète.

centimes, ils ne voudraient pas faire une œuvre inférieure pour le naturel des poses et l'exactitude des proportions. Ils harmoniseraient leurs compositions avec le monument qui devrait les encadrer, mais ils se garderaient bien d'être maladroits par système, de rechercher de ces gaucheries qui ne sont plus acceptables aujourd'hui.

Notre œil, déshabitué de ces formes bizarres, ne peut qu'en être blessé; nous les jugeons avec indulgence si nous les rencontrons dans les œuvres primitives, où nous trouvons d'ailleurs souvent un sentiment bien supérieur au mérite d'exécution; mais nous réclamons avec raison contre les mêmes défauts dans les œuvres contemporaines. Les artistes qui prendraient plaisir à reproduire ces formes défectueuses n'ont pas les mêmes excuses que leurs devanciers; de plus, ils ne sont pas assurés de racheter, par autant de sentiment, de naïveté et de grâce, ces incorrections volontaires. Il n'est pas facile, en effet, au XIXe siècle, de retrouver la ferveur d'inspiration, la candeur sincère du moyen-âge. Du moins ne privons pas nos œuvres des qualités qu'il nous est facile de leur donner. Si nous croyons utile, pour assurer l'unité de style entre les vitraux et les formes architecturales, de conserver quelques-unes des données du moyen-âge, ainsi les formes générales indiquées seulement par des silhouettes et non par un modelé plus complet, les plis des étoffes nombreux et réguliers, marqués par de simples traits, ces procédés n'ont rien de trop fâcheux; conservons encore l'ampleur du geste, utile pour des personnages vus à distance; mais n'acceptons pas de ces gestes tellement contournés, que les membres en seraient disloqués; ne prenons pas cette manière de poser, de grouper les figures, qui n'est supportable que dans l'enfance de l'art, quand on ne connaît rien de mieux. Rejetons les têtes grimaçantes sous les corniches et les modillons. S'il s'agit d'exprimer une pensée auguste, de peindre une scène de l'Évangile ou de retracer la vie des saints, donnons à ces représentations, autant qu'il nous est possible, l'élévation du style, la gravité, toute la beauté que réclament de pareils sujets. Les artistes du moyen-âge ne procéderaient pas autrement; dans une pareille œuvre, ils se seraient fait un grave reproche de ne pas user de toutes les ressources dont ils pouvaient disposer, et s'ils ne faisaient pas mieux, c'est qu'ils en étaient incapables. Aujourd'hui, qu'on le remarque bien, une correction raisonnable dans le dessin, de la vérité et du sentiment dans l'expression, ne peuvent être en désaccord avec des formes architecturales, et troubler dans le monument la véritable harmonie.

En mettant ainsi à profit les ressources du passé, nous n'aurons point la gloire d'avoir créé des systèmes nouveaux. Jusqu'à présent, pour l'architecture, loin de surpasser les modèles que nous ont légués nos devanciers, nous ne les avons point égalés. Du moins, ceux qui viendront après nous n'auront pas trop à blâmer notre œuvre.

SCULPTURE ET PEINTURE.

PRÉLIMINAIRES SUR LA SCULPTURE ET LA PEINTURE.

La peinture et la sculpture ne disposent pas des mêmes moyens, ne suivent pas les mêmes procédés; mais il est certaines lois qui leur sont communes, et que nous pouvons discuter ici d'une manière générale. L'art, avons-nous dit, est la manifestation de la beauté invisible par des formes sensibles; il doit donc s'occuper de ces deux éléments : de la beauté invisible et de l'apparence sensible, qui en est la manifestation. Son succès sera plus ou moins complet, selon le degré de la beauté invisible qu'il nous exprimera, et selon la clarté, la puissance avec laquelle il nous traduira cette beauté, en employant des moyens plus ou moins expressifs.

La beauté invisible, essentielle à toute œuvre d'art, nous irons la chercher d'abord dans le choix du sujet, dans la pensée que l'artiste veut exprimer.

Il est évident que le monde moral, le monde invisible tel qu'il existe, a ses beautés. Une âme vertueuse est belle, la physionomie sur laquelle rayonne cette âme est belle aussi. Ces beautés sont du monde réel, et l'art qui nous les traduit nous intéresse, répond à sa mission.

La nature, même dans les scènes les plus ordinaires, a des beautés qui nous captivent. A l'abri de quelques arbres, une chaumière dont les apparences modestes nous disent que là des âmes sans ambition coulent des jours paisibles et heureux ; les travaux de la moisson ; de jeunes pâtres jouant sur la bruyère en gardant leur troupeau ; sur le rivage de la mer, un pêcheur préparant ses filets et sa voile ; le pauvre recueillant l'aumône du riche, ou ramassant le bois mort sur la lisière de la forêt ; le vieillard racontant des légendes aux enfants émerveillés, ces scènes, et bien d'autres, empruntées aux relations de la famille, aux différentes phases de la vie, deviendront pour l'art des sujets intéressants, bien qu'elles ne sortent pas du domaine de la réalité. Ces sujets ont été souvent chantés par les poètes. Le peintre n'a point à les dédaigner ; seulement il doit les envisager sous les aspects qui nous charment et nous impressionnent. Souvent les petits tableaux de ce genre modeste auront plus de valeur que des faits d'histoire présentés dans des conditions insuffisantes.

L'artiste peut donc nous captiver sans nous transporter dans les régions de l'idéal, et tout en se maintenant dans le domaine de la réalité. Mais qu'il ne s'arrête pas à des circonstances mesquines ou triviales, qu'il ne nous conduise pas dans des recoins vulgaires de la nature, qu'il ne mette pas sous nos yeux des détails insignifiants ou même rebutants de la vie des sens. Tout cela, en effet, appartient à un monde purement matériel, auquel nous ne pouvons nous soustraire, mais qui n'aura jamais le privilége de captiver les nobles facultés de notre âme, d'occuper un instant nos méditations ou seulement de charmer nos loisirs. Que l'artiste se rappelle toujours qu'il doit nous manifester un sentiment, une pensée ; sinon, son œuvre, tout en nous prouvant son habileté, ne mériterait pas d'être classée parmi les œuvres d'art. Malheureusement à notre époque, un grand nombre d'artistes ne choisissent pour sujet que des réalités d'un ordre peu élevé.

Inutile de dire que l'art est plus digne d'éloges à mesure qu'il nous présente des pensées plus grandes et plus nobles, à mesure qu'en s'élevant lui-même, il nous élève et nous communique de plus sublimes aspirations.

Le sujet choisi, l'artiste doit traduire ce sujet par des formes sensibles.

On a dit quelquefois que des artistes s'attachant à reproduire les formes sensibles, ne se proposent rien de plus que cette reproduction. Or, celui qui ferait de cette imitation le but unique de ses efforts, et ne la regarderait pas comme le moyen d'exprimer la beauté invisible, ne reconnaîtrait aucunement la beauté immatérielle, dont les apparences sensibles ne sont que l'enveloppe. Pour lui, le visage de l'homme n'aurait d'intérêt que par la régularité des traits, et non parce qu'il est l'expression fidèle de l'âme et de toutes les nuances de l'intelligence et de la vertu. Il ignorerait que Dieu fait rayonner sur toute la nature une céleste lumière qui la vivifie et la colore. Pour cet artiste, tout ce qui est en dehors du monde matériel n'aurait pas d'existence. Affirmons que jamais peintre n'a été matérialiste à ce degré. Des artistes, moins riches de pensées à exprimer que d'habileté acquise et de métier, s'exerceront surtout à rendre avec exactitude des scènes, des aspects de la nature ; ils se préoccuperont de la forme et de la couleur plus que de la pensée et du sentiment. Dans la lettre suivante, écrite par un peintre à l'un de ses amis et reproduite par le journal l'*Autographe à l'Exposition de* 1864, on peut constater jusqu'à quel point certains se préoccupent moins de la pensée que du travail matériel : « Ne me reproche pas, mon vieux L..., d'avoir fait mon *père Noé* pour le ciel et pour l'eau ; j'ai bien fait d'autres tableaux pour un ton de culotte et de fichu, et c'était bien pis. »

Il est évident que le peintre, de son propre aveu, s'était préoccupé bien plus de l'effet du ciel et de l'eau que de la mise en scène du patriarche Noé, rendant à Dieu ses actions de grâces. On comprend combien il est fâcheux que de grands sujets bibliques soient traités avec un sans-façon aussi inconvenant. Le peintre, dans les autres tableaux, avait étudié surtout le ton de fichu ou de culotte, et n'avait choisi le sujet que par un motif d'usage, afin que ses tableaux ne fussent pas sans un titre quelconque.

La forme et la couleur doivent être envisagées comme moyens. Nous n'avons point à pénétrer dans l'atelier du peintre pour discuter avec lui la qualité de ses pinceaux et la préparation de ses toiles, pour lui demander s'il emploie du bitume ou des laques en abondance; mais il est une question qu'il serait intéressant de lui adresser, et sur laquelle il est indispensable que nous soyons instruits. Comment comprend-il la reproduction de la nature avec ses formes et ses couleurs? Malheureusement, si, pour plus de sûreté, nous en consultons plusieurs, nous ne recevrons pas la même réponse. Celui-ci nous dit : « Je m'efforce de copier la nature, de la copier avec la plus rigoureuse fidélité, sans y rien changer. » Celui-là, au contraire, nous répond : « Je reproduis la nature ; mais en la reproduisant, je calcule, j'interprète, souvent je transforme. » Nous ne lui demandons pas pour quel motif il en agit ainsi; sans doute il veut arriver à des formes plus élégantes, plus expressives, rendre ses sentiments avec plus d'évidence et d'intensité; de même, le premier probablement trouve assez d'expression dans les formes telles qu'il les rencontre dans la nature. Du moins nous emportons ces deux réponses, et nous savons désormais que, parmi les peintres, les uns reproduisent la réalité des formes, les autres interprètent la réalité, l'idéalisent, en ce sens qu'elle est modifiée par leur pensée et leur pinceau. Toutefois, il ne faut pas croire que les réalistes et les idéalistes soient séparés en deux camps distincts avec un drapeau qui les fasse reconnaître; on peut interpréter à des degrés différents. Parmi ceux mêmes qui prétendent ne point interpréter, beaucoup forcément interprètent et modifient la réalité. Le dessinateur ne peut procéder comme la boîte photographique, il supplée par le calcul à l'insuffisance de ses moyens; pour faire ressortir telle forme, il sacrifie telle autre forme, change telle ligne. Il est vrai qu'il peut encore, avec ces modifications, rester dans les apparences de la réalité. Mais la question n'est pas dans ces détails de métier : nous ne nous occupons que des tendances du peintre. Il y a des réalistes, il y a des idéalistes.

Si quelque lecteur, complétement étranger à la pratique du dessin, effrayé de la libre allure des idéalistes, refusait d'avance de leur accorder ses sympathies, parce qu'il ne comprendrait pas comment, en interprétant la nature, on peut obtenir des *ressemblances*, nous le rassurerions par cette observation, plus démonstrative que tous les raisonnements sur la forme et sur la ligne. Que l'on fasse faire dix portraits de la même personne par dix peintres différents, travaillant dans les mêmes conditions, du même point, avec la même pose, avec le même éclairage : les dix portraits pourront ressembler au modèle et différer considérablement entre eux, et peut-être serait-il difficile de juger lequel des dix portraits est le plus ressemblant. Chacun des peintres a compris le modèle à sa façon. Nous avons supposé des peintres connaissant leur métier, et nous n'avons point admis à ce concours un praticien novice qui eût rendu maladroitement la nature.

Interpréter la nature n'est pas la fausser. L'interprétation dont nous parlons est une interprétation libre et savante, discutée par le dessinateur maître de ses procédés. Le fait des dix portraits n'a rien d'inouï; il suffit à faire comprendre comment il est des ressemblances variées, des ressemblances tout autres que celles données par la photographie, comment enfin la ressemblance est possible avec l'interprétation. Nous reconnaîtrons dans un instant combien l'interprétation de la forme est importante à l'expression.

Si nous examinons dans l'œuvre du peintre la lumière et la couleur, nous dirons non-seulement que le peintre peut interprêter, mais allant plus loin, nous ne craindrons pas de dire que c'est en interprétant qu'il réussira mieux à rendre la nature dans la vérité de ses aspects. Le peintre ne reproduit pas la nature avec la puissance de ses effets; il ne peut qu'en donner l'impression, et il arrive à ce but par l'artifice, le calcul, l'interprétation. Prenons un exemple. Claude Lorrain a osé bien des fois mettre le disque du soleil dans le ciel de ses tableaux; or, le spectateur contemple cette image sans aucune fatigue, tandis qu'il ne pourrait un seul instant considérer l'astre lui-même sans en être ébloui. L'image est donc inférieure en éclat à la réalité. Cependant Claude Lorrain est brillant et lumineux; il l'est avec une vérité et un éclat incomparables; il a été par excellence le peintre de la lumière et du soleil. Quels étaient donc ses procédés? Il ne prétendait point reproduire l'éclat de l'astre, et il ne prétendait pas davantage reproduire, dans leur valeur rigoureuse de lumière et d'ombre, tous les autres objets placés dans ses compositions. Il ne peignait que de souvenir, jamais d'après nature. Souvent il passait des heures entières à contempler la campagne, et travaillant ensuite, reprenant et transformant son œuvre, il fixait peu à peu sur la toile l'effet de nature imprimé dans sa mémoire. Voici quels étaient son calcul et son industrie : les tons les plus éclatants de sa palette étant donnés au soleil, tous les autres objets, les monuments, les arbres, les rides de l'eau, les mâts et les cordages, reçoivent une part de lumière exactement mesurée, jusqu'au repoussoir du premier plan, dont l'ombre est en rapport avec l'éclat du ciel. Le peintre n'entreprend donc point de rendre les détails de la nature avec leur vigueur et leur éclat. Il connaît la limite de ses ressources, et la prenant comme point de départ, il établit la proportion la plus exacte entre toutes les parties de son œuvre. Le plus habile est précisément celui qui sait mieux calculer et employer ses ressources.

Pour appuyer cette théorie, remarquons encore que le même effet de nature peut être transposé dans des colorations plus brillantes ou plus sombres, être rendu avec des impressions différentes et conserver sa vérité; qu'un ton est influencé par les tons qui l'entourent; un ton rouge, par exemple, paraîtra plus rouge s'il est entouré de vert. La vérité d'un détail est donc subordonnée à plusieurs conditions indépendantes de la nature, mais réglées par la volonté du peintre et par ses impressions. Ce détail sera vrai dans le tableau, non parce qu'il est la reproduction de la réalité, mais parce qu'il est en harmonie parfaite de lumière et de couleur avec ce qui l'environne, parce qu'il s'accorde avec les autres parties, et contribue avec elles à rendre un aspect de nature (*).

Les peintres qui se sont fait remarquer par l'éclat ou l'effet puissant de leurs compositions ont suivi cette loi de l'interprétation, en ce qu'ils ont mis en pratique la loi du sacrifice : le sacrifice n'est point dissimulé, comme dans les peintures de Rembrandt, où l'ombre voile la plus grande partie du sujet pour faire ressortir la partie brillante; le sacrifice n'est point apparent, comme dans les immenses compositions de Paul Véronèze, où toutes les parties sont parfaitement visibles, tous les personnages enveloppés d'une atmosphère limpide et lumineuse. Paul Véronèze, mieux qu'aucun autre, nous ferait croire que nous avons sous les yeux une assemblée nombreuse et de riches étoffes; mais il est arrivé à cette vérité comme Claude Lorrain, par l'industrie et le calcul.

Nous avons considéré le choix du sujet, les formes employées; il nous reste à voir comment l'artiste se sert des formes pour exprimer ses pensées et ses sentiments. Il nous

(*) « Il serait aisé de prouver, dit M. C. Levesque (*Science du beau*, I, 143), que ce qui nous ravit chez les plus merveilleux coloristes, c'est une couleur interprétée encore plus que copiée. » Le même auteur en appelle au témoignage de M. Beulé, aux expériences de M. Jules Jamin.

paraît incontestable que l'artiste qui interprète les formes sensibles a plus de facilité pour rendre ses pensées; et nous pouvons dire que l'interprétation devient plus indispensable à l'artiste à mesure qu'il traite un sujet plus élevé.

L'artiste qui peint un portrait doit rendre fidèlement les traits de la personne dont il veut nous donner l'image. C'est bien ici ou jamais que le réaliste pourrait réclamer la préférence en faveur de l'exactitude scrupuleuse avec laquelle il fait profession de copier la nature. Mais ne demandons-nous pas aussi au peintre qu'il nous exprime l'âme, le caractère de la personne qui pose devant lui. Après quelques années écoulées, ne gardons-nous pas surtout le souvenir des qualités morales de ceux que nous avons connus; n'est-ce pas ce souvenir que nous aimerons à retrouver dans l'œuvre de l'artiste? Sans doute, le cœur et l'intelligence se traduisent d'eux-mêmes par les traits du visage, et nous devons le reconnaître sans hésitation, sous peine de contradition flagrante. Cependant nous dirons aussi que, si le réaliste n'est pas impuissant pour l'œuvre que nous réclamons, celui qui interprète librement la nature répondra mieux encore à notre désir en nous exprimant les qualités morales avec plus de clarté. Nous nous gardons bien de lui demander qu'il transforme le caractère de celui qu'il nous représente, quand même ce serait pour lui ajouter des qualités. Ce caractère, il doit en respecter les moindres traits et nous le rendre avec un soin scrupuleux; mais c'est précisément pour qu'il nous rende le moral avec plus de clarté que nous lui permettons les artifices dont il se fera besoin, et des transformations que notre œil ne remarquera pas, mais par lesquelles il atteindra son but. Discernant les traits qui marquent davantage le caractère attribué par lui à son modèle, il fera ressortir ces traits, soit en les développant, ou bien en les exagérant, comme il est assez d'usage dans la peinture décorative qui est vue à distance; soit en simplifiant, en laissant en oubli les traits qui seraient inutiles ou nuisibles à cette expression. Le spectateur lira le caractère du personnage plus facilement dans ces formes ainsi interprétées, qu'il ne les aurait lues sur l'original. L'artiste sérieux, celui qui veut faire valoir son modèle, met en évidence les traits qui doivent en donner une idée avantageuse ; le caricaturiste, celui qui veut ridiculiser son modèle, exagère les traits qui en donnent une idée plus ou moins bizarre.

Nous ne disons rien des accessoires au milieu desquels l'artiste peut représenter le personnage, et dont les maîtres ont souvent tiré un si beau parti ; ces accessoires ne sont pas indispensables, et ne seront jamais que secondaires. Écoutons ce que nous dit Gustave Planche des portraits peints par Rembrandt : « Rembrandt dédaigne, ou plutôt il évite avec soin toutes les attitudes convenues ; il s'attache surtout à saisir la physionomie individuelle des modèles qui posent devant lui ; il n'essaie pas de les ennoblir, sa préoccupation constante est de les laisser tels qu'ils sont. Pour atteindre ce but, il étudie avec soin, il rend avec une exactitude qui peut sembler parfois puérile, tous les plis de la peau du visage ; mais il prend si bien ses mesures, que jamais aucun de ces détails ne distrait l'attention de l'ensemble de la physionomie. Nous avons vu de nos jours bien des peintres essayer de copier la nature, sans omettre aucun des éléments de la réalité ; mais ils se heurtaient presque tous contre un écueil que Rembrandt a su éviter : ils attribuaient à tous les détails une importance égale, et dans cette imitation acharnée, l'ensemble de la physionomie perdait son unité ; ils copiaient les rides des tempes, les gerçures même des lèvres ; s'ils rencontraient une verrue sur la joue, ils l'accueillaient comme une bonne fortune et se hâtaient de la transcrire. Chacun sait s'ils ont réussi, par ce procédé, à composer de beaux portraits. Rembrandt, qui, aux yeux des esprits frivoles, semble appartenir à l'école de l'imitation pure, est loin pourtant de mériter cette qualification. Il imite avec une habileté rare ce qu'il voit, mais il ne se contente pas d'imiter. Par cela seul qu'il a résolu d'accentuer, d'exagérer au besoin les traits caractéristiques de son modèle, il se trouve amené à introduire dans sa composition un élément nouveau, l'idéal. L'exagération des détails caractéristiques équivaut en effet, sinon au sacrifice complet, du moins à l'atténuation des détails secondaires ; or, pour tous ceux qui ont étudié la théorie générale des arts du dessin, sculpture et peinture, qu'on est convenu d'appeler arts d'imitation, il est évident que le sacrifice des détails secondaires compte parmi les conditions fondamentales de la beauté. Quand on considère un portrait de Rembrandt, on croit avoir devant les yeux la nature. Oui, sans doute, c'est l'image de la nature, mais l'image qui est venue se peindre dans l'œil d'un artiste consommé, et qu'une main hardie pouvait seule retracer. » N'arrive-t-il pas souvent qu'un portrait dessiné inexactement rend bien le caractère de la personne, et qu'on le préfère à un portrait mieux dessiné ? Mais, encore une fois, il s'agit d'une interprétation calculée, savante, et qui a conscience de ses transformations.

A mesure que l'art s'élève, il doit reconnaître la nécessité de l'interprétation. La vérité n'était apparue qu'incomplétement à l'antiquité ; les Grecs avaient été surtout frappés de cette beauté extérieure qui séduit le regard. Ils avaient aussi compris la beauté de l'âme, mais le plus souvent ils s'appliquaient à rendre la beauté du corps. Cependant les Grecs se croyaient obligés à interpréter la nature pour arriver à leur but ; dans un instant nous en donnerons des preuves. Comment donc ne reconnaîtrions-nous pas la même loi, nous à qui la vérité bien plus complète a été révélée, depuis que s'est manifesté sur la terre le fils de Dieu, apprenant aux hommes les merveilles les plus sublimes, à peine pressenties par les philosophes de l'antiquité. Nous n'avons pas été admis, comme les apôtres privilégiés, à contempler sur le Thabor, dans la personne du Sauveur, l'humanité transfigurée, brillant d'un éclat divin ; mais il nous est donné de considérer l'homme admirablement transformé, dès ici-bas, par le travail méritoire de la vertu.

Nous n'avons parlé que du portrait; supposons qu'il s'agisse de représenter un héros dans l'acte sublime du dévouement. Par un privilége exceptionnel, l'artiste eût-il pu contempler son modèle, quand, le regard illuminé d'une flamme céleste, il était radieux de cette beauté spéciale, qui est le rayonnement de l'âme élevée au-dessus d'elle-même ; il n'aura gardé qu'une impression de cet éclat passager qui a brillé comme une auréole sur le front du héros. Pour nous le rendre tel qu'il l'a entrevu, tel qu'il le conçoit et le retrouve dans ses méditations solitaires, tel qu'il veut nous le montrer, il interprètera. Conservant les traits du modèle autant qu'il est utile pour en transmettre la ressemblance, il les transformera, non pas en les régularisant, mais en leur imprimant le caractère de cette générosité et de cette énergie, qui sont les sources de la grandeur d'âme. C'est ainsi que la statue de Bonchamp, à Saint-Florent, peut être citée comme un bon exemple d'interprétation (*).

S'il s'agit d'une figure dont les traits ne sont point imposés par l'histoire, c'est alors que l'artiste aura un champ ouvert, où il pourra bien plus librement et très-heureusement interpréter la nature. Les Grecs l'avaient ainsi compris. Citons le *Thésée* de Phidias. On peut affirmer qu'il n'exista jamais dans la nature un individu que Phidias eût pu copier pour en faire son Thésée. « Pour créer le vainqueur du Minotaure, dit Gustave Planche, l'immortel sculpteur est parti de la réalité;

(*) Cette statue est de David d'Angers. Bonchamp, général des armées vendéennes, blessé à mort et près de rendre le dernier soupir, demande grâce pour les prisonniers. Parmi les cinq mille hommes entassés dans l'église de Saint-Florent, et en faveur desquels s'élevait ce cri de magnanime clémence, était le père du sculpteur. Celui-ci trouva dans ce souvenir l'inspiration qui lui fit produire cette œuvre remarquable, dans laquelle il se surpassa lui-même. « En exécutant ce monument, écrivait-il, j'ai voulu acquitter, autant que cela m'était possible, la dette de reconnaissance de mon père. »

mais il a transformé son modèle en l'étudiant, en le comprenant de plus en plus profondément, en le décomposant pour le reconstruire à l'image de sa pensée. Le Thésée n'est pas en dehors de la nature, et moins encore en contradiction avec elle, c'est la nature développée et agrandie. Le Thésée n'est beau que parce qu'il est vrai, et il n'est vrai que parce qu'il traduit la pensée de Phidias, au lieu de représenter la réalité qui eût été insuffisante à exprimer un demi-dieu. » Remarquons encore que cette interprétation n'est pas la combinaison judicieuse des éléments de la réalité et la réunion de détails habilement choisis sur différents types : c'est la transformation logique mais hardie de la réalité assujétie à la pensée de l'artiste.

Le plus souvent, les draperies elles-mêmes devront être l'interprétation de la nature, et elles devront être interprétées dans le sens de l'œuvre que l'artiste veut réaliser; ainsi l'artiste chrétien ne procédera pas comme le sculpteur grec, et c'est avec raison. L'antiquité nous a laissé des draperies traitées avec une incomparable habileté, d'un jet si riche, si gracieux, d'une abondance, d'une harmonie, d'une souplesse telles, que l'on doit dire sans hésitation que ces draperies n'ont pu être copiées sur la nature. La plus grande dextérité ne serait pas arrivée à produire des ajustements aussi parfaits, même en se servant d'étoffes préparées avec les soins les plus minutieux. Mais le plus souvent le sculpteur grec, préoccupé de captiver les regards par la beauté du corps, prenait plaisir à montrer les membres sous la draperie, avec la suavité et le moelleux de leurs contours. Les étoffes laissaient paraître les formes avec une telle fidélité, qu'elles n'étaient plus un vêtement. Le sculpteur chrétien s'adresse principalement à l'esprit et au cœur ; il sait qu'il ne doit jamais violer les lois de la pudeur. Laissant paraître les membres suffisamment pour faire comprendre la pose du personnage et lui donner de la solidité, il en dissimule les formes sous la draperie, et s'étudie surtout à rendre une pensée noble et salutaire, un sentiment pieux, dont l'expression se répand sur toute la physionomie, mais rayonne avec plus d'éclat sur les traits du visage.

Si l'artiste grec jugeait indispensable d'interpréter la nature pour reproduire l'image d'un héros ou d'un demi-dieu, à bien plus juste titre l'artiste chrétien devra interpréter la réalité s'il veut représenter un Christ ou une Vierge. En vain aurait-il rencontré dans la nature les formes les plus nobles, l'expression la plus radieuse ; même après avoir idéalisé ces traits, il sera encore bien au-dessous des types divins qu'il doit mettre sous nos yeux. Ce n'est pas parce que Raphaël a rencontré des modèles d'une beauté plus irréprochable qu'il nous a laissé des madones d'une incomparable perfection ; mais mieux qu'aucun autre il avait entrevu dans sa pensée la céleste beauté de la Vierge Marie (*). « Quand nous vîmes au musée de Dresde, dit M. Charles Blanc, la *madone de Saint-Sixte,* après d'autres vierges de Jules Romain et du Corrége, il nous sembla que nous ne respirions plus le même air, qu'une fenêtre venait de s'ouvrir sur le Paradis ; nous passions du sentiment des choses réelles à l'intuition de ces choses idéales, où s'éleva dans un rêve d'or le plus grand des peintres. » Gustave Planche, comparant les vierges de Murillo et de Rubens à celles de Raphaël, dit d'une vierge de Rubens : « La Vierge et l'enfant Jésus sont d'une beauté admirable ; mais la beauté de ces deux figures touche de trop près la terre, pour ravir l'âme aux régions divines. La réalité charnue qui distingue les œuvres de Rubens, quoique moins marquée dans celle-ci, empêche encore que l'admiration de l'observateur se transforme en sentiments de vénération et de prière. S'il n'a pas encore rencontré de figures pareilles, ce bonheur ne lui semble pas impossible, car il sent que ces deux figures vivent et respirent comme les

---

(*) Raphaël disait lui-même au comte de Castiglione : « Comme je manque de beaux modèles, je me sers d'un certain idéal que je me forme. »

hommes qu'il a vus. » — Sur une Sainte Famille de Murillo :
« Assurément s'il était donné à la beauté humaine d'annoncer
la beauté céleste, les madones de Murillo nous expliqueraient
la mère de l'enfant Dieu. Mais dans les toiles de Murillo, la
mère de Jésus, bien qu'elle soit voilée d'une sainte pudeur et
que ses regards soient tout entiers à son enfant, conserve
encore tant de charme mondain, que même au milieu des
anges, portée sur les nues, elle ne fait point assez oublier cette
beauté qui séduit les yeux, et, loin de calmer les passions, les
excite. Nous ne voyons point assez rayonner sur son front
cette chasteté et toutes les autres vertus qui élèvent nos
âmes au-dessus de notre monde et de ses misères. » Sur les
vierges de Raphaël, Gustave Planche ajoutait : « Pour tout
homme habitué à l'étude de la nature vivante, il est clair que
les madones de Raphaël ne vivent pas et ne pourraient vivre ;
il est clair que ces lèvres si fines et si pures ne pourraient
parler, que ces yeux si chastement voilés ne pourraient regarder ; ces joues, dont les contours nous frappent d'admiration,
ne sont pas échauffées par le sang de nos veines. Tout cela
est très-vrai et c'est pour cela cependant que Raphaël est le
prince des artistes religieux. Car si la vie est impossible aux
figures qu'il a créées, ce n'est pas qu'il a omis étourdiment un
ou plusieurs éléments de la vie, mais bien parce qu'il a simplifié par sa volonté toute puissante la forme sous laquelle la
vie terrestre nous apparaît. Il éteint la couleur qui signifie la
force et la santé ; il arrondit les plans musculaires qui expliquent
et produisent le mouvement ; il efface les plis des paupières ;
mais cette perpétuelle simplification des lignes de la figure
humaine, loin d'accuser l'ignorance et l'impéritie de l'artiste,
signifie seulement qu'il a rêvé, qu'il réalise une forme plus
pure, plus élégante que la forme humaine. Aussi toutes les
madones de Raphaël parlent à l'âme et ne réjouissent pas
seulement les yeux. Il règne dans le regard de ces vierges
divines tant d'innocence et de sérénité, que la vie en les

atteignant semblerait les profaner. Elles sont incapables de se mouvoir, mais la mobilité n'est pas nécessaire à leur céleste rêverie; l'air qu'elles respirent n'est pas l'air que nous respirons; les paroles que leur bouche prononce ne fait pas le même bruit que nos paroles. Quoiqu'elles ressemblent aux femmes de la terre, nous comprenons qu'elles ne sont pas nées parmi nous. » Pour exprimer ces grands sujets, l'art qui n'interprèterait pas la nature manquerait de vérité au sens le plus rigoureux.

L'art à mesure qu'il s'élève, doit être idéaliste et pour la pensée et pour les formes. Sans doute l'artiste prend toujours dans la nature les éléments de son œuvre; mais il transforme ces éléments, les agrandit. Dans le monde moral comme dans le monde physique, la beauté est souvent voilée, incomplète. Une de ses manifestations a-t-elle brillé au regard de l'artiste? aussitôt son imagination, frappée de cette apparition, s'en empare, la vivifie et la transforme. La raison apporte son concours à ce travail, discute, ajoute ou retranche, et c'est ainsi que l'image première, façonnée par une élaboration patiente, devient une conception idéale. Pour traduire ensuite par des apparences sensibles cette image dont seul il a joui jusque-là, qu'il se serve de marbre ou de couleurs étendues sur une toile, l'artiste cherche les formes qui rendront le plus fidèlement sa pensée, les formes les plus expressives; et ces formes réglées sur celles de la nature, mais transformées par l'interprétation, elles aussi deviennent idéales.

La forme est donc l'objet du travail de l'artiste; elle est sa ressource et sa difficulté. Quand sous le souffle de l'inspiration, il est arrivé par l'énergie de sa volonté à fixer devant sa pensée l'image fugitive qu'il a longtemps poursuivie, il s'efforce d'en préciser la forme en l'idéalisant. Quand après avoir arrêté cette forme dans sa pensée, l'œil fixé sur ce modèle qui n'existe encore que pour lui, il cherche à le rendre visible à tous les regards, l'obstacle à surmonter, la condition à remplir est encore la forme. L'artiste n'arrive jamais à rendre la beauté idéale qu'il avait entrevue ; mais il cherche du moins avec ténacité, parfois au prix des plus grandes fatigues et des plus dures privations, jusqu'à l'épuisement de ses forces, cette forme qui rendra sa conception ; et seulement après l'avoir réalisée autant qu'il lui est possible, il se présente au tribunal des hommes, non point certain du succès qui lui manquera peut-être, mais du moins avec la conscience tranquille et le cœur satisfait.

L'artiste qui se préoccupe seulement de reproduire la réalité n'éprouve point ces difficultés ; il n'a que l'ambition de faire des copies ; mais aussi travaillant à calquer des œuvres essentiellement inimitables sous le rapport de la vie dont elles sont douées, il ne peut en donner qu'un faible simulacre. S'il met son œuvre près du modèle qu'il a voulu reproduire, il doit reconnaître son impuissance. L'artiste qui assouplit la forme à sa volonté et la rend docile à rendre ses pensées, s'élève plus haut ; il nous présente des sentiments exprimés avec une intensité, une grandeur que n'aurait pas la réalité ; il institue avec la nature elle-même une lutte, dans laquelle il ne sera pas inférieur sous tous les rapports. Sans doute il ne communiquera pas à ses œuvres la vie que le Créateur peut seul donner aux siennes, cette vie qui fait le plus grand charme de la nature ; mais il peut augmenter le pathétique et l'expression ; il peut nous montrer à un degré plus élevé la beauté morale, la beauté idéale et invisible, source des émotions les plus profondes, mesure de la plus grande beauté.

Nous n'avons rien dit de la partie la plus importante dans l'œuvre de l'artiste, de la composition. Si nous considérons successivement les différents genres de compositions qu'il peut traiter, de même que nous avons considéré les différents personnages susceptibles d'être représentés par lui, il nous est encore plus facile d'établir la nécessité de l'interprétation (*), la supériorité de l'idéalisme sur le réalisme.

Le paysagiste, pour faire comprendre les charmes et la poésie qu'il a su lire dans une scène de la nature, doit interpréter le spectacle qu'il veut nous mettre sous les yeux ; il doit choisir ce qui peut contribuer davantage à rendre cette impression dont il a joui le premier et qu'il veut nous communiquer. En effet, tout ce qui se trouve dans un paysage n'est pas apte au même degré à provoquer un sentiment. Il est bien des détails qui restent inaperçus et que le paysagiste doit laisser en oubli ; ou bien il nous montrera dans sa composition des particularités que nous n'aurions point observées nous-mêmes, et qui ne feront que gêner l'impression qu'il veut faire naître en nous. « Il y a, dit Gustave Planche parlant des paysages de Rembrandt, parmi les paysagistes comme parmi les peintres de figures, deux classes d'hommes bien distinctes : les uns regardent et copient plus ou moins fidèlement ce qu'ils ont vu ; ils transcrivent et n'interprètent pas ; on dirait que tout le travail se passe entre l'œil et la main ; les autres ne prennent le pinceau qu'après avoir soumis le témoignage de leurs yeux à l'épreuve de la méditation, parfois même la volonté n'intervient pas dans la transformation qu'ils font subir au sujet de leurs études. Attristés ou réjouis par le spectacle d'un fleuve,

---

(*) Nous pouvons remarquer en passant que certains arts, s'ils ne devaient que copier la réalité, n'existeraient pas : ainsi la musique. Jamais nous ne sommes portés à chanter nos joies, nos inquiétudes, nos tristesses ou nos regrets ; le cri du repentir qui nous impressionnera en s'exhalant par une touchante mélodie, n'eût recherché en réalité que l'ombre et le silence du sanctuaire, ou le cœur d'un ami auquel il se serait timidement confié. La musique ne copie pas le ton naturel du langage, mais le développe pour en accroître l'expression. Si l'art était une imitation de la nature, la poésie devrait s'abstenir de son langage rhythmé, de ses brillantes comparaisons et de ses métaphores.

d'une prairie ou d'une forêt, ils éprouvent le besoin d'associer le spectateur à leur émotion, et traduisent, presque à leur insu, plutôt ce qu'ils ont senti que ce qu'ils ont vu. C'est à cette famille d'élite qu'appartient Rembrandt. » Les œuvres de Rembrandt cependant ne sont pas de celles dans lesquelles l'interprétation apparaît avec plus d'évidence. Le paysagiste emprunte à la nature les éléments de son œuvre ; c'est là qu'il puise ses impressions et les lois d'après lesquelles il doit procéder.

Comme le peintre de figure conserve gravée dans son souvenir une expression de noblesse ou de générosité qu'il a remarquée dans une physionomie, le paysagiste lui aussi recueille des impressions. Il traversait un site agréablement disposé à l'heure où les troupeaux sont ramenés à l'étable, il a vu les nuages frangés d'or par les derniers rayons du soleil et les ombres se répandant doucement sur la vallée. Frappé de ces contrastes, il a considéré le ciel, les arbres, le coteau ; il a joui avec émotion de ce spectacle que les ombres de la nuit allaient promptement envelopper. Peut-être avec ses crayons il en a fixé sur ses tablettes une rapide esquisse ; mais son cœur surtout s'est enivré d'une poésie dont les parfums renaîtront sous ses pinceaux quand, dans son atelier, il n'aura pas devant les yeux les mêmes sources d'inspiration. Un autre jour il étudie plus à loisir la forme de l'arbre, son écorce et son feuillage ; les méandres que le fleuve décrit dans la plaine, les découpures de l'horizon sur le ciel. Il met en œuvre tous ces éléments, et quand il nous présente son paysage, tout y est vrai, tout y est naturel ; nous ne songeons aucunement à lui demander où il a pris tel arbre et tel coteau ; il nous communique de douces impressions, et nous lui en sommes reconnaissants.

Si le peintre traite un sujet d'histoire, sans doute il doit respecter la vérité des circonstances, en sorte qu'il sera un narrateur fidèle ; il doit respecter aussi la vérité du costume, du paysage, de l'architecture, et tout cet ensemble que l'on appelle *couleur locale.* Cette seconde condition est moins importante que la première; cependant le peintre ne peut s'en affranchir. S'il n'en tient aucun compte, et que par les apparences de sa composition, pour une scène qui se passe en Judée, il nous transporte à Venise ou bien en Hollande, il donne à son œuvre une véritable infériorité que même des qualités supérieures ne pourront complétement racheter.

Mais le peintre, en se maintenant entre ces limites obligées, ne perd pas toute liberté. Bien des détails sont abandonnés à son sentiment et à son appréciation. Si le fait remonte à une date reculée, il ne nous est transmis par l'histoire qu'avec des circonstances très-incomplètes; appartiendrait-il à une époque récente, bien des incidents restent inconnus. Souvent le peintre peut introduire dans la scène ou en exclure certains personnages, il peut diversifier à l'infini l'agencement des groupes, les gestes, l'éclairage de la scène; des détails sans nombre sont abandonnés à son discernement.

Un fait bien mieux encore qu'une figure peut être compris de façons très-différentes; en traversant l'imagination de l'artiste, il peut, sans être faussé, subir une transformation; il prendra sur la toile telle ou telle physionomie, selon qu'il aura été traité par tel ou tel peintre. La grande vérité d'un fait, la vérité qui parle à notre intelligence et nous impressionne, ne tient pas à des détails; et ce n'est point de la traduction des détails que dépend la valeur de la composition. La descente de croix du Sauveur a été représentée bien des fois déjà, et peut être représentée, bien des fois encore, d'une façon toujours nouvelle; or, un grand nombre des tableaux exécutés sur ce sujet ont une vérité suffisante, et le mérite que nous leur attribuons tient à d'autres conditions qu'à cette fidélité matérielle.

Le peintre en composant son œuvre peut interpréter. N'hésitons pas à le dire, eût-il devant les yeux tous les détails de disposition, de formes avec lesquels le fait s'est passé, fût-il à même de traduire ces détails avec l'exactitude incomparable de la photographie, s'il s'arrêtait à cette vérité pour ainsi dire matérielle, il ferait une œuvre utile, si le fait, ainsi transcrit par lui, est digne d'intérêt ; mais son œuvre, avec cette vérité matérielle, pourrait, comme œuvre d'art, à notre sens du moins, n'être qu'une œuvre très-ordinaire.

Que le peintre interprète donc ; un événement peut avoir différents aspects, et celui qui doit nous impressionner ne peut que gagner à être dégagé, mis en évidence ; qu'il choisisse, qu'il simplifie les détails, qu'il agrandisse la scène, qu'il ne mette pas en relief ce qu'il est mieux de dissimuler. S'il veut me représenter, par exemple, le Sauveur mourant sur la croix, qu'il me montre surtout la charité infinie de la grande victime expiant les péchés des hommes, voilà ce que je lui demande avant tout ; il peut faire ressortir la patience et la beauté du divin Sauveur par la cruauté et la laideur des bourreaux, il peut encore, s'il le juge à propos, me mettre sous les yeux la douleur immense et la résignation de la Vierge Marie, les saintes femmes éplorées, tout le peuple de Jérusalem se pressant sur le sommet du Calvaire ; mais qu'il ne se préoccupe pas surtout de l'accoutrement des bourreaux, qu'il n'appelle pas mon attention sur des circonstances que je ne dois pas remarquer, sur des particularités secondaires qui ne peuvent que me distraire mal à propos de la pensée principale.

En résumé, le peintre doit respecter la vérité ; ainsi il aurait tort de costumer les juifs comme les habitants de Saardam ou les seigneurs du temps de Louis XIV. Cependant qu'il procède librement. D'après les éléments choisis et la mise en œuvre de ces éléments, un tableau d'histoire peut être dans les données du réalisme ou de l'idéalisme. L'on voit assez par ce qui précède, pour lequel des deux systèmes sont nos préférences.

Si le peintre aspire à nous représenter des scènes qui n'ont jamais existé ou qu'il n'a jamais été donné au regard de l'homme de contempler, des sujets allégoriques ou des scènes célestes, il est évident que pour ces compositions, les plus élevées que puisse réaliser son pinceau, il ne trouvera dans la réalité que des éléments secondaires épars çà et là, qu'il recueillera et transformera; mais l'ensemble de la composition sera toujours le fruit de sa conception.

Concluons; l'artiste, quel que soit le sujet qu'il traite, recueillera dans la nature des éléments, suivra les données qui lui seront parfois imposées. Cependant, en se maintenant dans les limites qu'il doit respecter, sans s'abandonner aux fantaisies du caprice, aux aberrations d'une imagination déréglée, il aura encore à explorer un monde inconnu d'où il nous rapportera des richesses qui feront son mérite le plus élevé, le plus incontestable. Phidias, Michel-Ange, Raphaël, Lesueur, Poussin, de même qu'Homère, Virgile, Dante et Racine, nous ont révélé des merveilles que la nature ne nous eût point offertes, et que nous n'eussions jamais connues si elles n'avaient été produites par ces grands génies, auxquels Dieu, source de toute inspiration, avait communiqué une étincelle de sa puissance créatrice. Les générations qui auront encore conservé l'amour du beau trouveront toujours les plus pures jouissances dans la contemplation des œuvres de ces immortels artistes, et ces œuvres seront aussi à jamais les plus belles gloires de l'humanité, parce que dans ce qu'elles ont d'incomparablement grand par l'élévation de la pensée et du sentiment, elles sont la création de l'intelligence humaine et non l'imitation et la reproduction de la nature.

Après cette discussion sur l'art idéaliste et l'art réaliste, nous pouvons encore distinguer l'art spiritualiste et l'art sensualiste. « Comparons, dit l'abbé Saget (*), *Cléopâtre,* un des types de beauté païenne, à *Sainte Élisabeth de Hongrie,* un des types de la beauté chrétienne; demandez à l'art une image de ces

(*) *Essai sur l'art chrétien,* p. 38.

deux âmes si différentes. Pour la première vous aurez une beauté sensible et sensuelle, de belles lignes, des contours harmonieux, de riches formes, de la passion et de la volupté, la chair enfin avec ses charmes et ses amorces. Pour l'autre, au contraire, vous aurez des lignes sans doute, des contours, des formes, des couleurs ; mais ces apparences n'arrêtent pas le rayonnement de l'esprit ; c'est une chair purifiée et mortifiée, un corps modeste, empreint de la majesté de la vertu et de la grâce de l'innocence. Il y a une auréole radieuse autour de ce front pudique, un reflet du ciel dans ces yeux levés aux extases d'en haut ou baissés aux pitiés de la terre. C'est une belle âme, une âme sainte, rayonnante à travers le voile immaculé d'une chair crucifiée, et, comme dit admirablement saint Ambroise, une lampe intérieure qui luit à travers un vase d'albâtre. » L'art sensualiste et l'art spiritualiste sont parfaitement caractérisés par ces deux types si différents. L'art sensualiste s'adresse à la partie inférieure de l'âme, en lui présentant ce qui peut l'enchanter et pour ainsi dire donner un aliment à ses instincts grossiers. L'art spiritualiste s'adresse à l'intelligence pour l'éclairer, au cœur pour le diriger et le porter vers ces régions supérieures où l'on est plus rapproché de la vérité et de la vertu, où l'air est plus pur et les aspirations plus nobles et plus généreuses. L'art idéaliste peut être sensualiste ou spiritualiste ; cependant, par son élévation, il s'adresse moins au sens qu'à l'intelligence. L'art réaliste, quoique par sa nature il parle plus difficilement à l'esprit, ne préconise pas cependant nécessairement le culte des sens.

Ajoutons que l'art qui se met au service du sensualisme est une puissance qui a corrompu ses voies et ne mérite pas notre sympathie. De plus, les artistes qui suivent ces tendances sont assez souvent portés à emprunter des sujets au paganisme, qui non-seulement avait mis en honneur la beauté physique et sensuelle, mais l'avait déifiée, et ces artistes nous présentent des idées attardées de dix-huit siècles, absolument vides de sens.

L'Olympe s'est écroulé, et ses divinités plus ou moins scandaleuses sont désormais tellement en dehors des idées de la multitude, qu'elles ne sont plus comprises. Comment le peuple, en considérant un vieillard à longue barbe appuyé sur un vase, ou une femme soutenant une urne sur son épaule avec les pieds perdus dans les roseaux, pourrait-il soupçonner que ces figures sont des divinités présidant à la source d'un fleuve ou d'une rivière. Cependant la sculpture et la peinture ne doivent pas être pratiquées seulement pour les étudiants initiés aux fables de la mythologie, et les écoliers apprennent l'histoire d'Apollon, de Jupiter et de Vénus, moins pour comprendre les arts du XIXe siècle que ceux de l'antiquité. Ces œuvres n'auront jamais de succès populaire ; ce n'est plus qu'un motif déraisonnable de mettre sous les yeux du public des représentations qui ne peuvent être qu'inconvenantes et seront le plus souvent médiocres comme exécution, les artistes n'étant plus dans les mêmes conditions qu'aux jours anciens d'Athènes et de Rome. Si un artiste traitant un sujet d'histoire et d'allégorie, sans raison ne costume pas suffisamment ses personnages, parce qu'il incline au sensualisme, ou parce que, mal à propos, il cherche à faire preuve de ses connaissances anatomiques, il est doublement coupable. L'artiste qui, traitant un sujet religieux, prendrait des moyens bons seulement à exprimer le sensualisme, serait plus blâmable encore et produirait une œuvre qui serait en contradiction avec elle-même. Un modèle de beauté de l'art païen transporté dans l'art chrétien, non-seulement perd son mérite, mais devient un blasphème. Enfin nous pourrions conclure que l'artiste habitué à l'art sensualiste, devient moins capable de traiter des sujets religieux. Comment pourrait-il purifier assez ses pinceaux et surtout son imagination, pour traduire des pensées et des sentiments si différents de ceux qu'il s'étudie ordinairement à exprimer ?

SCULPTURE.

DES LOIS SPÉCIALES DE LA SCULPTURE.

Les différents arts, d'après les ressources dont ils disposent, ont un domaine plus ou moins étendu, dans les limites duquel ils doivent se maintenir. Ils ne pourraient que perdre à échanger leurs moyens. La musique, qui excelle à rendre les sentiments et toutes les émotions de l'âme, n'essaiera pas, sous peine d'insuccès, de reproduire des effets qui ne sont pas de son ressort (*). Haydn, chargé par un maître de théâtre de décrire une tempête, put imiter, par des effets dont nous n'avons point à juger la valeur, le souffle des vents et le bruit du tonnerre; mais quand il voulut faire comprendre par l'oreille ce que le regard seul peut percevoir, quand il s'efforça d'exprimer l'éclair qui déchire la nue, le mouvement des flots se soulevant

---

(*) « De même, le fameux axiome *ut pictura poesis* ne peut être admis sans réserves. La peinture ne se servira pas des mêmes images que la poésie. Pour figurer la renommée, par exemple, si elle représentait un monstre avec cent yeux, cent bouches, cent oreilles, touchant la terre de ses pieds et cachant sa tête dans les nues, elle ne produirait qu'une monstruosité ridicule. » (M. V. Cousin, p. 195).

comme des montagnes ou creusant des abîmes, il ne pouvait qu'échouer complétement (*).

La sculpture, elle aussi, n'a pas à sa disposition les mêmes ressources que la peinture. Elle n'a pas seulement pour mission de nous représenter le corps de l'homme, elle doit nous traduire son âme, son intelligence et son cœur. Cependant elle se sert de formes matérielles et palpables. Du but que doit se proposer la statuaire et du procédé qu'elle emploie, nous pouvons déduire une de ses lois les plus importantes. Le sculpteur en traitant son sujet ne devra pas, pour rendre avec plus de vigueur un trait de caractère, compromettre l'harmonie des contours et la beauté des formes plastiques. Cette règle sera observée par lui avec une rigueur qui n'admettra jamais de concession; la peinture, avec les formes plus indécises de la couleur, pourra procéder avec plus de liberté.

Le sujet traité par la statuaire est visible sous ses différents aspects; sa manifestation est complète. De cette autre condition sort une seconde règle : non-seulement la tête, mais tout le corps, même sous le vêtement, devra contribuer à rendre l'expression. Les différentes faces de la statue devront être étudiées et présenter des silhouettes agréables. Les moyens employés par la statuaire offrent donc de grands avantages, mais aussi de graves difficultés, et c'est probablement pour cela que nous voyons se produire beaucoup moins d'œuvres remarquables en sculpture que dans les autres arts.

Remarquons encore que le bas-relief ne doit pas prétendre à des effets que la peinture seule doit réaliser. Ainsi il ne doit pas tenter de reproduire des plans se succédant, et s'éloignant de plus en plus dans la profondeur d'un paysage; les bas-reliefs

---

(*) Fait cité par M. V. Cousin, p. 197. L'auteur remarque, à ce propos, que le fracas d'une tempête décrite par la musique pourrait bien être pris sans mauvaise volonté pour le bruit d'une bataille.

du Parthénon, la plus belle œuvre en ce genre, ne présentent qu'une procession de personnages.

LA SCULPTURE DANS L'ANTIQUITÉ.

Nulle part la beauté de l'homme n'a été rendue avec plus d'art et de perfection que dans l'Attique. Il faut admettre que souvent, chez les Grecs, l'art fut sensualiste; ils étaient invités par la douceur du climat à une vie de plaisir qu'approuvait leur religion, et la beauté eut sur eux tant de pouvoir, qu'ils la divinisèrent. Mais souvent aussi, surtout à la belle époque du siècle de Périclès, les artistes de la Grèce ne se proposèrent pas pour but principal de rendre ces charmes qui parlent aux yeux beaucoup plus qu'à l'intelligence et ne s'adressent au cœur que pour le séduire et le troubler. Ils s'attachèrent à rendre des pensées graves et des sentiments purs et élevés. Peu à peu les idées religieuses, qui ont été et seront toujours la source la plus féconde d'inspirations pour les arts, s'étaient heureusement modifiées. Jupiter était devenu une puissance intelligente et morale (*). Minerve était la sagesse par excellence, l'intelligence divine, la pureté morale telle que les Grecs pouvaient la concevoir, une puissance capable du moins de soumettre à sa volonté la rébellion des sens; or, Minerve fut un des sujets que Phidias traita de préférence. Strabon nous apprend (**) que Panœnus, frère de Phidias, lui demandant où il avait puisé la conception de son Jupiter, le grand artiste avait répondu que, lisant un jour ces trois vers de l'*Iliade:*
« Il dit, et fit un signe de ses noirs sourcils; les cheveux sacrés s'agitèrent sur la tête immortelle du dieu, et il ébranla tout

(*) M. C. Levesque, II, p. 66 et suivantes.
(**) Strabon, VIII, p. 354.

l'Olympe (*); » il s'était senti ému jusqu'au fond de l'âme, et qu'aussitôt il avait cru voir devant ses yeux la face resplendissante de Jupiter lui-même. Cicéron dit dans son *Orator* : « Quand Phidias, ce grand artiste, faisait une statue de Jupiter ou de Minerve, il n'avait pas sous les yeux un modèle particulier dont il s'appliquait à copier la ressemblance ; mais au fond de son âme résidait un certain type accompli de la beauté sur laquelle il tenait ses regards attachés, pendant que sa main en exprimait les traits (**). » On conserve un buste en marbre de Jupiter, présumé à bon droit l'œuvre de Phidias. Même dans les reproductions qui en ont été faites par le moulage, on retrouve l'idée de cet incomparable type, tel qu'il dut être réalisé par l'immortel sculpteur, idéal pour l'âme et pour le corps. Toutes les formes sont larges et grandes, mais mesurées, pleines de suavité et de noblesse ; la chevelure abondante couronne le front sans le voiler, et retombe en boucles innombrables le long des joues et jusque sur les épaules ; au-dessous de ce vaste front que l'éternelle méditation semble avoir rendu plus proéminent vers le milieu, le regard profond se dérobe sous d'épais sourcils ; les narines sont gonflées par la fierté, et marquent aussi de la bienveillance ; la barbe s'écarte pour montrer un sourire de mansuétude et d'ineffable tendresse, et sur tous les traits semble s'épanouir la fleur la plus brillante d'une jeunesse impérissable.

(*) ῏Η, καὶ κυανέῃσιν ἐπ' ὀφρύσι νεῦσε Κρονίων.
Α᾽μβρόσιαι δ᾽ἄρα χαῖται ἐπερρώσαντο ἄνακτος
Κρατὸς ἀπ᾽ἀθανάτοιο· μέγαν δ᾽ἐλέλιξεν Ὄλυμπον.
CHANT I, v. 528.

(**) « Neque enim ille artifex (Phidias) cum faceret Jovis formam aut Minervæ, contemplabatur aliquem a quo similitudinem duceret ; sed ipsius in mente insidebat species pulchritudinis eximia quædam, quam intuens, in eaque defixus, ad illius similitudinem artem et manum dirigebat. » (ORATOR, II.)

Les Grecs recherchaient surtout la beauté physique; ils exprimaient de préférence les situations calmes de l'âme, et se gardaient de compromettre l'harmonie des formes par des sentiments exprimés avec trop de violence. Les passions trop ardentes, les mouvements impétueux, sous le ciseau du sculpteur, devenaient plus modérés, rentraient dans la mesure. Dans le *Laocoon*, par exemple, l'expression de l'extrême douleur est subordonnée à la beauté plastique. Mais aussi sur cette œuvre ajoutons cette observation : nous qui recherchons davantage les qualités de l'âme, nous ne pardonnons pas à ce père de paraître, dans sa souffrance, oublier complétement ses enfants ; il n'a pas pour eux un regard, pendant qu'ils sont déchirés par les plus cruelles morsures (*).

LA SCULPTURE AU MOYEN-AGE EN FRANCE.

La statuaire du moyen-âge fut essentiellement spiritualiste. Si nous considérons les premiers essais qu'elle nous présente dans la période romane, nous reconnaissons sans hésitation que ses moyens sont très-incomplets; les personnages manquent des proportions les plus indispensables; la tête est énorme, ou la taille d'une hauteur démesurée; les draperies sont traitées avec une raideur disgracieuse, et sans observation de la nature. Cependant le sculpteur, malgré l'insuffisance de ses ressources, parvient le plus souvent à nous faire comprendre son intention.

(*) Complétons ce trop rapide aperçu de l'art antique en citant quelques noms illustres : Polyclète d'Argos, Praxitèle, le plus célèbre sculpteur après Phidias, Lysippe de Sycione.

A Rome, sous l'empire, la statuaire ne fut qu'une dégénérescence de l'art grec. Avant d'étudier la Renaissance en Italie, considérons en France l'art du moyen-âge.

Il sait donner à ses figures une physionomie bien sentie de gravité, de sainteté, et si l'on ne recherche pas seulement la perfection des formes, mais l'expression, on peut encore s'intéresser à ces œuvres très-incorrectes, dans lesquelles la pensée est de beaucoup supérieure à l'exécution (*).

Les artistes du moyen-âge acquirent plus d'expérience en consultant davantage la nature; ils donnèrent plus d'élégance à la pose des personnages, plus de vérité aux draperies. Cependant l'expression de la pensée et du sentiment fut toujours leur première, pour ne pas dire leur unique préoccupation : les formes extérieures ne furent jamais pour eux que l'enveloppe de l'idée. La beauté matérielle eût été sacrifiée à la beauté invisible plutôt que de la faire oublier. L'honneur était surtout à l'âme, comme au maître du logis (**); le corps était même souvent amaigri; il recevait peu de mouvement, afin que l'attention se portât d'abord sur ces faces doucement inclinées qu'anime avec tant de charme une piété angélique (***). D'ailleurs ces saints et ces saintes, ces anges aux ailes déployées, n'ont point à porter les fardeaux qui courbent vers la terre, et plus de force physique leur semblerait inutile. Avec cette

(*) Nous aurons à faire la même remarque dans l'histoire de la peinture à l'époque des peintres primitifs.

(**) Hugues de Saint-Victor.

(***) Il est nécessaire d'ajouter que, parfois, le peu d'espace réservé à chacune des statues, contribua beaucoup à leur faire donner des poses plus raides, des tailles plus amaigries. Mais si le sculpteur, gêné par cette situation après l'avoir acceptée, en tire avantage, l'expression qu'il donne à ses personnages ne perd rien de sa valeur, et il a, de plus, le mérite d'avoir heureusement surmonté une difficulté. Le plus souvent aussi le sculpteur posait ses statues en toute liberté et sans aucune contrainte; il ne suivait dans ses procédés que le sentiment qui l'inspirait.

Du moins on aurait tort de prendre dans les défauts de la statuaire du moyen-âge un motif de condamnation contre le

taille plus élancée, le corps lui-même, à la suite de l'âme, paraît plus léger pour s'élever vers le ciel.

Nous admirons donc pleinement l'art qui remplissait si bien la mission à laquelle il était appelé: l'expression du sentiment religieux. Un critique très-autorisé ne craint pas de faire un rapprochement entre la perfection à laquelle l'art du moyen-âge s'était élevé et la perfection de l'art antique (*). Ces deux arts avaient suivi des voies très-différentes : ils ne se proposaient pas le même but, ils n'avaient pas à employer les mêmes moyens ; mais les lois de l'art sont invariables et la statuaire du moyen-âge, comme celle des Grecs, exprimait avec une grande vérité la beauté qu'elle devait manifester. « Si je disais que parmi les sculptures de notre moyen-âge, dit M. Vitet, celles qu'on peut sans crainte appeler des chefs-d'œuvre, vrais modèles de sentiment moral et d'onction religieuse, sont conçues et exécutées dans l'esprit de l'école de Phidias, j'aurais l'air de faire un paradoxe et pourtant je n'affirmerais que la chose du monde la plus facile à démontrer. Une madone du XIII° siècle, drapée et modelée naïvement par un habile imagier, qui n'a pas vu d'antiques, mais qui consulte la nature, tout en obéissant à la foi, ressemble plus à une statue de Phidias et en reproduit mieux les beautés essentielles qu'un marbre sculpté à Rome au temps des Antonins, par un savant et subtil praticien venu de Sicyone ou d'Athènes. » Parmi les belles sculptures du moyen-âge, il faut citer celles d'Amiens, de Chartres, de Reims.

système d'architecture ogivale ; il est en effet prouvé que les statues peuvent être très-convenablement installées dans les édifices de ce genre. Peut-être pourrait-on réclamer avec raison contre les groupes posés dans les voussures des portes et suspendus contre toutes les lois de l'équilibre. Il serait du reste facile de faire droit à cette réclamation en remplaçant ces groupes par des feuillages.

(*) M. Vitet, I, 38.

Les qualités délicates et précieuses de cette statuaire du XIII⁰ siècle, s'altèrent au XIV⁰ et au XVI⁰ siècle. La grâce n'est plus aussi naïve, la modestie de l'attitude n'est plus aussi sincère. Les sujets eux-mêmes sont modifiés : au lieu de ces physionomies constamment ferventes et sérieuses, l'art redescendu sur la terre y groupe de nombreux personnages appartenant à la nature vulgaire, et n'exprimant désormais que ses passions. « Les figures grotesques ou monstrueuses affectant quelques rapports avec celles que les ouvriers du XI⁰ siècle avaient souvent placées au toit des églises, comme types d'une nature abâtardie par le vice et le péché et qu'un goût plus épuré en avait ensuite bannies, reviennent s'y montrer, non plus cette fois dans un but moral ou purement plaisant, mais dans une intention railleuse et satirique, dirigée contre le culte et ses ministres (*). » Ces représentations ne furent pas cependant toujours conçues dans des intentions malveillantes. On voit des ânes encapuchonnés, des renards prêchant à des dindons ; mais on rencontre aussi des représentations de métiers, des renards jouant de la flûte, des lièvres jouant de la musette, et d'autres créations d'une imagination beaucoup plus joviale que maligne. Les pieuses compagnies d'imagiers étaient dissoutes, chaque artiste s'abandonnait à ses inspirations personnelles ; et les bizarreries que nous venons de signaler furent surtout le résultat du caprice et du laisser-aller, de l'absence de direction.

Quelques associations avaient survécu aux institutions du moyen-âge et conservèrent plus longtemps la pureté et la sévérité des inspirations premières. Michel Colomb, de la société des Lamballais, répandue dans toute la Bretagne, et spécialement dans le pays de Léon, sculpta le mausolée de François II et de Marguerite de Foix, actuellement placé dans la cathédrale de Nantes. Ce monument que Châteaubriand ne craignait pas d'appeler le chef-d'œuvre de l'art catholique en

(*) Instruction du comité des arts.

France, semblerait assez à la hauteur de cet éloge (*). Cette œuvre en effet prend une place à part dans l'histoire de l'art, elle nous montre, dans la conception, les pensées sérieuses, les convictions profondes, toute la ferveur et la simplicité du moyen-âge, et, dans l'exécution, la perfection des formes de la Renaissance (**). Le tombeau du cardinal d'Amboise, dans la cathédrale de Rouen, commencé en 1515 et exécuté aussi par des sculpteurs français, sous la direction de Rouland le Roux, maître maçon de la cathédrale, étale plus de richesse, mais il a moins de valeur réelle. Le travail de Michel Colomb était achevé en 1507.

A la fin du XV° et au commencement du XVI° siècle, d'autres œuvres d'un grand intérêt furent exécutées par des artistes français. Citons dans l'église de Brou, dont André Colomban et Philippe de Chartres, architectes et sculpteurs, dirigeaient les travaux, la sépulture de Marguerite de Bourbon et celle de Philibert de Savoie. Sur le tombeau, on voit le prince avec

---

(*)- P. Chevalier. *Nantes et la Loire-Inférieure.*

(**) On ne remarque point dans cette œuvre les souvenirs du paganisme, des emblèmes de désolation, des génies qui pleurent et se cachent le visage en éteignant un flambeau, la mort avec ses traits horribles. Les princes, revêtus des insignes de leur puissance et les mains jointes, semblent endormis du sommeil le plus calme. Les vertus qu'ils ont pratiquées pendant leur vie, les saints qu'ils avaient pour patrons, les apôtres, ces colonnes de l'Église, dont ils ont été, eux aussi, les fidèles serviteurs, tout ce cortége imposant se range autour de la couche, glorieuse plutôt que funèbre, des deux défunts; c'est une garde qui doit les conduire aux splendeurs immortelles. Sur la partie inférieure du monument, des figures de cénobites dans le deuil et la méditation demandent le bonheur du ciel pour ceux qui furent leurs généreux bienfaiteurs. Trois anges dominant le mausolée semblent attendre le réveil qui associera à leur félicité ceux dont ils protégent la dépouille avec les regards de la plus tendre sollicitude.

tous les insignes de son rang ; au-dessous, dans un sarcophage percé d'arcades, il est représenté, non-seulement dépouillé de tout attribut, mais sans voile. Le sculpteur a voulu sans doute nous faire réfléchir par cette opposition : auprès du prince puissant il nous montre l'homme, tel qu'il doit apparaître devant Dieu, n'ayant avec lui que ses fautes et ses vertus ; mais pour nous donner une leçon austère, il nous offre une image peut-être par trop lugubre, trop affligeante pour le regard et l'on pourrait dire choquante. Les idées réalisées dans le tombeau de François II, par Michel Colomb, nous donnent un enseignement aussi utile, mais elles restent dans les limites d'une douce mélancolie, elles sont suaves et poétiques. La disposition du tombeau de Philibert de Savoie a été renouvelée avec quelques variantes dans le remarquable tombeau de Louis XII et d'Anne

C'est bien ainsi que l'image de la mort doit apparaître aux chrétiens ; ils versent des larmes, mais non pas comme ceux qui pleurent sans espérance. Michel Colomb fait briller à nos regards l'aurore de la résurrection au-dessus des souvenirs du trépas, et de plus, en donnant aux princes le cortége de vertus qui doit leur assurer la récompense éternelle, il nous adresse une salutaire leçon et un encouragement. La mise en œuvre de cette conception est parfaitement d'accord avec ces pensées si grandes, si religieuses ; les poses sont graves, les draperies sévères, les physionomies méditatives et pleines d'expression, les costumes étudiés avec le plus grand soin ; les détails que nous ne pouvons décrire sont exécutés avec une habileté, une délicatesse qu'on ne se lasse pas d'admirer ; les grandes statues d'angles sont spécialement belles. Longtemps on avait cru que Michel Colomb était originaire de Saint-Paul-de-Léon. Il paraît désormais prouvé qu'il naquit à Tours vers 1431 ; des détails trouvés dans les registres de cette ville ne permettent plus d'en douter. Jean Breche, jurisconsulte de Tours, écrivait en 1552 : « Entre les statuaires et les modeleurs que notre ville a vu naître est Michel Colomb, que nul certainement n'a surpassé, *quo certè alter non fuit præstantior.* » Michel Colomb mourut après 1512.

de Bretagne, sculpté par Jean Juste de Tours, et dans celui encore plus célèbre de François Ier. A la même époque, Jean Texier exécutait les belles sculptures qui décorent le pourtour du chœur de la cathédrale de Chartres, où l'on remarque de gracieuses arabesques et de nombreux bas-reliefs représentant une série de faits tirés des saints Évangiles. Avant de considérer la Renaissance, nous devions citer ces œuvres de Michel Colomb, d'André Colomban, de Philippe de Chartres, de Jean Juste et de Jean Texier, dont la gloire appartient tout entière à la France. Les noms de Jean Goujon et de Germain Pilon appartiennent à la période de la Renaissance pendant laquelle se fit sentir l'influence italienne.

RENAISSANCE.

La statuaire du moyen-âge, pour laquelle nous avons professé l'admiration la plus sincère, ne devait pas rester stationnaire; nous pouvons dire, sans affaiblir les éloges donnés précédemment, sans modifier nos appréciations, qu'elle devait progresser. Elle exprimait avec une grande onction le recueillement et la piété; mais elle s'aidait aussi considérablement de ressources pour ainsi dire matérielles, indiquant souvent des idées par des attributs. Pour exprimer le sentiment avec plus d'intensité, elle ne restait pas assez dans les données de la nature; sans doute nous savons pour quel motif elle admettait et recherchait ces irrégularités, et nous ne lui en savons pas mauvais gré, nous reconnaissons l'utilité, la nécessité de l'interprétation; mais il ne faut pas oublier aussi que la statuaire, encore plus que la peinture, doit respecter la beauté plastique (*).

(*) « L'homme beau par excellence serait celui qui aurait toutes les beautés de l'âme, et en outre le corps le plus apte

L'art chrétien, plus qu'aucun autre, se donne pour mission de traduire les qualités les plus élevées de l'intelligence et du cœur, et les formes dont il se servira ne seront jamais trop choisies, trop pures, trop expressives. La statuaire est moins apte que la peinture à rendre les aspirations de l'âme, les nuances délicates de la pensée et du sentiment; mais des formes plus correctes et plus souples permettront de lutter avec plus d'avantage contre la difficulté. L'art chrétien, l'art moderne auraient atteint, ce semble, la plus haute perfection à laquelle ils puissent aspirer, si, pour traduire la beauté de l'âme régénérée par le christianisme, ils employaient des formes aussi irréprochables que celles dont se servirent les Grecs pour exprimer la beauté de l'âme telle qu'ils la comprenaient.

L'art du moyen-âge était dans le sentier qu'il devait parcourir, mais il pouvait y progresser. Pour cela il devait étudier la nature. Il ne lui était pas indispensable de consulter l'antiquité; mais comment n'aurait-il pas eu la tentation de chercher des leçons près de ces grands artistes qui avaient si bien compris, si bien interprété la nature! les conseils qu'il en recevrait pourraient abréger des recherches si longues et si laborieuses! Ne semble-t-il pas que le moyen-âge pût encore justifier par les motifs les plus louables, cette entrée en relation avec l'antiquité?

Le monde païen avait trop idolâtré la beauté humaine, il l'avait déifiée, s'en était servi contre Dieu; dans les temps chrétiens, cette même beauté devait être purifiée, sanctifiée. Après avoir trop exprimé les passions et les charmes de la

à les exprimer toutes. » (M. C. Levesque, *Science du beau*, I, 308.)

Dans l'art comme dans la nature, il faut que la beauté invisible nous soit révélée par des formes sensibles, et plus la manifestation sera complète, plus l'art aura atteint son but. Si l'art du moyen-âge, conservant ses convictions et sa ferveur, eût exprimé ses pensées avec des procédés plus savants, il se serait élevé à une perfection plus haute.

chair qui en sont l'amorce, elle était appelée à traduire les plus chastes aspirations et les doctrines sublimes apportées par Jésus-Christ pour régénérer l'humanité. L'art chrétien demandait donc au paganisme de restituer, pour la glorification de Dieu, ce don profané. Ne s'était-il pas servi souvent, pour la décoration de ses basiliques, d'ornements enlevés aux temples païens renversés ? Ici il ne s'agit plus d'un débris mutilé, mais de la beauté de l'homme, que le Verbe de Dieu lui-même associa à sa nature divine, de cette beauté illuminée par les splendeurs de la foi nouvelle, rehaussée par la pratique des plus pures vertus ? N'était-ce pas comme un glorieux trophée, que la religion dût ambitionner de placer dans ses temples, pour attester sa victoire sur les égarements passés ?

L'art moderne interrogea donc l'antiquité ; malheureusement il reçut de ce commerce utile, mais dangereux, la plus funeste influence. Il se familiarisa avec les souvenirs du paganisme, et leur emprunta non-seulement des procédés, mais des idées qu'il aurait dû dédaigner. Le christianisme, au sein duquel il était né, lui offrait dans ses annales les plus beaux sujets à exploiter ; après la religion, la patrie lui demandait de célébrer ses gloires, et de fixer devant les regards de la postérité ceux qui avaient acquis des droits à la reconnaissance publique. Et délaissant ces sources inépuisables d'inspiration, il se dépensa le plus souvent à faire revivre les souvenirs vieillis de Rome et d'Athènes, des idées mythologiques vides de sens pour ceux qui se sont inclinés devant la croix.

Égaré dans ses voies, l'art moderne non-seulement dédaigna les sujets qu'il devait traiter avec plus de prédilection, mais ébloui par les perfections de l'art antique, épris de sa beauté, il prétendit faire de ses ressources et de ses formes la plus fausse application. Sans les modifier, il voulut les employer à exprimer des idées chrétiennes. Erreur à jamais déplorable ! Combien de fois n'a-t-on pas vu, dans nos églises, des sujets religieux traités d'une façon toute païenne, manquant de la vérité la plus indispensable; des représentations qui semblent être une injure à la sainteté du sanctuaire, dont elles devraient être l'ornement.

Les peintres eux aussi consultèrent l'antiquité, et ne recueillirent pas seulement des avantages de cette étude. Moins que les sculpteurs cependant, ils furent portés à reproduire, sans les transformer, les modèles païens, et l'art de la peinture fut atteint dans ses forces vitales moins profondément que celui de la sculpture.

L'Italie, la première, était revenue à l'étude de l'antiquité, dont elle possédait les trésors. La France, qui oubliait les traditions du moyen-âge, suivit cette impulsion avec empressement. Cependant il ne faut pas croire que ce fleuve qui répandait ses eaux sur l'Italie et sur la France se resserra subitement dans le lit que lui tracèrent les Médicis en Italie, et en France l'école de Fontainebleau sous François Ier. Le génie italien et surtout le génie français conservèrent leur caractère, et nous avons à considérer, en Italie et en France, des œuvres nombreuses dignes de fixer toute notre attention.

LA RENAISSANCE EN ITALIE.

Citons d'abord **Nicolas de Pise** (à peu près de 1200 à 1270). Il fut également célèbre comme sculpteur et comme architecte. La ville de Pise avait eu de fréquentes relations avec l'Orient, et après ses victoires dans le Péloponèse, elle s'était enrichie d'un grand nombre de débris de l'art antique. Nicolas se forma en étudiant les trophées que sa ville natale montrait avec orgueil. Il se rendit célèbre par ses travaux à la cathédrale d'Orvietto. Jean, son fils, fut comme lui architecte et sculpteur, et donna les plans du Campo Santo.

André de Pise (1270-1345) exécuta, avec une habileté que n'avaient point montrée ses devanciers, une des portes du baptistère de Florence.

Parurent ensuite Jacoba della Quercia, qui sut poser les figures avec une grâce inconnue jusqu'alors; Orcagna (1329-1389), lequel, architecte, sculpteur et peintre, exécuta un magnifique autel pour l'église de San-Michele, à Florence. La sculpture et la peinture cultivées par les mêmes artistes suivaient à peu près la même marche, et ces notions insuffisantes se complèteront d'elles-mêmes par celles qui seront données sur la peinture.

Les progrès de la sculpture furent rapides dans la période ouverte par les noms célèbres de Ghiberti et de Donatello. **Ghiberti** (1378-1455) s'illustra surtout par la sculpture des portes du baptistère de Florence; elles sont si belles que Michel-Ange les proclamait dignes d'orner l'entrée du Paradis (*). Dans la composition de ces bas-reliefs, dont les sujets étaient tirés du Nouveau Testament, il plaça des personnages sur des plans successifs; les bas-reliefs antiques, ceux du Parthénon par exemple, ne présentent des personnages que sur un seul plan; il est à croire que Ghiberti, s'il avait connu ces grands exemples, aurait

---

(*) Le travail d'une première porte avait été confié à Ghiberti après un concours public auquel avaient été conviés les artistes les plus célèbres de l'Italie. Sept des plus renommés avaient été admis à concourir : Jacobo, Nicolo, Simone, Francesco, Brunelleschi, Donatello, âgé de dix-huit ans; Ghiberti, âgé de vingt-deux ans; ils étaient indemnisés pour une année de travail. Le sujet à traiter était le *Sacrifice d'Isaac*. L'année expirée, trente-quatre experts furent appelés à juger; chacun devait motiver à haute voix son opinion sur les œuvres exposées aux regards du public. D'abord, les ouvrages de Brunelleschi, de Donatello et de Ghiberti sont mis au-dessus des autres; mais frappés de la supériorité de leur rival, Brunelleschi et Donatello se retirent un instant à l'écart, s'interrogent réciproquement; tous deux sont assez justes pour se confesser vaincus, et assez grands pour déclarer publiquement

préféré les imiter. Ghiberti fit plusieurs statues, où l'on remarque la grandeur du style et la belle disposition des draperies.

Donatello (1383-1466) fut en faveur près des Médicis ; admirateur de l'antiquité, il s'attacha presque exclusivement à l'étude de la forme ; il avait considéré attentivement comment les passions se traduisent dans les traits de la physionomie ; il sut donner à la pose de ses personnages de la justesse et du mouvement, à leur expression une grande vérité ; mais trop préoccupé de l'exacte imitation de la nature, il oublia que la beauté est la première condition de l'art, et tomba non-seulement dans le naturalisme, mais dans le réalisme.

Vinrent ensuite Antoine et Bernard Rosellini, dont les œuvres élégantes et faciles sont répandues dans toute l'Italie.

Lucca della Robbia se rendit célèbre au XV° siècle par ses bas-reliefs en terre cuite, recouverts de l'émail à base d'étain dont il avait trouvé le secret. Il encadrait de guirlandes de fruits et de fleurs ses figures de saints et de saintes, ses madones ; les revêtait de riches nuances, qui prenaient par l'émail cet éclat transparent et lumineux que ne ternit pas même la poussière du temps. Lucca della Robbia avait écrit, dit-on, la recette de son procédé sur un parchemin qu'il avait caché dans la tête de l'une de ses vierges, défiant en quelque sorte l'avenir de porter la main sur le chef-d'œuvre auquel il confiait son précieux dépôt. Mais ses frères et ses neveux, héritiers légitimes de sa découverte et de son génie, produisirent bientôt des œuvres de ce genre dans toute l'Italie. — Verrochio (1422-1488), dont nous retrouverons le nom dans l'histoire de la pein-

leur opinion. Le jugement fut confirmé au milieu des applaudissements de l'assemblée.

Quand, après vingt ans, cette première porte fut achevée, Ghiberti en commença une seconde plus riche encore, pour remplacer celle d'André de Pise, qui fut transportée d'un autre côté. Il se surpassa lui-même dans ce nouveau travail, qui ne dura pas moins de dix-huit ans. (Émeric David, *Vie des artistes*, p. 158.)

ture, se distingua dans la sculpture; ses deux œuvres les plus importantes furent la statue équestre de Bartolomeo Colleoni, pour Venise, et le beau groupe de saint Thomas touchant la plaie du Christ, dans l'église de San-Michele, à Florence.

Enfin parut **Michel-Ange**, dont nous apprécierons ici quelques œuvres, nous réservant de donner des détails sur sa vie dans l'histoire de la peinture, lorsque nous parlerons de Léonard de Vinci et de Raphaël. Michel-Ange, travailleur infatigable, sut, mieux qu'aucun autre ne l'a jamais fait après lui, assouplir le marbre à sa volonté énergique. Il avait compris de bonne heure que le but de la sculpture est d'offrir du corps humain, ce chef-d'œuvre du Créateur, une image parfaite et douée de la vie, et que dans cet art la science anatomique est une des ressources les plus indispensables et les plus fécondes. Aussi il acquit cette science à un degré tel, que non-seulement il laissa bien loin derrière lui tous ses devanciers, mais qu'aucun de ceux qui l'ont suivi, même après avoir profité de ses leçons, ne peut lui être comparé. Peut-être quelquefois, comme nous le verrons dans son Moïse, il est tombé dans des exagérations de formes; mais il excella à exprimer le caractère et la pensée; il posséda au plus haut degré cette suprême puissance d'animer le marbre que d'autres savent polir, arrondir, sans jamais lui communiquer la vie.

Les œuvres les plus remarquables de Michel-Ange dans la sculpture, sont: le Cupidon endormi (*), la statue colossale de David, à Florence; une statue de Jules II, à Bologne; le Christ embrassant la croix, sculpture admirable que l'on voit dans l'église de la Minerve, à Rome; Notre-Dame-de-Pitié,

---

(*) Michel-Ange, âgé de vingt ans, après avoir achevé cette statue, lui enleva un bras, la cacha dans un endroit où l'on pratiquait des fouilles, et, après que les connaisseurs eurent prononcé que l'œuvre était une antique remarquable, il prouva, en rapprochant le bras coupé, qu'elle était de lui.

groupe de la plus grande beauté, dans lequel Michel-Ange montra que s'il savait animer le marbre, il pouvait aussi lui faire exprimer le calme de la mort. Le corps du Sauveur, reposant avec abandon sur les genoux de sa mère, est bien privé de la vie, cependant il est sans raideur désagréable, et ses formes sont d'une élégance parfaite; c'est ainsi que toujours devrait être présentée à la vénération des fidèles l'image de celui qui fut le plus beau des enfants des hommes, et mourut crucifié, mais sur lequel la mort ne devait point avoir d'empire.

Michel-Ange avait dessiné le mausolée de Jules II, dans le plan duquel entraient quarante statues; six seulement ont été exécutées, parmi lesquelles deux figures d'esclaves et le Moïse, la plus célèbre de toutes. Cette œuvre, comme plusieurs autres du même artiste, a soulevé des discussions très-ardentes; il est possible, sans doute, de reconnaître dans ces productions, admirées avec enthousiasme par les uns, blâmées par d'autres avec une grande rigueur, des qualités et des défauts qui donnent lieu à ces appréciations si différentes, selon le point de vue auquel chacun se place. Celui qui considère le Moïse de Michel-Ange, doit convenir tout d'abord que cette statue est remarquable par un caractère de grandeur et d'originalité qui impressionne dès le premier instant. Michel-Ange lisait assidûment la Bible, et, dans ses rêveries solitaires, il avait entrevu cette grande figure de Moïse, sur laquelle Dieu avait imprimé un reflet de sa majesté; celui qui, à travers tant d'obstacles, avait conduit le peuple hébreu jusqu'à la Terre Promise. Oui, cette image que Michel-Ange a conçue dans son imagination et qu'il veut mettre sous nos yeux, est bien celle du confident de Jehovah; et pour réaliser sa pensée, il sent le besoin de recourir à des moyens exceptionnels. De cette grandeur de conception et de la préoccupation de l'artiste à réaliser sa pensée, résultèrent les qualités supérieures et les défauts de son œuvre. Les formes du visage de Moïse semblent s'agiter, mais elles dépassent aussi les limites du type humain; la barbe ruisselle en flots abondants du menton jusque sur les genoux, et s'enroule sur la main droite; tout dans cette physionomie est inusité, sort des limites ordinaires. Si devant cette statue quelques-uns ne sont pas gagnés, si d'autres sont saisis d'étonnement encore plus que d'admiration, n'est-ce pas précisément parce que Michel-Ange a voulu recourir à des moyens que n'autorisent pas les lois de la plastique? Pour rendre l'idéal de sa pensée, il a voulu développer les formes matérielles; mais ce développement, ne saurait réaliser une pareille expression, et il peut produire la difformité. Des moyens plus contenus, des formes plus mesurées, sont seules dans les conditions de la statuaire. Phidias ne l'ignorait pas; il fit la statue de son Jupiter colossale pour la rendre plus majestueuse, mais en augmentant régulièrement les proportions il conserva la correction des détails (*). Le grand caractère de Moïse se retrouve donc dans l'œuvre de Michel-Ange, mais à l'état de puissante intention; ceux qui comprennent cette intention admirent; ceux qui ne voient que l'exagération des formes restent froids ou mécontents. En se permettant de chercher des défauts dans de pareils chefs-d'œuvre, ne peut-on pas appliquer au grand sculpteur ce que Voltaire osa dire du premier des poètes :

> Plein de beautés et de défauts,
> Le vieil Homère a mon estime;
> Il est, comme tous ses héros,
> Trop souvent outré, mais sublime.

Michel-Ange fut un des génies les plus puissants des temps modernes; il eut une influence immense qui ne fut pas toujours heureuse. Il contribua plus qu'aucun autre à développer les tendances fâcheuses que nous avons signalées. Dans ses sculptures et dans ses peintures il avait su traiter avec une incomparable ha-

(*) M. C. Levesque, II, p. 92.

bileté, le corps humain dans toute sa beauté, lui avait donné plus de mouvement et de vie qu'il n'en avait dans la statuaire antique. Un grand nombre d'artistes voulurent marcher sur ses traces ; ils ne s'élevèrent point à la hauteur des œuvres qu'ils avaient la prétention d'imiter. Souvent ils profanèrent les sujets chrétiens, traitèrent sans vérité et en blessant les convenances les sujets empruntés à l'histoire profane ; choisirent mal à propos des sujets mythologiques qui leur laissaient plus de liberté. Ajoutons que le reproche doit être adressé bien plus à ceux qui voulurent imiter Michel-Ange qu'à ce grand artiste ; de même qu'il ne faut pas attribuer à Raphaël le tort de ceux qui compromirent, en voulant les reproduire, les qualités d'élégance et de suavité de ce prince des artistes.

LA RENAISSANCE EN FRANCE.

Rosso arrivait en France en 1530, le Primatice en 1531, Paul-Ponce Trebati à peu près à la même époque. C'est alors surtout que se fit sentir l'influence italienne. Rappelons en peu de mots les œuvres les plus importantes et les noms les plus célèbres.

XVIᵉ SIÈCLE.

Jean Goujon (1512-1572) fut le plus célèbre des sculpteurs français. Il n'étudia pas à Fontainebleau, et cependant on reconnaît avec évidence par l'examen de ses travaux qu'il s'était fait le disciple de l'école florentine. On lui attribue sans preuves suffisantes les portes de Saint-Maclou, à Rouen, et différentes sculptures du château d'Écouen. Il exécuta une Diane pour le château d'Anet ; les Saisons et d'autres sujets pour l'hôtel Carnavalet ; les cariatides de la salle des Cent-Suisses, au Louvre ; les nymphes de la fontaine des Innocents.

M. C. Levesque s'exprime ainsi sur les cariatides (*) : « Ce sont bien là les femmes robustes que réclame l'architecture, inébranlables comme les colonnes, qu'elles ne remplacent bien qu'à la condition d'en égaler la solidité, en même temps qu'elles les surpassent en grâce. Fermes sur leurs jambes, fortes et souples sur leurs pieds de déesses, sérieuses mais non stupides, immobiles mais non inertes, dans le plein épanouissement d'une jeunesse florissante et vigoureuse, ces cariatides sont une des plus merveilleuses productions de la Renaissance. » Il est vrai que leurs bras sont coupés à tort au-dessus du coude ; leurs têtes trop individualisées n'ont pas un caractère assez monumental, et ne conviennent pas à de tels corps ; leurs traits se rapprochent de ce genre de beauté qu'on nomme le *joli*, et un joli visage messied à des colosses ; cependant « ces cariatides sont les plus belles qui aient jamais été faites après celles de l'*Erectheium* (**). » Jean Goujon se rapproche davantage encore de la perfection antique, sans y toucher encore, dans ses nymphes de la fontaine des Innocents. « Bien que modelées avec le plus faible relief, mais avec une finesse et une précision surprenantes, elles déploient dans leur étroit cadre de pierre les grâces les plus délicates et les plus suaves. Un seul mot suffit pour les caractériser : elles sont l'idéal de la grâce (***). »

Germain Pilon (à peu près de 1515 à 1590) fut le rival de Jean Goujon, mais en lui restant très-inférieur. Il étudia sous la direction de son père, Germain Pilon, auquel on attribue un des groupes de la chapelle des Bénédictins de Solesme : la Mise au Tombeau. Germain Pilon eut le talent de varier sa manière selon les sujets qu'il traitait. Il exécuta les statues du tombeau de Henri II avec les bas-reliefs, la Foi, l'Espérance

---

(*) *Science du beau*, II, p. 93.

(**) *Science du beau*, II, p. 94. — Gustave Planche est du même avis à ce sujet.

(***) Gustave Planche, *Portraits d'artiste*, p. 170.

et la Charité, et les Bonnes Œuvres; le mausolée du chancelier de Birague. Il avait aussi travaillé à celui de François Ier, et produit un groupe des trois Grâces.

Rappelons les noms de Barthélemy Prieur, François Gentil, Jacques Bachot de Troyes, Richier, auquel on doit le groupe composé de onze figures représentant l'Ensevelissement du Sauveur, et placé dans l'église de Saint-Mihiel. « Des formes nobles, dit Emeric David, une expression vive, distinguent ce monument. De toutes les personnes qui l'ont vu, il n'en est aucune qui n'en parle avec enthousiasme (*). » Richier avait étudié en Italie sous la direction de Michel-Ange. Nicolas Bachelier de Toulouse fut « un de ces maîtres, fort nombreux de son temps, qui vivaient modestement dans leur province, contents d'y exécuter les sculptures des autels et celles des mausolées (**). »

Cependant l'art de la sculpture s'affaiblissait; la plupart des imitateurs de Michel-Ange ne faisaient plus qu'interpréter le genre de ce maître avec sécheresse et froideur. Le règne agité de Henri IV avait été peu favorable aux arts; les troubles de la minorité de Louis XIII firent diminuer encore très-rapidement le nombre des artistes. « Il y eut un moment où les statuaires avaient presque entièrement disparu, du moins à Paris. L'art statuaire, après s'être égaré, semblait près de s'anéantir (***). »

XVIIe SIÈCLE.

Deux artistes partis jeunes pour l'Italie, **Simon Guillain** (1581-1658), **Jacques Sarrazin** (1590-1660), acquirent une grande réputation après leur retour en France, et eurent une grande influence sur l'art du XVIIe siècle. Sans doute nous

---

(*) Emeric David, *Hist. de la Sculpture*, p. 176.
(**) Même ouv., p. 179.
(***) Même ouv., p. 183.

retrouvons souvent dans les productions de cette époque la mauvaise influence des idées païennes. L'art religieux surtout, avec plus d'habileté dans les procédés, est bien éloigné de la pureté et de l'élévation de sentiment que nous avons admirées au XIII° siècle. Cependant si nous prenons l'art du XVII° siècle dans son ensemble, nous devons reconnaître qu'il se distingue par des qualités éminentes. « Le caractère du grand siècle y manifeste toute sa noblesse. Son école de sculpture ne s'est pas préservée de quelque pesanteur dans les contours; elle présente aussi en général une imitation assez exacte du vrai, un juste ménagement des convenances, de la fécondité dans les compositions, de la dignité dans le style, de la chaleur dans l'expression. Au mérite d'élever l'esprit, elle associe au plus haut degré celui de toucher le cœur. Le sentiment a dirigé ses créations de concert avec la raison; et si enfin quelques traits paraissent communs aux principaux maîtres dont elle s'honore, il faut aussi reconnaître qu'il existe entre eux des différences très-marquées, où s'est imprimé le sceau d'un génie indépendant, original, quelquefois sublime (*). »

Simon Guillain et Jacques Sarrazin avaient étudié les œuvres de Michel-Ange; mais chacun d'eux modifia le style de ce maître selon ses dispositions naturelles. Guillain demeura plus ferme, plus large, plus grandiose. La plupart de ses œuvres ont été détruites pendant la Révolution. Jacques Sarrazin fut plus animé, plus gracieux. Il exécuta les quatre anges du maître-autel de Saint-Nicolas-des-Champs, à Paris; le mausolée du cardinal de Bérulle et celui de Henri de Bourbon. Dans ce dernier on voyait la Religion, la Justice, la Piété, la Force, et quatorze bas-reliefs dont les sujets étaient les triomphes de la Renommée, du Temps, de la Mort... Il a fait au Louvre les huit cariatides du pavillon de l'Horloge, œuvre très-intéressante, bien qu'elle ne soit pas sans défaut. « Elles sont char-

---

(*) Emeric David, *Hist. de la Sculpt.*, p. 252.

mantes, dit M. Charles Levesque (*); mais, évidemment, elles ont oublié qu'elles sont de pierre : les mains fraternellement enlacées, elles se regardent, elles causent; bien plus, elles s'agitent, elles marchent ; encore un pas de plus, et celle qui est à l'angle, à la gauche du spectateur, aura soustrait son front au poids de l'architecture et laissé tomber son fardeau. » Ces figures sont moins bien dans leur rôle que celles de Jean Goujon.

Guillain avait formé les deux Augier. De l'atelier de François Augier sortit Girardon, qui instruisit Slodtz et Robert le Lorrain. Sarrazin eut pour disciples Gilles Guérin et Lerambert; celui-ci forma Coysevox, qui eut à son tour pour élèves Nicolas Coustou, Jean et Louis Le Moyne. Parmi les œuvres nombreuses de ces artistes, citons : de Girardon, le tombeau du cardinal de Richelieu, dessiné par Lebrun; de Coysevox, le monument de Colbert, dessiné par le même artiste; de Coustou, le groupe du vœu de Louis XIII; de Bouchardon, élève de Coustou, le Christ, les huit apôtres.

Loin des ateliers de la capitale, après avoir travaillé à des proues de navires dans les chantiers de Marseille et fait un voyage en Italie sans autre ressource que son travail, **Pierre Puget** (1622-1694) acquit une telle habileté dans les trois arts du dessin, qu'il mérita le nom de Michel-Ange français. En architecture, il avait le sentiment du grandiose; dans la peinture, il composait avec sagesse, et parfois arriva à un excellent coloris. Mais c'est à la sculpture surtout qu'il doit sa réputation. Son œuvre la plus remarquable est le Milon de Crotone. D'après la tradition, cet athlète ayant voulu briser de ses mains un chêne à moitié fendu par la foudre, demeura pris par le tronc qui se referma, et fut dévoré par des loups. Puget nous le montre déchiré par un lion. « Ah ! le pauvre homme, » s'était écriée la reine Marie-Thérèse, quand le groupe fut ex-

(*) Ouv. cit., II, 94.

posé pour la première fois à Versailles. Ce cri sympathique nous dit avec quelle vérité le sculpteur a rendu cette lutte terrible entre une bête furieuse et Milon, pris au piége de son orgueil. L'athlète nous apparaît avec toute sa puissance, mais il ne peut éviter de succomber. Par un effort désespéré, il essaie de dégager sa main retenue dans le tronc du chêne comme dans un étau, et de l'autre il repousse l'ennemi, qui déjà le déchire de ses griffes et de ses dents. Tout le corps de Milon souffre, tous ses muscles sont tendus, ses jambes se raidissent, ses pieds sont crispés, tous ses membres expriment à la fois la vie la plus abondante et la douleur la plus aiguë. Ses formes sont dessinées avec élégance et vigueur; la poitrine nous montre surtout la nature interprétée avec hardiesse et liberté, et rappelle les plus belles œuvres de l'antiquité (*). Le lion lui-même est superbe. « On en fera de plus semblable à ceux que nourrit le désert, mais on n'en modèlera jamais de plus terrible, de plus féroce, de plus acharné sur sa proie (**). » La tête de Milon seule est trop vulgaire; les traits d'un athlète peuvent manquer de distinction, mais ils ne doivent pas descendre jusqu'à la laideur et la trivialité. Le groupe n'est beau à voir que d'un seul côté. Malgré ces défauts, le Milon est considéré comme un des chefs-d'œuvre de la sculpture française. Puget exécuta encore un Hercule, Persée délivrant Andromède, Alexandre et Diogène, la peste de Milan. Il avait sculpté en Italie les statues de saint Sébastien et saint Philippe de Néri, et deux fois le groupe de l'Assomption.

XVIII° SIÈCLE.

A l'époque de Louis XV le goût était corrompu; la sculpture, comme la peinture, entra dans la voie la plus fausse; il n'y

(*) M. C. Levesque, 97.
(**) Même auteur, p. 97.

eut plus de simplicité, de vérité ; la nature fut réputée pauvre, l'antique froid et sans caractère. On prétendit tout créer, même la forme : l'esprit le plus pesant affectait de la fougue, de l'inspiration et de l'enthousiasme. La recherche fut prise pour de la grâce, la raideur pour de l'énergie. Des sentiments outrés, des attitudes maniérées, des membres contournés, des draperies pesantes et entortillées : tel fut le sublime de l'art. Les défauts produits par un tel aveuglement devenaient plus choquants dans la sculpture par l'isolement et l'immobilité du marbre.

Pendant le règne de Louis XVI, la sculpture comme la peinture reprirent une direction plus sage. Ne disons rien de Pigalle, Falconnet, Allegrain, Houdon et Caffieri, qui ont été diversement jugés.

« Pierre Julien fut un de ces hommes qui passent longtemps pour manquer de génie, parce qu'ils sont simples dans leurs manières, modestes dans leurs discours, timides dans leurs espérances, mais qu'une sensibilité profonde agite, qui s'obstinent dans leurs efforts et recherchent la perfection, par un besoin non de l'ambition ou de l'amour-propre, mais du goût naturel et en quelque sorte du cœur (*). » Ce sculpteur ne remonta point aux traditions de l'art antique, mais il sut du moins unir la grâce à la vérité. Citons sa statue de Lafontaine, dans laquelle il sut faire paraître la naïveté si sensée du fabuliste ; la statue de Poussin.

Boizot, Stouf, Delaistre, essayèrent de nouveaux progrès. Au naturel ils tentèrent d'ajouter la noblesse et la sévérité de l'antique, mais leurs efforts n'eurent que des résultats peu sensibles. La sculpture est plus lente dans sa marche que la peinture.

Dans la dernière période du XVIIIe siècle se distinguèrent Moitte, Roland, Chaudet, Beauvallet, Lemot, Bosio, Dupaty;

(*) Emeric David, *Hist. de la Sculpt.*, p. 201.

Cartellier, dont nous ne pouvons énumérer les œuvres. Ces artistes empruntaient leurs sujets quelquefois à notre histoire, le plus souvent à la fable.

Terminons cette histoire de la sculpture en citant deux artistes du XIX° siècle, dont les œuvres furent d'un caractère bien différent, Pradier et David d'Angers.

XIX° SIÈCLE.

Pradier (1790-1852) se borna dans ses œuvres à faire revivre les souvenirs de l'antiquité. Bacchantes, Satyres, Vénus, Sapho, Flore, Printemps et d'autres personnages mythologiques, tels furent les sujets qu'il traita. Cette énumération suffit à montrer comment l'influence païenne, qui intervint à la Renaissance, s'est prolongée jusqu'à notre époque. Laissons un critique habile à discuter les beautés de l'art, Gustave Planche, apprécier le mérite d'exécution des œuvres de Pradier. D'après cet écrivain, Pradier était d'une habileté de main exceptionnelle, mais il négligeait absolument l'invention; il faisait au passé des emprunts qu'il était facile de reconnaître, et quand il essayait de greffer la nature sur l'antique, l'imitation de la réalité, loin d'ajouter à cette œuvre un prix nouveau, en troublait l'harmonie. Pradier dédaigna même la réflexion, et il en est résulté qu'il n'a jamais su faire un portrait; si l'œil en effet peut constater la forme du corps, il faut absolument que la réflexion intervienne pour donner au visage l'expression qui lui convient. Gustave Planche termine par ces mots : « Je ne voudrais le comparer ni à l'auteur des cariatides, ni à l'auteur du Milon; car Jean Goujon et Puget ont exprimé des pensées personnelles; mais Pradier, pour l'exécution, peut lutter avec ces deux artistes éminents; et parmi les hommes de notre siècle, j'en sais bien peu qui méritent un pareil éloge. Il possédait souverainement la partie matérielle de son art; il a toujours négligé la partie intellectuelle, estimé la forme et dédaigné la pensée. Or, c'est par la pensée que l'homme arrive à marquer sa place dans l'histoire. Pradier, en réduisant son art au maniement du ciseau, a fait fausse route. Par l'exécution, il se rapproche des maîtres de la Grèce, et il serait admis dans leurs rangs glorieux s'il n'eût méconnu le caractère dominant de son art, la chasteté. »

Si nous tournons notre regard vers l'Italie, nous rencontrons, un peu plus tard, un artiste à peu près du même caractère que Pradier, **Canova** (1757-1822); avec plus d'habileté, de science et aussi un peu plus de réserve, ce sculpteur fut un imitateur convaincu de l'art grec.

David d'Angers (1789-1865) acquit une réputation méritée. D'une famille pauvre, il avait été soutenu par les subventions de sa ville natale, pendant qu'il étudiait à Paris, dessinant chez le peintre David, sculptant chez Rolland. Il voulut reconnaître ce bienfait en rendant le nom d'Angers inséparable du sien. A son retour d'Italie, il exécuta la statue du grand Condé, dont le succès fut immense. On y admirait cette énergie passionnée qui devait caractériser toutes les œuvres de l'artiste (*). Le regard est enflammé autant qu'il peut l'être par la sculpture, le geste impétueux; il semble à chaque instant que le bras du guerrier va se détendre et lancer dans les lignes ennemies le bâton de maréchal. Parmi les œuvres nombreuses que produisit David, indiquons les douze apôtres dans la chapelle de Vincennes, le Christ, la Vierge, saint Jean et une sainte Cécile dans la cathédrale d'Angers, la jeune grecque au tombeau de Botzaris, le fronton du Panthéon, des décorations pour l'arc-de-triomphe de Marseille. Si le sculpteur se souvint trop parfois des opinions politiques pour lesquelles il avait pris les armes, son âme était généreuse, et il s'employa avec une infatigable ardeur à populariser l'amour des belles actions et des grands sentiments en fixant les traits de ceux qui en ont donné l'exemple. Il y tra-

(*) On cite cette parole d'une vieille femme à la vue de cette statue : « Ma fine ! c'est comme l'orage. »

vaillait avec désintéressement, économisant sur le salaire de ses travaux lucratifs pour exécuter des œuvres gratuites. A Laval, c'est Ambroise Paré, inclinant son génie devant le Tout-Puissant par cette belle parole : « Je le *pansay*, Dieu le *guarit;* » à Montbéliard, c'est Cuvier, sondant du regard de la science les entrailles du globe ; à Strasbourg, c'est Guttemberg, faisant le premier emploi des caractères de l'imprimerie pour écrire ces mots de la Genèse : « Que la lumière soit; » à Aurillac, c'est Sylvestre II ; à Dunkerque, vis-à-vis l'Angleterre, Jean-Bart; c'est encore Monseigneur de Cheverus, Racine, Corneille, Bonchamp, le bon roi René, compatriote du statuaire, artiste lui-même et protecteur des arts; Drouot, qui honora la vie militaire par la pratique de la plus mâle vertu. Nous ne disons rien de sa collection de portraits, de médaillons, dont le chiffre s'élève à plus de six cents, et parmi lesquels plusieurs sont très-remarquables; sans doute ces productions nombreuses ne sont pas toutes de la même valeur. David appartient à l'école de Michel-Ange et de Puget. Il exprima la pensée et le sentiment avec une grande intensité. Sa sculpture est éminemment dramatique, mais l'action n'y détruit pas la sévérité du dessin, la force y domine sans exclure la grâce. Son ciseau fut constamment chaste et noble; il a délaissé les personnages mythologiques pour célébrer les gloires de la patrie, et nous lui en savons un gré immense. Par la rare habileté avec laquelle il a traité le costume moderne en l'interprétant, il a prouvé suffisamment qu'il est inutile de draper des Français dans la toge romaine pour faire de la sculpture monumentale. David fut novateur avec un heureux équilibre de sagesse et d'audace; ses œuvres, toutes d'élan, manquent parfois d'harmonie et d'unité, de ces qualités qui se trouvaient au degré le plus élevé dans l'art antique et qui ne sont pas inconciliables avec l'expression dramatique du sentiment. Cette conciliation est difficile sans doute; nous devons préférer l'expression à la beauté plastique et muette, mais l'art moderne doit tendre à réunir ces qualités indispensables à la perfection.

PEINTURE.

DES LOIS SPÉCIALES DE LA PEINTURE.

La peinture arrive à une expression plus complète que la statuaire; elle ne montre son sujet que d'un côté, mais elle s'aide de tous les accessoires qui peuvent lui être de quelque secours. Elle est libre de grouper des figures, de les mettre sur des plans successifs; elle représente son personnage porté sur les nues ou traversant l'espace, prête à son regard des aspirations auxquelles la statuaire n'arriverait jamais, communique à sa chair les apparences de la vie; par ses calculs et ses artifices, elle concentre sur son front les rayons d'une lumière éblouissante, et, pour aider à l'impression, elle fait voir à son gré dans les profondeurs du paysage des plaines fertiles ou des rocs sauvages, des montagnes ou des fleuves, des solitudes mystérieuses ou des villes aux riches monuments. Ces ressources réunies permettent à la peinture d'exprimer toutes les situations de l'âme, avec les nuances si variées de ses sentiments et de ses aspirations; aussi a-t-elle été appelée par le spiritualisme chrétien à jouer un rôle plus important que la statuaire.

Dans l'histoire de la peinture nous constaterons comment cet art acquiert peu à peu ses différentes ressources, se rend maître de ses procédés. Nous verrons aussi comment, après être arrivé à la plus haute perfection à laquelle il ait pu atteindre, il semble prendre les moyens pour le but: l'habileté dans le procédé amène des abus et la décadence; les accessoires empiètent sur le principal; l'homme ne règne plus au sein de la nature dont il a été établi le roi par Dieu lui-même, et dont seul il nous donne l'explication. Dans tous les spectacles que nous offre la nature, c'est toujours vers l'homme que se porte notre pensée, et l'art doit suivre cette loi : les ruines nous font rêver, parce qu'elles nous redisent la vie et les travaux de ceux qui ont passé là; une tempête nous fait frémir, parce que nous voyons l'homme en péril luttant contre les flots; l'immensité des montagnes nous impressionne, parce qu'elle nous montre combien l'homme est petit, comparé au Dieu créateur de l'univers; nous contemplons avec ravissement de riches campagnes, parce qu'elles nous rappellent les soins persévérants du cultivateur, la munificence de Dieu et sa providence; l'homme ne doit donc jamais être absent. Cependant le peintre oubliant ce principe, mit sa préoccupation à représenter la beauté physique de l'homme, bien plus que les qualités et les situations de son âme; bientôt il songea surtout à nous le montrer dans les sites les plus riches et les plus pittoresques; il s'attacha à la splendeur du coloris et à l'exacte vérité du détail; et la pensée, le beau invisible, l'homme lui-même disparut sous l'éclat de la nature extérieure; des objets qui n'étaient que des accessoires, comme des draperies, des fruits, des fleurs, devinrent des tableaux. Mais entre l'austère simplicité des grandes mosaïques italiennes, aussi majestueuses, aussi calmes que des statues, où nul accessoire emprunté à la nature, où nul effort de couleur ne vient partager l'attention avec les figures des saints, et l'époque où la vraie beauté de l'homme disparaît sous la luxuriance de sa propre chair, et sous celle des étoffes somptueuses qui le couvrent, de la lumière et de la végétation qui l'environnent, il y a pour la peinture une heure de perfection plus marquée. Des reproches

peuvent être faits à plusieurs des compositions de Raphaël;
cependant cet artiste, par l'ensemble de ses qualités élevées,
nous a montré, mieux qu'aucun autre, la véritable perfection;
mieux qu'aucun autre, il nous a représenté la beauté de
l'homme, de l'homme transfiguré par la religion.

Il ne faudrait pas conclure que nous n'accordons aucun
mérite à ce qui n'atteint pas ce degré de perfection. Des
œuvres très-blâmables sous certains rapports peuvent encore
être dignes de grands éloges. Le paysage, non-seulement effa-
çant l'homme, mais étudié comme objet principal d'une composition, peut nous charmer et produire en nos âmes les suaves
et bienfaisantes impressions que nous fait éprouver le spectacle
de la nature. Même réduit à ces proportions, il n'est donc pas
sans intérêt. Toutefois, nous croyons pouvoir classer ainsi
les différents genres de peinture : histoire sacrée, histoire profane, compositions allégoriques, paysage historique, le *genre*
comprenant surtout les scènes de la vie familière, la peinture
d'animaux, le paysage simple, les études de fleurs et de nature
morte.

Ajoutons que certains tableaux d'un genre secondaire
peuvent, d'après la manière dont ils ont été compris et traités
par le peintre, prendre plus d'importance que des tableaux qui
seraient d'un genre plus élevé, d'après le sujet choisi. Une
scène de famille peut être d'un style plus grand, peut exprimer
des pensées plus profondes qu'un tableau d'histoire traité d'une
façon incomplète. La valeur d'une œuvre dépend de plus d'une
condition, et le choix du sujet n'est que le premier pas fait
par le peintre.

LA PEINTURE DANS L'ANTIQUITÉ.

L'histoire nous a transmis les noms des artistes grecs. Après
tant de siècles, Cléophante, Bularque, Panœnus, Polignote,
Apollodore, Zeuxis, Parrhasius, Timanthe, Protogène, Apelle,

sont encore illustres. Nous connaissons aussi quelques-uns des sujets de leurs tableaux, mais les œuvres elles-mêmes ont depuis longtemps disparu. Les peintres d'Athènes ne devaient pas être de beaucoup inférieurs aux sculpteurs. S'il est naturel que la peinture soit cultivée après l'architecture et la sculpture, il n'est pas possible qu'un art du dessin ne soit pas pratiqué avec habileté, quand les deux autres le sont avec la plus grande perfection. Peut-être les peintres grecs n'avaient pas approfondi la science de la perspective, des ombres et du clair-obscur, mais sans doute les ressources ne faisaient pas défaut à l'expression de leur pensée. Les fragments trouvés dans les ruines de Pompeï ne sont que des documents incomplets, et cependant ils suffisent à attester que les peintres de l'antiquité étaient en possession de leur art, qu'ils savaient dessiner avec correction des figures posées avec une grâce parfaite.

Les Grecs amenés captifs en Italie, ou venant y chercher un refuge et une vie plus honorable, s'étaient efforcés d'initier les Romains, rassasiés de fêtes voluptueuses et sanguinaires, à la jouissance plus élevée des beaux-arts. Quelques-uns de ces exilés devinrent les précepteurs des fils de leurs orgueilleux conquérants; témoin ce Métrodore, auquel Paul-Émile confia l'éducation des siens; ils ouvrirent des écoles d'art aussi bien que de belles-lettres; les chefs-d'œuvre de leur pays furent apportés en grand nombre. Les hommes les plus distingués par leur savoir, leur éloquence et leur urbanité, Varron, Hortensius, Cicéron, Atticus, rassemblaient des collections de tableaux et de statues, dont ils faisaient l'ornement de leurs maisons de campagne.

Cependant les grands de Rome comprirent peu les arts et les cultivèrent moins encore (*). Cette occupation fut laissée aux affranchis; les glorieux débris de l'Attique furent bientôt

---

(*) Il paraissait assez extraordinaire que les pinceaux fussent tenus par des mains illustres, pour que le surnom de *Pictor* fût donné au riche Fabius, qui avait cultivé la peinture.

regardés avec indifférence. Après plusieurs siècles, ils devaient être avidement recherchés et admirés; mais ils allaient d'abord être ensevelis dans le plus profond oubli.

LA PEINTURE DANS LES CATACOMBES.

Au commencement de l'ère chrétienne, pendant que les œuvres exécutées au grand jour dans les cirques, les théâtres et les palais des Césars, n'étaient qu'une dégénérescence de l'art grec, un art nouveau commençait à se former dans l'obscurité des catacombes. La foi nouvelle ne recrutait point ses adeptes, il est vrai, parmi les illustrations contemporaines; les dessinateurs, qui venaient prier dans les galeries souterraines, peindre sur les tombes de leurs frères, n'étaient pas sans doute des plus habiles de leur temps. Ils travaillaient à la lueur de la lampe, sous la menace de la mort. Les idées qu'ils avaient à rendre n'avaient point été exprimées jusqu'alors. Au milieu de ces difficultés, ils se servent très-rarement, mais pour quelques sujets cependant, des ressources de l'art païen. Ainsi, on voit Orphée charmant les animaux pour représenter Notre-Seigneur convertissant les hommes; dans un Jugement dernier, un Mercure avec cette inscription : *Mercurius nuntius*. Le plus souvent ils ne suivent que leur inspiration, et cherchent un langage qui soit aussi neuf que les idées qu'ils veulent exprimer; ces essais trahissent parfois l'inexpérience la plus complète du dessin; mais la pensée, même dans les œuvres de l'exécution la plus barbare, est rendue avec une étonnante vigueur et le sentiment le plus profond; toujours on y reconnaît sans hésitation ce cachet de spiritualisme qui sera le caractère le plus marqué et le plus grand mérite de l'art chrétien. Quelquefois la ferveur dont le cœur de l'artiste est enflammé semble lui faire retrouver des procédés oubliés, lui révéler des principes qu'il n'a jamais connus, et son crayon trouve les formes les plus amples et les plus vraies pour traduire fidèlement les pensées et les sentiments les plus élevés (*). Les sujets peints de préférence étaient le bon Pasteur, Lazare sortant du tombeau, Moïse frappant le rocher, Daniel dans la fosse aux lions, Jonas rejeté par la baleine, les trois enfants dans la fournaise, symboles du martyre triomphant tel qu'il fallait le peindre pour soutenir le courage, consoler la douleur; ou bien c'étaient des figures, les mains étendues et les yeux levés au ciel, des *orantes*. Mais on ne rencontre aucune trace des persécutions contemporaines, aucune représentation des bûchers des chrétiens, rien de sanglant, rien qui pût susciter dans l'âme des victimes la moindre idée de haine ou de vengeance contre les bourreaux, rien que des images de pardon, d'espérance et d'amour.

(*) M. Vitet, dont l'autorité est reconnue, va plus loin dans l'éloge qu'il fait des peintures des catacombes. « Pendant qu'au-dessus du sol, dit-il, tout s'alourdit, se matérialise, tout dans la ville souterraine prend un air svelte et dégagé, tout semble respirer une vie nouvelle; c'est bien le même style, mais c'est un autre esprit qui donne au style lui-même quelque chose de hardi, de souple, d'élancé; surtout l'expression des visages, le jet des draperies, la franchise du geste, nous confondent d'étonnement. Pendant que les spirales de la colonne Antonine vont se couvrant de personnages si trapus, si mal drapés; pendant que cette copie du trophée de Trajan accuse, à si court intervalle, un si profond oubli des traditions du premier siècle, vous avez devant vous, dans ces modestes chapelles, dans ces humbles *arcosolia*, des draperies et des figures qui d'un bond vous transportent, par la naïveté et la grandeur des formes, jusqu'aux traditions du siècle de Phidias. En un mot, tout dans ces catacombes est franchement antique, et pourtant tout y est chrétien. Cette alliance qui paraît impossible, pour peu qu'on s'en rapporte aux théories abstraites et aux préjugés d'école, cette fusion intime de l'esprit de l'Évangile et des formes antiques, elle est là sous vos yeux, et le problème est résolu. » (*Etudes*, I, p. 201.)

LA PEINTURE DANS LES BASILIQUES D'ITALIE, DU IVᵉ AU XVIᵒ SIÈCLE.

Après l'époque des catacombes, l'art chrétien présente cette période qui s'étend jusqu'au XIIIᵉ siècle, et pendant laquelle il reçut l'influence byzantine, influence jugée très-diversement, exaltée par les uns, dépréciée par les autres. Il est incontestable que la peinture suivit une voie de décadence de plus en plus marquée jusqu'à Cimabué et Giotto. De toutes les mosaïques exécutées dans les basiliques d'Italie pendant les siècles que nous considérons, la plus remarquable est celle de l'hémicycle de Sainte-Pudentienne, qui date du IVᵉ siècle. Toutes les conditions de l'art y sont observées : « disposition savante et animée des personnages, distribution par groupes et à plans divers, draperies franchement accusées, amples étoffes, attitudes variées, accent individuel; vous ne sentez la décadence qu'à certaines faiblesses d'exécution et de détail, et par compensation, vous découvrez dans ces figures des trésors tout nouveaux, d'austères et chastes expressions, une fleur de vertu, une grandeur morale, dont les œuvres de l'antiquité, même les plus belles, ne sont jamais qu'imparfaitement pourvues (*). » Dans cette œuvre apparaissent donc les qualités diverses qui vont successivement s'effacer. On oubliera la perspective, l'art de grouper les figures, le modelé, l'agencement naturel et gracieux des draperies; la figure humaine elle-même perdra son expression et sa vie; elle prendra de la raideur, de l'immobilité; le regard fixe sera sans signification; les proportions générales ne seront plus comprises.

Sans doute bien d'autres mosaïques que celles de Sainte-Pudentienne offrent de l'intérêt. Tous les principes de l'art ne furent

(*) M. Vitet, I, 221.

pas oubliés subitement. Même dans les œuvres où la décadence est plus avancée, il reste encore un caractère de grandeur et de dignité. Ces saints et ces saintes, dessinés sur un fond uni, se présentent avec une majestueuse indépendance. La nature extérieure ne distrait point l'homme des hommages qu'il leur adresse ; aucun accessoire ne rappelle autour d'eux qu'ils ont posé leurs pieds sur la terre. Le paysage n'apparaît même pas à l'état rudimentaire dans ces compositions. (*). Mais dans ces œuvres, avec cette sévérité, cette simplicité, il faut aussi reconnaître les incorrections et la pauvreté de l'exécution. Les dessinateurs ne sont point conduits par un calcul savant à simplifier, mais par l'impéritie qui chaque jour les contraint à supprimer ce qu'ils sont incapables de représenter ; si les figures sont seulement juxtaposées, c'est qu'on ne sait plus les montrer en groupe, se détachant les unes sur les autres à des plans différents ; certains détails prouvent avec clarté que les dessinateurs n'essaient pas davantage, parce qu'ils en sont incapables. Par exemple, l'œil ouvert outre mesure et dessiné dans une figure

(*) M. Vitet, en face d'une mosaïque de Sainte-Marie-de-la-Nacelle, représentant la Reine du ciel au milieu de sa cour, s'exprime ainsi : « Cette scène, quoique rendue de la façon la plus grossière, sans goût, sans dessin, sans nuances, n'en est pas moins d'un effet imposant ; la sainte Vierge, ainsi comprise, est le prototype de toutes les madones béatifiées, intronisées, qui, pendant trois ou quatre siècles jusqu'au temps de Cimabué, vont se perpétuer en Italie. Vierges sombres, moroses, solennelles, aux regards obliques et majestueux, parées comme des impératrices, austères comme des anachorètes. Vers les approches de la Renaissance, où les verra peu à peu se transformer, s'humaniser sans descendre de leur trône d'or, sans renoncer à leur dais triomphal, toujours parées, encensées, glorieuses, mais souriantes et embellies par tous les enchantements de l'art. » Ce jugement caractérise parfaitement, non-seulement les vierges, mais le plus grand nombre des œuvres de l'époque.

de profil comme il le serait dans une figure de face, ne permet pas de s'y tromper ; cette méthode, qui est celle des enfants, et que les dessinateurs de tous les peuples trouvent instinctivement à leur début, sera toujours un témoignage irrévocable d'inhabileté, l'on pourrait dire de barbarie. L'époque que nous étudions essaie de racheter son insuffisance par des moyens extérieurs ; la dimension exagérée des figures, les étoffes chargées de riches broderies. Ce luxe matériel avait été inspiré par le goût byzantin, et l'art italien, dans la pénurie où il languissait, s'en était emparé avec empressement comme d'une ressource excellente.

Dans la mosaïque de San-Marco, la décadence apparaît avec tous ses défauts. Celles qui furent ensuite exécutées dans les absides de Saint-Jean-de-Latran, de Sainte-Marie-Majeure, de Saint-Clément, sont d'un mérite incontestable, d'une rare magnificence ; mais elles datent de la fin du XIIIe siècle, et sont conséquemment contemporaines de Giotto et de Cimabué.

L'art italien avait décliné graduellement sans influence étrangère, et les causes de la décadence ne vinrent pas de Byzance à la suite des armées victorieuses de Narsès et de Bélisaire. A Byzance, comme à Rome, sous le règne de Constantin, l'art avait reçu la consécration de la foi nouvelle (*). La difficulté agitée un instant en Orient sur le type du Sauveur, ne fut qu'une que-

---

(*) L'art n'était pas négligé à Constantinople plus qu'à Rome. Léon, évêque d'Ostie, dans ses chroniques du mont Cassin, raconte qu'en 1060, l'abbé Didier, désirant faire décorer l'intérieur de sa basilique et paver le sol en marbre de diverses couleurs, il fallut envoyer jusqu'à Constantinople pour trouver des ouvriers habiles ; ces étrangers firent merveille. « Les figures de leurs mosaïques semblent vivantes, dit le chroniqueur, et les pavés, par la diversité des pierres de toute nuance, imitent un parterre de fleurs ; » puis il ajoute que le génie de ces deux arts était éteint en Italie, et que l'abbé s'attacha les maîtres qu'il avait fait venir, et les chargea d'instruire de leurs secrets quelques enfants du monastère. L'influence byzantine pouvait donc être

relle sans importance, et tout l'univers chrétien s'empressa de croire, avec saint Jean Chrysostome, saint Grégoire de Nysse, saint Ambroise et saint Jérôme, que le Sauveur n'avait voilé sa divinité qu'autant qu'il avait été nécessaire, pour ne pas blesser les regards des hommes; que, nouvel Adam, il était apparu comme le modèle des formes les plus accomplies (*). La peravantageuse. Une mosaïque exécutée au commencement du XIIe siècle dans la basilique de Santa-Maria-in-Transtevere montre la première un progrès surprenant sur celle de San-Marco. Ne peut-on pas considérer, comme résultat de l'enseignement apporté par les étrangers, cette transformation subite dont l'explication ne nous est pas donnée par les travaux exécutés en Italie; jamais, en effet, on y avait moins travaillé que pendant le temps qui s'écoula dans l'intervalle des deux productions.

Au XIe siècle, des peintres grecs, plus habiles que ceux de Constantinople, exécutaient des travaux qui furent longtemps ignorés. Ces artistes étaient des moines retirés dans les solitudes inaccessibles du mont Athos. Il y a quinze ans à peine, les copies fidèles de ces peintures rapportées par un jeune dessinateur, M. Papety, produisirent l'impression la plus profonde. « On voyait des figures de saints, dit M. Vitet, du plus beau, du plus grand caractère, fièrement et simplement posées, vraiment chrétiennes, et conservant pourtant certains airs de famille avec les dieux du Parthénon, et l'on était assuré, d'ailleurs, que le dessin de ces figures remontait au XIe siècle. » Les procédés, depuis cette époque, se sont transmis sans variation dans l'école monastique; comment existaient-ils au XIe siècle? La critique n'a point résolu cette question. Cette école artistique n'eut-elle pas une influence en Occident au XIIe et XIIIe siècle? On ne peut l'affirmer; il est peut-être difficile de le nier.

(*) D'après ces paroles de Tertullien : *Ne aspectu quidem honestus... si inglorius, si ignobilis, meus erit Christus*, quelques évêques avaient prétendu que Jésus-Christ avait été le plus laid parmi les enfants des hommes, et que les formes abjectes sous lesquelles il avait paru, avaient rendu le mystère de la Rédemption plus sublime.

sécution intentée par les empereurs iconoclastes contre les images et ceux qui les exécutaient, n'eut d'autre résultat que de faire refluer vers l'Italie des artistes dont les services ne pouvaient y être un malheur. L'art grec, après avoir été purifié, comme la religion nouvelle, par les épreuves de la persécution et de l'erreur, pouvait bien s'unir à l'art de Rome, dont les premières fleurs étaient écloses dans l'obscurité des catacombes, sur une terre imbibée du sang des martyrs. Si l'art antique, arrivé à une décrépitude honteuse à travers de scandaleuses débauches, avait pu être préservé de sa ruine, il eût été sauvé par l'inspiration que lui apportait le christianisme ; mais il avait été décrété par la Providence que l'art déclinerait, resterait pendant plusieurs siècles comme enseveli dans un sommeil léthargique, pour se relever plein de jeunesse et d'avenir. Cette Renaissance, que nous allons étudier, date pour nous, non du XIVe ou du XVe siècle, mais du XIIIe siècle, dans lequel apparurent tant d'hommes illustres et tant d'œuvres fécondes.

ÉCOLE DE FLORENCE, DU XIIIe AU XVIe SIÈCLE.

Cimabué naquit en 1240 (*). Ses œuvres (**) furent louées par ses contemporains et quelques-unes accueillies avec un enthousiasme inouï. Pour le juger à sa valeur, on peut se rappeler que souvent, pour faire comprendre la pensée de ses personnages,

(*) On peut consulter sur les peintres primitifs l'excellent ouvrage de M. Rio : *Poésie, Forme de l'Art*, auquel nous avons emprunté nous-même bien des renseignements.
(**) Toute la ville de Florence se réunit un jour pour transporter, de l'atelier de Cimabué dans l'église de Santa-Maria-Novella, une de ses madones. Le tableau était porté par dix des principaux magistrats; des trompettes exécutaient des fanfares, le peuple suivait chantant des couplets à la gloire de l'artiste. Ce

il mettait au-dessus de leur tête des banderoles avec des inscriptions ; il déclarait assez par ce moyen matériel l'insuffisance de ses procédés.

Giotto (1276-1336) prêta à ses personnages des attitudes plus variées et plus de vérité dans l'expression ; il peignit, à San-Miniato, une cène dans laquelle il sut donner à Notre-Seigneur une sérénité vraiment divine, et à tout l'ensemble un caractère profondément religieux ; quand il peignait le Sauveur crucifié, il s'attachait à ne pas rendre surtout sa souffrance physique, comme on l'avait fait jusqu'alors. Il représenta la vie de saint François, à Assise ; la vie de Job, au Campo-Santo de Pise. Les habitants de cette ville avaient fait mettre dans leur cimetière de la terre de Judée apportée sur plusieurs navires, afin d'avoir la consolation de reposer dans cette terre sanctifiée par les souffrances de l'homme-Dieu. Ce lieu saint fut entouré de portiques, à la décoration desquels les plus grands artistes travaillèrent après Giotto.

Stephano marqua davantage les membres sous les draperies, essaya des raccourcis et un peu de perspective d'architecture.

Taddeo Gaddi (1300-1352) se fit remarquer par la grâce de ses figures, par la vivacité de son coloris.

Giottino (1324-1356) surpassa encore ses devanciers par l'élégance et la variété avec lesquelles il posait ses personnages, et l'expression qu'il savait leur donner. Aucun artiste de cette école ne cultiva la peinture avec autant d'enthousiasme et de désintéressement. D'un caractère profondément mélancolique, il vécut dans la solitude, ne se plaignit jamais de la pauvreté à laquelle il était réduit, et mourut de consomption à la fleur de l'âge.

Les deux **Orcagna**, Bernard et André, furent très-célèbres.

fut une telle allégresse, que le quartier de la ville témoin de cette fête, reçut le nom de *Borgo allegri*, qu'il a toujours gardé. Mais quand on considère le tableau lui-même conservé dans l'église de Florence, on ne peut s'expliquer l'enthousiasme dont il fut l'objet que par l'abaissement profond où l'art était alors plongé.

André, que l'on appela le Michel-Ange de son siècle, fut le plus illustre (1329-1389). Tous les deux travaillèrent au Campo-Santo. Giotto y avait représenté la Vie de l'homme symbolisée par l'histoire de Job; André peignit le Triomphe de la mort, Bernard le Jugement dernier, et André l'Enfer.

En résumé, après cette première période, le naturel, la variété de la pose, la grâce de l'expression, la liaison des groupes, avaient fait des progrès. Les sujets traités de préférence étaient : le Couronnement de la Sainte Vierge, la Vie de saint François, l'Histoire des Pères du désert, des scènes célestes, des sujets mystiques. Tous ces sujets convenaient parfaitement à cette époque primitive dont le cachet devait être le calme et la simplicité ; elle eut été moins habile à représenter des scènes plus dramatiques, celles qu'offrent, par exemple, les actes des martyrs, où puiseront les peintres plus exercés de la période suivante. Du reste, ces sujets étaient un magnifique champ à exploiter pour la peinture, qui aime à traduire les expressions poétiques des affections profondes de l'âme, et ce rayonnement dont brille le front des hommes adonnés à la vie contemplative.

Dans la période où nous entrons, le procédé continue à se perfectionner ; mais l'inspiration parfois n'est plus aussi pure, et des abus commencent à s'introduire.

Paul Uccello (1389-1472), conseillé par le savant Manetti, qui lui traduisit le traité d'Euclide, fit des études sérieuses de perspective linéaire ; il se passionna tellement pour cette science, qu'il négligeait les autres parties de son art. Quand sa femme voulait l'arracher à ses veilles prolongées, dans la naïveté de son enthousiasme il n'avait qu'une seule réponse : « O ma chère, si vous saviez combien la perspective est une douce chose. » Paul Uccello fut un des premiers à travailler pour les Médicis. De ce moment les peintres n'ont plus pour but unique, comme dans l'âge précédent, « de faire des saints et des saintes sur les murs et sur les autels, afin que par ce moyen les hommes, au grand dépit des démons, soient plus portés à la vertu et à la piété (*). » Non-seulement ils se mettent au service du luxe et de la frivolité pour le choix des sujets, mais, pour plaire à leurs protecteurs, ils introduisent des portraits dans leurs compositions religieuses, et préparent ainsi de graves abus. Giotto s'était représenté, au pied de la croix, dans l'attitude de l'adoration et de la prière ; des peintres représentèrent des personnages contemporains venant à la suite des bergers adorer l'enfant Jésus à la crèche. Ces premières innovations, qui ne servaient point à la vérité de la représentation, n'avaient rien que de louable dans l'intention du peintre et ne pouvaient que produire une heureuse impression sur le spectateur. Mais d'autres peintres allèrent plus loin ; ils firent reconnaître des patriciens dans les personnages secondaires de leur composition, se servirent de ces portraits pour représenter saint Pierre et saint Paul, ou même pour des personnages divins ; il y en eut qui osèrent placer sur les autels, en guise de madone, l'objet de leur passion.

Masaccio et **Masolino** étudièrent chez Ghiberti, qui s'était rendu célèbre par la sculpture des portes du baptistère de Florence et s'exerça aussi dans la peinture. Les deux élèves, à l'exemple de leur maître, se passionnèrent pour les chefs-d'œuvre de l'antiquité, et, les premiers, ils entreprirent un voyage à Rome pour les étudier. Ils firent progresser le dessin, non-seulement par des contours plus souples et plus harmonieux, mais par le modelé plus complet de la forme ; mieux que leurs devanciers, ils surent emprunter à la nature des expressions idéalisées.

Lippi (1402-1469) étudia moins l'antiquité que la nature. Il introduisit dans ses compositions des paysages variés, se distingua surtout dans les sujets dramatiques, et excella à rendre les types passionnés. Le premier, il profana la représentation de la Sainte Vierge, en ne produisant qu'un portrait ; aussi les

(*) Paroles de Buffalmacco, élève de Giotto, citées par Vasari.

anges dont il entourait la Reine du ciel ont des figures communes que n'illumine aucun rayon de béatitude céleste; « le plus souvent ils semblent n'être là que pour dire ou faire quelque espiéglerie (*). »

Vers 1410 avait été perfectionné en Allemagne l'usage de la peinture à l'huile, par Jean van Eyck de Bruges; cet artiste avait trouvé le moyen de faire sécher plus promptement, en y mêlant de l'huile de lin cuite, certaines couleurs qui ne sèchent que lentement. Le secret fut apporté en Italie par Antonello de Messine; Antonello le transmit à son élève Dominique, et celui-ci le livra à André de Castagno, auquel il était lié; mais André, pour posséder seul le privilége, se fit le meurtrier de son ami. Dominique, attaqué le soir dans l'obscurité d'une rue écartée, demande à être porté chez André, qui vient de lui donner le coup de la mort. De la même époque date l'invention de la gravure, qui permet de répandre les compositions de chaque pays dans les contrées les plus éloignées.

Dominique Ghirlandajo (1451-1495) sut traiter le portrait avec plus d'habileté que ses devanciers, et se servit de cette ressource pour donner à ses personnages des attitudes plus variées et plus vraies. Dans ses compositions il rendit les détails avec plus de fidélité qu'on ne l'avait fait jusqu'alors. Il fit faire des progrès à la perspective aérienne, et s'essaya avec succès à des effets de lointain. A cette époque, rarement on essayait de représenter un lever ou un coucher de soleil, une nappe d'eau s'étendant jusqu'à l'horizon. Ghirlandajo, le premier, nous offre un exemple de ce genre dans un tableau où l'on voit au dernier plan les lagunes de Venise. Toujours les sujets religieux furent traités par lui avec un grand sentiment et une dignité parfaite; il surpassa tous ses devanciers, et se surpassa lui-même en peignant la Vie de saint François d'Assise, et particulièrement la scène de la mort de saint François. Le Souverain

---

(*) M. Rio, p. 117.

Pontife l'appela à peindre plusieurs compartiments dans la chapelle Sixtine, où avaient déjà travaillé Cosimo Roselli et Boticelli.

Les Médicis avaient beaucoup contribué à favoriser le mouvement artistique; ils avaient réuni un grand nombre de chefs-d'œuvre de l'art grec, et ils offraient ainsi des moyens d'étude. Malheureusement ils donnèrent aussi à l'art, par leur influence, une direction fâcheuse; ils ne demandaient aux peintres que des sujets mythologiques; ainsi à Pallaiolo, les douze Travaux d'Hercule; à Ghirlandajo, l'Histoire des malheurs de Vulcain; à Luca Signorelli et à Boticelli, des dieux et des déesses. — A Rome, les artistes avaient devant les yeux, avec les souvenirs du paganisme, les vieilles mosaïques des basiliques chrétiennes, dont Ghirlandajo avait gardé une telle impression, que dans un âge avancé il disait que c'était là vraiment la peinture pour l'éternité; ils pouvaient y étudier l'antiquité avec le même profit qu'à Florence et avec bien moins d'inconvénients. Sur le forum, le paganisme se produisait avec plus de grandiose et de sévérité qu'à la cour des Médicis. Il était moins voluptueux parmi les ruines de la ville éternelle qu'au milieu des fêtes de Florence. A Rome il n'était qu'un sujet d'étude, un trésor à exploiter et non une source d'inspiration pour les œuvres à produire. Les sujets demandés au Vatican étaient les plus relevés, les plus capables d'agrandir la pensée des artistes, les plus dignes d'être traités : c'était l'Histoire de l'Église, l'Ancien et le Nouveau Testament, les Dogmes catholiques. L'influence de Rome fut donc bien plus heureuse que celle de Florence.

Avant de quitter Florence, ajoutons que Michel-Ange commençait sa première éducation chez Ghirlandajo, tandis que Léonard de Vinci travaillait chez Verocchio.

Verocchio (1432-1488) fut le premier à mouler sur modèle vivant. Il fut tellement étonné, dit-on, de la perfection avec laquelle le jeune Léonard avait peint une figure d'ange dans un de ses tableaux, que, découragé, il abandonna la peinture.

ÉCOLE SPIRITUALISTE PENDANT LA MÊME PÉRIODE.

Nous devons ranger dans cette catégorie de nombreux artistes dispersés dans la plus grande partie de l'Italie et même dans toute l'Europe, se préoccupant peu de se transmettre les procédés connus ou d'en découvrir de nouveaux, mais tous guidés par les mêmes inspirations (*).

A cette école se rattachent les enlumineurs, ces pieux cénobites, qui, pour glorifier Dieu, en exerçant encore leur imagination, enrichissaient d'ornements leurs livres de prières. Ils étaient bien préservés par l'esprit qui les animait et les sujets qu'ils traitaient, d'entacher leur travail de naturalisme ou de paganisme. Pour eux, peindre c'était prier ; aussi les sujets traités par eux de préférence étaient la Vie de la Sainte Vierge, les principales Fêtes de l'Église, les Dévotions populaires, les Sacrements. Souvent, dans ces enluminures, le dessin n'est pas très-correct, surtout pour les personnages ; mais par la fraîcheur du coloris, par la finesse des détails, elles offrent un charme très-attachant, et toujours elles sont une expression parfaite de la piété sincère dont étaient animés ceux qui les exécutaient.

On conserve, à Sienne, plusieurs volumes richement enlumi-

(*) Des auteurs ont groupé les artistes d'Italie, dont nous allons parler, dans une même école, à laquelle ils ont donné le nom d'école ombrienne. « Il ne faut pas chercher, dit M. Rio (ouv. cit., p. 168), les éléments de l'école mystique dans une seule ville, ainsi, à Florence ; nous les trouverons dispersés sur les collines d'alentour, comme autant de fleurs odoriférantes, dans les modestes bourgades de la Toscane, dans les petites villes semées sur les flancs de l'Apennin, depuis Fiezole jusqu'à Spolette, mais surtout dans les cloîtres, dans les montagnes de l'Ombrie, près du tombeau de saint François d'Assise. » L'école ombrienne se résume dans le Pérugin, maître de Raphaël.

nés ; à Ferrare, deux collections : l'une de vingt-trois volumes, l'autre de dix-huit. Comme enlumineurs, furent célèbres : Benoist de Matera, religieux du mont Cassin ; Gabriel Mattei, de l'ordre des Servites ; le bénédictin Cosme ; Hemeling, le plus renommé ; au monastère des Anges, près Florence, dom Sylvestre et dom Jacques le Florentin, qui mirent en commun leur patience et leurs talents pour doter le couvent, qui avait été leur plus chère patrie sur la terre, des plus magnifiques livres de chœur qu'on eût jamais vus. « Sur les vingt énormes volumes qu'ils laissèrent en héritage à leurs frères, et qui furent tant admirés par Laurent le Magnifique et Léon X, un seul est conservé dans la bibliothèque Laurentienne et suffit à expliquer l'enthousiasme avec lequel en parle Vasari, et l'espèce de culte dont les Camaldules honoraient la main droite de dom Jacques le Florentin, conservée par eux comme une relique dans un tabernacle de leur couvent (*). »

A Sienne, plus que dans aucune autre ville, se formèrent des peintres qui conservèrent fidèlement la pureté de l'inspiration religieuse. Nommons d'abord **Guido**, dont on possède une peinture vraiment remarquable portant la date de 1221.

Ducio, dont la cathédrale de Sienne conserve un tableau préféré, par Rhumor, aux œuvres de Cimabué. Ghiberti fait le plus grand éloge de ce peintre et parle à peine de Cimabué.

Ambroise et **Pierre di Lorenzo** peignirent au Campo-Santo la Vie des Pères du désert. Cette œuvre est dans le style des enluminures. On peut y remarquer bien des incorrections de dessin, des fautes dans le tracé des perspectives, mais elle est un chef-d'œuvre de grâce et de simplicité naïve.

Simone Memmi, dont Pétrarque a fait l'éloge, peignit au Campo-Santo la Vie de saint Raynier.

Taddée Bartolo fit beaucoup de compositions sur la vie de la Sainte Vierge. Il savait toujours donner à la Reine du ciel une

(*) M. Rio, p. 185.

expression bien sentie de grâce et de vie. Il put produire ses œuvres en concurrence des artistes florentins, et l'on reconnaît qu'il eut de l'influence sur les peintres qui travaillèrent après lui à Assise et à Pérouse.

La piété se transmettait comme un héritage aux peintres de l'école de Bologne ; citons Vital et Lorenzo, liés d'une étroite amitié et travaillant aux mêmes compositions, si ce n'est quand ils peignaient des crucifiements, Vital n'ayant pas le courage de coopérer à cette œuvre.

Jacopo et **Avanzi**, réunis par la même fraternité de pinceau : Jacopo se refusant, lui aussi, à peindre les crucifix, pour peindre surtout les images de la Vierge.

Lippo Dalmazio, dont les vierges, encore après plusieurs siècles, étaient à Bologne l'objet d'une vénération moitié religieuse, moitié patriotique.

Le plus célèbre des artistes de Bologne est **Francia**, dont le talent fut heureusement influencé par les œuvres du Pérugin. Il eut, d'après Vasari, plus de deux cent vingt élèves, et, déjà avancé en âge, il se lia d'amitié avec le jeune Raphaël.

La gloire la plus pure de l'école spiritualiste est sans contredit le bienheureux **Angelico**, de Fiezole (1387-1445). Le frère Angélique connaissait très-peu les procédés de son art, et l'intérêt de ses œuvres ne consiste aucunement dans la perfection du dessin, dans le relief des figures, dans la vérité des détails ; l'ordonnance n'est jamais bien habile pour la distribution des ombres et des lumières. Mais le bienheureux excellait à donner aux saints qu'il peignait l'expression de paix et de piété angélique dont son cœur était inondé. Toutes les fois qu'il peignait Jésus-Christ sur la croix, il versait des larmes abondantes ; on le trouvait parfois ravi dans une pieuse extase devant l'image à laquelle il travaillait ; et de lui on peut dire avec plus de vérité que d'aucun autre, que peindre c'était prier. Son imagination, exclusivement nourrie d'amour, se montra impuissante à rendre la cruauté des bourreaux quand il peignit la lapidation de saint Étienne ; mais elle était inépuisable quand il s'agissait de représenter des scènes célestes, le couronnement de la Sainte Vierge, le ravissement des saints, la joie et la gloire des anges. Du reste, si ses personnages sont tout entiers empreints de ces sentiments de piété et de béatitude, l'expression rayonne principalement dans les traits du visage ; le reste du corps est dessiné avec moins d'étude, et souvent les membres ne se retrouveraient qu'incomplètement sous la draperie.

Vasari, élève de Michel-Ange, et partisan surtout de l'école de Florence, ne peut trouver assez d'éloges pour exprimer son admiration sur les œuvres du frère Angélique. En parlant d'une peinture, faite pour une église de Fiezole, il s'exprime ainsi : « Sur les gradins on voit une Gloire céleste avec une quantité de petites figures qui semblent être du Paradis ; dans une des chapelles, une Annonciation qu'on dirait avoir été peinte dans le ciel ; mais l'ouvrage où l'artiste s'est surpassé lui-même, est un Couronnement de la Vierge qui ne peut être que l'œuvre d'un ange ou d'un saint. » Nous possédons à Paris un Couronnement de la Sainte Vierge peint par Angelico de Fiezole. Fra Angelico eut plusieurs disciples, parmi lesquels Benezzo Gozzoli et Gentil, de Fabriano.

Benezzo Gozzoli peignit au Campo-Santo, en vingt-quatre compartiments, toute l'histoire des patriarches, depuis Noé jusqu'à Salomon. Sous le rapport du mérite poétique comme de l'étendue gigantesque de l'entreprise, cette œuvre est une des plus étonnantes merveilles de l'art, et Vasari disait avec raison qu'il y avait là de quoi effrayer toute une légion de peintres : Benezzo Gozzoli mit dans l'exécution de ce travail un mélange de grandeur et de simplicité qui convient admirablement pour exprimer les scènes de la Bible. — **Gentil**, de Fabriano, dont l'influence fut très-étendue, répandit beaucoup de compositions dans le duché d'Urbin.

Parmi les imitateurs zélés du frère Angélique nous devons encore compter Antoine de Foligno, et son frère Nicolas de Foligno qui fut le maître du Pérugin.

Petro Vanucci (1446-1524), plus connu sous le nom du **Pérugin** qui lui fut donné parce qu'il était de Pérouse, suivait les traditions de l'école spiritualiste, et le genre de ses inspirations était irrévocablement fixé quand il se rendit à Florence, à l'époque où Michel-Ange travaillait chez Ghirlandajo, et Léonard de Vinci chez Verocchio. Il sut n'emprunter au naturalisme que les ressources dont il avait besoin pour enrichir ses compositions ; il apprit à les meubler de riches fonds de paysage, et quand il alla travailler à Rome il ajouta encore aux autres accessoires les belles ruines qu'il avait sous les yeux. Les Médicis, auprès desquels il avait été décrié par ses rivaux, ne lui firent aucune commande, mais en revanche ses œuvres furent recherchées par toutes les églises et par tous les couvents d'Italie. Il peignit plusieurs compartiments à la chapelle Sixtine. Son plus beau titre de gloire est d'avoir été le maître de Raphaël, et d'avoir eu une réelle influence sur le talent de cet artiste.

Léonard de Vinci (1452-1519), admirablement doué, ardent et infatigable, avait également étudié la poésie, la musique, les mathématiques, l'architecture, la sculpture et la peinture, et il ne possédait pas ces sciences diverses superficiellement, mais il devançait ses contemporains en chacune d'elles. Après avoir lutté contre des maîtres d'armes, il écrivait un traité sur l'escrime. Louis le More le chargea de changer le plan des fortifications de Milan et d'adapter la défensive contre l'artillerie devenue mobile ; c'est à lui que l'on doit le système des écluses à doubles portes. Dans un concert où l'on avait fait un appel à tous les artistes d'Italie, il chanta des vers de sa composition, accompagnant sa voix avec une lyre qu'il avait perfectionnée et remporta la palme.

Cependant le nom de Léonard peu favorisé par les circonstances, est surtout attaché à l'histoire de la peinture, et l'artiste doit sa célébrité en ce genre à un seul tableau : la Cène. L'instant choisi par le peintre, est celui où le Sauveur dit à ses apôtres : « *L'un de vous me trahira.* » Cette composition est restée incontestablement supérieure à tout ce qui a été essayé sur le même sujet. Pour comprendre quelques-unes de ses qualités, nous pouvons remarquer : 1° La pose du Sauveur ; il est isolé, calme, la tête légèrement inclinée, les yeux baissés comme pour ne point voir le mal, ni faire reconnaître le coupable ; son geste a tant de noblesse, de simplicité, de douceur, de vérité, qu'en le considérant on ne saurait en imaginer un autre ; 2° le mouvement et la variété des poses des apôtres ; chacune de ces figures exprime un sentiment différent que l'on peut lire sans aucune difficulté ; 3° l'unité de la composition ; dès le premier instant tout est compris, on se rend parfaitement compte de ce qui est représenté, et plus on examine, plus on admire cet accord de toutes les parties avec l'ensemble. Ajoutons que tout a été savamment calculé, longuement étudié par l'artiste, et que le travail ne paraît aucunement dans l'œuvre dernière.

A Florence, Léonard était entré en parallèle avec Michel-Ange dans le fameux concours des cartons. Le sujet devait être pris dans la guerre de Florence contre Pise. Michel-Ange avait représenté des soldats se baignant dans l'Arno et surpris par le signal du combat ; Léonard, des cavaliers se disputant un étendard ; il fut jugé inférieur.

Le chef-d'œuvre de Léonard fut peut-être la statue équestre de François Sforze, dont le mérite fut proclamé dans toute l'Italie. Léonard, après avoir travaillé pendant dix ans au modèle en terre, préoccupé d'autres travaux, ne prit pas la peine de le faire reproduire en fonte ; et, quand Milan fut pris par Louis XII, sa statue devint le point de mire d'arbalétriers gascons.

Léonard était de l'école spiritualiste ; il n'abordait pas une composition religieuse avec un sentiment exclusivement artistique, mais travaillait avec conviction et piété. Lommazzo, qui écrivait peu après sa mort, raconte que la main de l'artiste tremblait d'émotion quand il traçait la figure du Sauveur dans la Cène. Louis le More se plaignant que Léonard n'avançait pas à son œuvre, celui-ci, pour justifier ses lenteurs, répondit que ce n'était pas sur la terre qu'il voulait prendre le type du Sauveur.

François Ier avait essayé de faire détacher la peinture de la Cène pour l'emporter en France, mais la tentative ne réussit pas; obligé de renoncer au chef-d'œuvre, le roi offrit à l'artiste une généreuse hospitalité. Léonard répondit à cette invitation, mais, brisé par la fatigue et le chagrin, il mourut quatre années après son arrivée en France au château de Clou, près d'Amboise, que le roi lui avait donné.

Michel-Ange Buonarotti (1474-1564), né d'une illustre famille de Toscane, fut appelé par Laurent de Médicis à partager l'éducation qu'on donnait à ses fils, et dès lors il put enrichir son esprit de tous les trésors de l'antiquité dans les lettres et dans les arts. Son caractère énergique ne fut point amolli par les fêtes brillantes du palais des Médicis; mais les souvenirs du paganisme, au milieu desquels s'écoulèrent les années de son adolescence, ne furent pas sans influence sur le développement de son talent. Nous avons déjà dit comment il s'adonna avec passion à l'étude de l'anatomie; à l'âge de dix-huit ans, sorti du palais des Médicis, il travaillait comme sculpteur à l'ornementation de l'église du Saint-Esprit, à la condition étonnante qu'il serait payé par le prieur en cadavres et en squelettes fournis sans doute par le cimetière du monastère.

Michel-Ange, comme Léonard, ne fut point favorisé par les circonstances; il fut obligé souvent d'abandonner des œuvres importantes afin d'en entreprendre d'autres d'un genre tout nouveau pour lui ou d'un intérêt secondaire. Après avoir été lui-même trop dur pour Léonard, il se vit plusieurs fois préférer Raphaël dans des travaux qu'il eût été peut-être plus capable de mener à bonne fin.

Sans revenir sur l'appréciation des sculptures de Michel-Ange, nous les mentionnerons seulement ici afin de donner l'enchaînement des faits. Jules II l'avait appelé au Vatican pour lui faire exécuter son mausolée; et l'artiste conçut alors cette œuvre immense qui devait comprendre plus de quarante statues, et que malheureusement pour sa gloire il n'eut pas la liberté d'achever. Une première fois, s'étant brouillé avec le Souverain Pontife qui avait cessé de lui fournir les sommes nécessaires et lui avait refusé audience, il avait quitté Rome abandonnant le travail commencé. Réclamé par Jules II, il se rapprocha de lui à Bologne, fit sa statue comme gage de réconciliation et revint à Rome pensant continuer son mausolée. Mais Jules II avait changé d'idée et exigea qu'il ornât de peintures la chapelle Sixtine.

C'est alors que Michel-Ange, qui n'avait jamais fait de fresques, exécuta la décoration de la voûte dans laquelle toutes les compositions sont remarquables, et plusieurs sont des chefs-d'œuvre. Citons la Création de l'homme et la Création de la femme; dans la première de ces compositions, Dieu vient de créer l'homme, il semble passer rapidement près de la terre animant l'homme en le touchant du doigt; dans la seconde, Ève remercie avec la plus tendre effusion de reconnaissance le Dieu qui vient de lui donner l'existence. Les autres sujets sont des scènes de la vie des patriarches, des figures de prophètes et de sibylles. Ces peintures ont été très-bien appréciées par Gustave Planche: « Quand on a vu, dit-il (*), ces étranges figures, on ne peut les oublier. Il reste au fond de la mémoire une impression d'étonnement et de frayeur qui se mêle à tous les rêves, et qui frappe de mesquinerie les plus hardies créations qu'on retrouve au réveil. L'énergie et la pensée inscrites sur chacune de ces physionomies prodigieuses sont tellement au-dessus de ces spectacles ordinaires, qu'on n'a plus que de l'indifférence pour la beauté purement humaine. Mais je dois dire, en même temps, que ces

(*) *Portraits d'artistes*, I, p. 84.

prophètes, si admirables de tout point, semblent mal à l'aise sur le mur où les a cloués la main de Michel-Ange. Les draperies vives et tranchées, le geste précis, la silhouette découpée avec une singulière crudité, l'ampleur dégagée du mouvement, le relief entier des figures appartiennent réellement à la sculpture. Il n'y a pas un de ces prophètes qui ne fasse regretter l'absence du marbre. On a peine à croire qu'ils soient nés sous le pinceau. Et quand le spectateur est convaincu, il ne renonce pas à son premier souhait, il voudrait toucher de la main ce qu'il a touché des yeux. »

Ces peintures achevées, Michel-Ange va reprendre le travail de son mausolée, quand Léon X succède à Jules II et l'envoie à Florence reconstruire l'église Saint-Laurent (1513).

Après le pontificat d'Adrien VI et celui de Clément VII, Paul IV, intronisé en 1534, demande à Michel-Ange de continuer les peintures de la chapelle Sixtine, et, pour décider l'artiste, il fait réduire considérablement le plan du mausolée.

C'est alors que Michel-Ange eut à peindre la fresque immense du Jugement dernier, de toutes ses œuvres celle qui a provoqué le plus d'opinions divergentes. A la première vue, l'œil est embarrassé devant cet effrayant pêle-mêle de corps qui se heurtent, se bouleversent dans les attitudes les plus violentes ; on ne se rend pas compte des différentes parties de la composition, mais, après quelques instants d'observation, voici comment les différents groupes se démêlent :

Le Sauveur apparaît comme un juge irrité ; près de lui est la Sainte Vierge dans une pose suppliante ; dans la partie supérieure sont les élus, au-dessous sont les damnés avec des serpents qui les enlacent et des démons qui les entraînent ; dans le bas de la composition, les morts ressuscitent, Caron fait entrer dans sa barque des réprouvés ; au-dessus des groupes d'élus, des anges portent la croix et les autres instruments de la passion ; au-dessus des morts qui ressuscitent, des anges sonnent de la trompette. Le regard, au premier instant, ne distingue pas les différents groupes ; cependant cette étonnante conception dans laquelle le Souverain Juge est le centre, ne manque pas d'unité comme on l'a dit souvent. Il est évident que cette scène ne peut être soumise aux règles ordinaires de la composition. Jamais il n'a été fait preuve de tant de science anatomique ; Michel-Ange se jouait des difficultés que les plus habiles dessinateurs oseraient à peine aborder : les personnages sont posés avec une surprenante facilité, une vérité irréprochable, et beaucoup avec une élégance parfaite. On peut même remarquer des scènes d'un très-beau sentiment : deux groupes de bienheureux se reconnaissent et s'embrassent, ce sont des parents qui se retrouvent. Quelques damnés expriment avec une vérité effrayante le désespoir du réprouvé qui reconnaît l'étendue de son malheur. Un grave reproche a été fait à Michel-Ange : il a traité cette composition dans des conditions de nudité tellement inconvenantes, qu'elles lui enlèvent le cachet que doit avoir une composition religieuse. Nous nous associons pleinement à cette critique ; nous ne dirons pas cependant que l'artiste chercha, en procédant ainsi, l'occasion d'étaler sa science ; il se servit des connaissances qu'il possédait à un degré incomparable, mais il s'en servit sans ostentation. Encore moins devons-nous l'accuser d'avoir cherché les satisfactions d'une imagination plus ou moins souillée ; l'esprit remarquablement énergique et élevé de Michel-Ange, religieux quoique trop familiarisé avec les idées du paganisme, était bien supérieur à de pareilles turpitudes, et ne voyait que le grandiose de cette scène épouvantable. Ajoutons que plusieurs figures manquent peut-être trop de distinction ; le Christ et la Sainte Vierge n'ont point les traits et la pose qui leur conviendraient ; le Sauveur, dans l'attitude violente que lui a donnée l'artiste, ressemble trop à un Hercule terrassant quelque monstre. Ce jour est bien le *Dies iræ;* mais le Dieu qui sous la voûte de la même chapelle paraît donner la vie à l'homme d'un regard et d'un geste, n'a pas besoin de plus d'efforts pour prononcer ces paroles : « *Allez, maudits, au feu éternel.* » Un acte de volonté, manifesté par un regard et par un signe, devait suffire.

Nous ne pouvons absoudre Michel-Ange d'avoir placé, avec

le Sauveur et la Sainte Vierge, le nocher Caron qui, comme un furieux dans sa barque, frappe sur les damnés.

Après avoir travaillé huit ans à cette fresque, Michel-Ange vécut encore vingt ans, se faisant peu d'amis, se créant peu de relations par tempérament et par système, pour ne point dilapider son temps. Il mena une vie très-austère et très-laborieuse. S'inspirant du Dante, il mêla à son exemple le paganisme aux idées chrétiennes, mais il fut sévère et grand comme ce poète. Michel-Ange avait l'âme fière, ardente et généreuse, et quand sur les instances réitérées du Souverain Pontife, il accepta la direction des travaux de la basilique de Saint-Pierre, il voulut que ce fût gratuitement, et *seulement,* disait-il, *pour l'amour de Dieu, de la Sainte Vierge et du prince des Apôtres* (*) ;

Raphaël (1483-1520) reçut de l'école spiritualiste l'inspiration et le sentiment religieux qui s'y transmettaient traditionnellement (**); d'un autre côté, il sut profiter de toutes les conquêtes, de toutes les ressources acquises à Florence ; il put réunir au plus haut degré les deux genres de mérite qui constituent l'art

---

(*) Rappelons encore ces belles paroles que Michel-Ange écrivait à la fin de sa vie :

« Porté sur une barque fragile au milieu d'une mer orageuse, je termine le cours de ma vie ; je touche au port où chacun vient rendre compte du bien et du mal qu'il a fait. Ah ! je reconnais bien que cet art qui était l'idole et le tyran de mon imagination, la plongeait dans l'erreur.

» Pensers amoureux, imaginations vaines et douces, que deviendriez-vous maintenant que je m'approche de deux morts, l'une qui est certaine, l'autre qui me menace? Non, la sculpture, la peinture ne peuvent suffire pour calmer une âme qui s'est tournée vers toi, ô mon Dieu, et que le feu de ton amour embrase.

(**) M. Rio montre avec évidence dans son histoire, comment le Pérugin et Raphaël reçurent les traditions de l'école ombrienne, et les conservèrent en les développant : « La fleur des différentes

tout entier : la pensée et l'exécution, et c'est pour cela qu'il est le premier des peintres.

Après avoir appris de son père les premiers éléments de son art, avoir travaillé sous la direction du Pérugin, il partit pour Florence où il étudia à loisir les œuvres des siècles précédents. Il était encore présent quand eut lieu le fameux concours des cartons qui le mit à même de se rendre compte du genre de Léonard et de celui de Michel-Ange.

Raphaël fut présenté à Jules II par Bramante. Aussitôt qu'il eut exécuté et découvert sa première composition, le Souverain Pontife fut tellement ravi qu'il voulut faire détruire à coups de marteau toutes les fresques peintes précédemment dans la même salle ; une seule fut épargnée, elle était du Pérugin : les vives instances de son élève la firent respecter. Indiquons sommairement les œuvres que Raphaël exécuta au Vatican, sans nous astreindre tout à fait à l'ordre dans lequel il les produisit, mais en suivant plutôt l'enchaînement logique qu'elles prennent par le choix des sujets.

Dans la décoration des galeries que l'on a appelées *Loges*, nous voyons cinquante-deux compositions prises dans la suite de la *Bible* jusqu'à Notre-Seigneur, qui est représenté dans la Cène avec ses apôtres. Les six compositions sur la création sont surtout remarquables ; créant la lumière ou séparant la terre et les eaux, donnant la vie à tous les êtres qui peuplent notre monde, Dieu nous apparaît toujours avec une puissance souveraine et une sublime majesté ; d'autres scènes sont interprétées avec une grâce incomparable : ainsi, dans une des compositions, Caïn se précipite pour ravir une pomme à son frère Abel qui se réfugie

écoles, dit-il, même celle de Florence, transplantée dans le voisinage du tombeau de saint François d'Assise, n'y a été flétrie par aucun souffle profane, et, cultivée par les mains du Pérugin et de Raphaël, elle remplit de son parfum les montagnes et les vallées d'alentour. » P. 209.

entre les bras de sa mère ; Adam, à quelque distance, travaille à ensemencer cette terre qui ne doit plus produire sans être fécondée par ses sueurs ; nous voyons dans ce tableau les tristes conséquences de la faute de nos premiers parents, mais Raphaël nous montre seulement dans Caïn le germe de cette jalousie qui le conduira plus tard au fratricide ; il ne nous met pas sous les yeux, comme il a été fait tant de fois depuis, le spectacle pénible à considérer du meurtre d'Abel ; il sait trouver dans ce sujet une scène pastorale de la plus délicieuse poésie.

Dans les quatre salles que l'on appelle *Stanzes*, Raphaël continue cette histoire de la religion envisagée au point de vue le plus élevé ; il représente : 1° la Victoire de Constantin sur Maxence, qui rappelle le *triomphe de l'Église;* 2° la Défaite des Sarrasins dont la flotte a été engloutie par une tempête ; ici *Dieu lui-même protége visiblement le domaine croissant de son Église.* — Viennent ensuite *les priviléges du Souverain Pontife :* 1° *son infaillibilité;* Léon III était accusé par les neveux d'Adrien, Charlemagne réunit des évêques et des docteurs pour juger la conduite du pape ; mais, au moment où il va demander l'avis de l'assemblée, une voix inconnue fait entendre ces mots : « Il n'appartient à personne de juger celui qui juge les autres ; » au bas du tableau sont écrites ces paroles : « A Dieu et non aux hommes de juger les Pontifes ; » 2° *son autorité divine pour confirmer la puissance des rois :* Léon III pose la couronne sur le front de Charlemagne ; 3° *la puissance du Pontife même pour apaiser les fléaux :* dans l'incendie du Bourg, Léon IV, par la vertu du signe de la croix, arrête un incendie menaçant de détruire tout un quartier de Rome. — *Les épreuves et les luttes dont l'Église est sortie victorieuse :* 1° Épreuves dans la personne même du Pontife, captif et délivré : saint Pierre sort de prison conduit par un ange ; 2° luttes pour la défense du territoire attaqué : saint Léon repoussant Attila ; 3° pour la garde des trésors confiés au Souverain Pontife : Héliodore chassé du temple ; 4° pour la conservation des dogmes qui doivent être maintenus dans leur intégrité : à Bolsène un prêtre disant la messe avait douté de la présence réelle de Notre-Seigneur dans la sainte Eucharistie, à l'instant de la consécration l'hostie et le corporal se couvrent de sang : le prêtre incrédule paraît confus, et toute l'assistance est saisi d'un religieux effroi.

Dans une autre salle, ce sont les fruits de la civilisation, et, par là même, du christianisme : la *Théologie*, la *Philosophie*, la *Poésie*, la *Jurisprudence*. Raphaël exécuta les stanzes dans l'ordre inverse à celui où nous venons de les indiquer et commença par la dernière salle. Sa première peinture au Vatican fut donc la Théologie. Le ciel et la terre rendent hommage à Notre-Seigneur, visible au ciel et sur la terre enveloppé des voiles du mystère ; tel est le sujet de cette grande composition. Le saint Sacrement est exposé sur l'autel ; de chaque côté, sont rangés en groupes animés et pittoresques les plus illustres théologiens de l'Église latine, parmi lesquels paraissent : Dante, que d'autres peintres avaient déjà placé parmi les théologiens ; Savonarole, qui parlait avec tant de ferveur du sacrement d'amour et qui sur son bûcher, avant de périr dans les flammes, mangea le pain des anges. Un des docteurs plus rapproché de l'autel montre du doigt le ciel où le Sauveur apparaît au sein d'une gloire éclatante, entouré des personnages les plus illustres de l'Ancien et du Nouveau Testament, des patriarches, des apôtres et des martyrs, de ceux qui ont préparé sa venue, l'ont fait connaître et ont scellé la foi de leur sang. Au-dessus, le Père Éternel, au milieu des anges, bénit le monde entier qui adore son fils. Au-dessous, le Saint-Esprit, au milieu d'anges tenant les saints Évangiles, révèle à la terre les sublimes secrets du paradis. Jamais peintre n'avait été en voie d'exprimer une idée aussi relevée, aussi belle, par une mise en scène aussi grandiose ; Raphaël encore adolescent fit ressortir dans cette œuvre tout ce qu'il avait appris de la pieuse école de Pérouse et donna la mesure des progrès qu'il allait réaliser. La partie supérieure par où il commença est encore dans la manière plus sèche et plus étroite du Pérugin ; les docteurs sont posés avec plus de hardiesse, sont dessinés avec plus de facilité et d'ampleur. Dans ce tableau de la théologie, nommé mal à propos dispute du Saint-Sacrement, règne entre tous les membres de l'auguste assemblée un accord parfait sur le dogme de l'Eucharistie, résumé de tous les mystères de la foi catholique.

Dans le tableau de la philosophie, au contraire, on remarque que les sages de l'antiquité, isolés ou escortés de quelques disciples, ne se retrouvent dans l'accord d'aucune pensée qui les réunisse. Raphaël a su rendre le genre d'idées de chacun de ces personnages et pour ainsi dire le tempérament de ses doctrines, par la pose, le costume et le geste. L'antiquité avait été supérieure peut-être dans l'expression d'une seule figure, mais elle n'avait pas connu cet art dont Raphaël a dit le dernier mot : de grouper, de faire agir en un tableau un si grand nombre de personnages, de mettre à la fois dans la composition de l'ordre et du mouvement, de la symétrie et de l'imprévu, de conserver l'unité d'impression avec des figures aussi variées, de représenter une seule action avec un si grand nombre d'acteurs.

Le sujet de la poésie est l'Assemblée d'Apollon et des Muses sur le Parnasse ; les poètes les plus célèbres, anciens et modernes, y figurent, et Raphaël, à bon droit, s'est rangé parmi eux.

Le sujet de la jurisprudence présente deux faits : Grégoire IX, remettant les décrétales à un avocat consistorial; Justinien, donnant les Pandectes à Tribonien. L'artiste a indiqué, par cette double scène, la loi ecclésiastique et la loi civile. Il sut d'ailleurs, pour ces deux compositions comme pour le Miracle de Bolsène et la Délivrance de saint Pierre, tirer un excellent parti de la surface à couvrir, malencontreusement coupée par une fenêtre ; la scène y est si heureusement ajustée, si peu gênée, que l'espace enlevé paraît complétement inutile. Les fresques principales des stanzes sont accompagnées de compositions moins importantes et de figures allégoriques qui les expliquent et les complètent; les figures allégoriques qui expriment la Théologie, la Philosophie, la Poésie, la Jurisprudence, sont particulièrement belles.

En considérant les compositions des stanzes, on pourrait peut-être trop incliner à dire que Raphaël fut heureux d'avoir à écrire de pareilles pages, on pourrait oublier les difficultés qu'elles présentaient, et ne pas reconnaître tout le mérite de l'artiste; il faut remarquer, au contraire, que les sujets de la première salle étaient très-abstraits et peu propres à la peinture, surtout à de grandes compositions. L'idée de la théologie ou de la poésie fait surgir un grand nombre de pensées, mais offrirait plutôt le sujet d'un poème que d'une peinture dont l'effet doit être spontané, s'expliquer au premier coup-d'œil et s'emparer à première vue de l'imagination. Les sujets de la seconde, de la troisième, de la quatrième salle présentaient des scènes plus dramatiques; mais dans toutes ces œuvres, le triomphe de l'artiste ne doit pas faire oublier les difficultés qu'il avait à surmonter. La gloire de Raphaël n'est pas d'avoir été choisi pour traiter de tels sujets, mais de les avoir traités avec une supériorité incontestable.

Raphaël eut à compléter cette magnifique série de compositions. Léon X voulait orner sa chapelle de tapisseries; son peintre fut donc chargé d'en dessiner les cartons; il prit ses sujets dans les *Actes des Apôtres*. Des critiques regardent ces compositions, non-seulement comme l'œuvre la plus admirable de Raphaël, mais comme l'expression la plus sublime de l'art. « Jamais Raphaël, dit G. Planche, n'a poussé plus loin l'accord de la pensée et de l'expression; jamais il ne s'est montré aussi élégant, aussi réfléchi. » Les tapisseries furent exécutées; des douze cartons, sept sont conservés en Angleterre.

Après avoir produit tous ces chefs-d'œuvre, qui eussent suffi à illustrer bien des artistes, Raphaël est surtout resté le peintre des madones. En ce genre, plus qu'en aucun autre, il n'a point eu de rivaux; on peut se rappeler, à ce sujet, ce qui a été dit précédemment. Nous remarquerons seulement ici, pour constater les ressources de son imagination, que Raphaël a laissé au moins cinquante toiles où la Vierge figure avec l'Enfant Jésus. La disposition générale de ces tableaux lui était en quelque sorte imposée par la tradition chrétienne et la tradition artistique, et cependant il a su la varier avec une fécondité inépuisable qui donne un cachet distinct à chaque nouvel ouvrage. Les motifs choisis par lui touchent souvent aux réalités les plus familières de la vie, mais l'élévation du style les rattache toujours à la grande peinture.

Nous n'avons encore rien dit des autres œuvres de Raphaël en dehors du Vatican, et cependant il en fit un grand nombre. Il décora le palais du banquier Chigi, appelé plus tard palais Farnèse. Il fut nommé, par Léon X, intendant de tous les monuments de Rome et chargé de veiller à leur conservation; il eut encore à s'occuper des plans de la basilique de Saint-Pierre.

On comprend à peine comment un peintre, qui mourut à trente-sept ans, put exécuter tant de travaux. Il est vrai qu'il se fit aider. Un grand nombre de Vierges furent copiées sous ses yeux et seulement retouchées par lui. Dans la décoration des loges, il ne peignit que la Création; les autres compositions furent exécutées d'après ses dessins, ses pensées et ses conseils.

Raphaël vivait entouré d'un grand nombre d'artistes qui le secondaient : Jules Romain, Perino del Vaga, Jean d'Udine, Munari de Modène, Penni, Pinturicchio, Polydore de Caravaggio. Cette sympathie parfaite d'hommes de talent plus âgés que lui, l'abnégation avec laquelle ils lui faisaient le sacrifice de leur personnalité, n'est pas la moindre gloire de ce jeune artiste en faveur. Michel-Ange seul semblait s'éloigner de lui, et le traitait comme un rival; plus habile dessinateur que coloriste, il s'était associé Sébastien del Piombo, qui connaissait toutes les ressources du coloris vénitien. Deux tableaux furent exposés, l'un de Michel-Ange, la Résurrection de Lazare; l'autre de Raphaël, la Transfiguration. Il n'y eut qu'une voix dans Rome, dit M. Audin, pour décerner la palme à Raphaël.

Un autre résultat de cette rivalité fut plus fâcheux. Vasari, élève de Michel-Ange, après avoir dénigré, avec la plus noire méchanceté, le Pérugin et Léonard de Vinci, les accusant même, contre toute vraisemblance, de n'avoir pas cru à l'immortalité de l'âme, s'efforça bien davantage encore de ternir la mémoire de Raphaël. Il écrivit contre lui de détestables calomnies, qui ont été trop souvent reproduites sans discernement par les biographes, et dont les œuvres de l'immortel artiste suffiraient à démontrer l'exagération.

Il faut reconnaître que Raphaël ne résista pas assez à des entraînements auxquels le portait sa nature ardente, et l'on ne saurait le justifier de ces déplorables écarts. Au milieu de sa carrière, il entra en relation avec l'Arioste; et sous l'influence de ce poète, l'un des plus licencieux du temps, il exécuta les peintures du palais Farnèse, dans lesquelles il montra son habileté à exprimer les idées mythologiques, mais avec des libertés regrettables. Il peignit, à la même époque, l'Incendie du Bourg, dans lequel il voulut à tort rivaliser en science anatomique avec Michel-Ange. Dans les autres compositions exécutées pendant les dix dernières années de sa vie, on remarque parfois quelques poses, quelques profils sensuels qui tendraient à exprimer une beauté mondaine plutôt que le sentiment religieux.

Cependant Raphaël demeura toujours maître de son pinceau et de ses inspirations. Si, dans cette dernière période, il progressa moins par la pureté et la suavité des sentiments que par la science, ne peut-on pas dire néanmoins que son talent grandit jusqu'à la fin? Une de ses dernières vierges, probablement sa dernière, fut la Madone de Saint-Sixte, « le plus sublime tableau, dit M. Vitet, qui soit peut-être au monde, la plus claire révélation de l'infini que les arts aient produite sur la terre (*). » Cette fois, ce n'est plus seulement dans une

(*) Page 55.

scène gracieuse, au milieu d'une belle campagne, mais dans tout l'éclat de la gloire du ciel, au milieu des anges, que l'artiste nous montre la Sainte Vierge, avec une profondeur de pensée et une élévation de sentiment qu'il n'avait point encore atteintes.

La dernière composition de Raphaël fut la Transfiguration de Notre-Seigneur. Dans cette scène sublime l'artiste n'a plus seulement à nous représenter le Sauveur opérant quelque guérison miraculeuse, ou bien célébrant la dernière cène avec ses apôtres, et leur disant avec tristesse que l'un d'eux le trahira ; il doit nous montrer son humanité transfigurée, illuminée de cette gloire éblouissante dont elle sera revêtue au ciel, et dont les apôtres ne purent soutenir l'éclat sur le Thabor. Ici ce n'est plus une âme sanctifiée rayonnant à travers son enveloppe de chair qui doit nous apparaître, mais la divinité transfigurant l'humanité. Le moyen-âge, pour exprimer la pensée, employait souvent des moyens extérieurs, avait recours à des attributs, à un symbolisme un peu matériel. Mieux qu'aucun autre, Raphaël avait fait comprendre l'expression de ses personnages par la pose, le geste et les traits de la physionomie ; il n'avait eu besoin d'aucun autre secours pour rendre la pensée avec toutes ses nuances, si ardent que fût le désir, si élevée que fût l'extase ; mais c'est dans le Christ de la Transfiguration qu'il a laissé le plus bel exemple de cette puissance. Pour faire briller l'humanité transfigurée sur le Thabor, il n'a eu recours qu'au contraste de l'humanité déchue dans le possédé que l'on présente, pour être guéri, aux apôtres restés au bas de la montagne. Les deux groupes de la composition sont reliés dans une parfaite unité par la pensée si profonde de ce contraste et aussi par le geste énergique de plusieurs apôtres, indiquant sur la montagne Celui qui délivrera le démoniaque. De plus, le groupe de la terre, par son agitation et ses ombres vigoureuses, contribue à faire ressortir la splendeur et le calme de la scène céleste.

Cette œuvre fut le dernier et le plus beau triomphe du peintre. Quand Raphaël l'eut achevée, la mort vint le frapper, comme si le terme de sa vie avait dû être marqué par ce succès, où il venait d'atteindre la dernière limite de son art (*).

Terminons ces appréciations sur Raphaël en rappelant cette parole de Michel-Ange : « Raphaël dut moins sa perfection aux dons de la nature qu'à de longues études. » Il faisait disparaître le travail dans l'exécution dernière ; mais nous savons, par différents dessins qu'il nous a laissés, que le résultat était toujours obtenu au prix de recherches et de tâtonnements. De même, Racine avait appris de Boileau à faire difficilement des vers faciles. Raphaël était doué d'une facilité exceptionnelle ; « cependant, dit M. Audin, il ne portait pas plus des madones que Lafontaine ne portait des fables. »

(*) Raphaël était épuisé, non par le plaisir, comme le prétend Vasari, mais par ses travaux multipliés, par ses courses à travers les antiques monuments de Rome, dont il avait entrepris de relever tous les plans, par des veilles prolongées souvent jusqu'à une heure avancée de la nuit, près de la lampe allumée par son vieux serviteur, l'austère Fabio Calvi.

Arrivé un jour fort échauffé dans une des salles du Vatican, où il resta longtemps à attendre les ordres du Souverain-Pontife, Raphaël fut saisi par un refroidissement ; le mal s'aggrava très-rapidement. Le grand artiste comprit qu'il devait renoncer à ce monde, où il occupait un rang si brillant, et accepta son sacrifice avec calme et résignation. Pendant les derniers jours qui lui restèrent, il montra les sentiments de la foi la plus vive et de la piété la plus ardente.

Les nouveaux documents tirés des archives palatines de Modène, et récemment publiés par M. le comte de Campori, contribuent à prouver combien tous les instants de Raphaël devaient être absorbés par les travaux les plus variés.

On peut consulter avec plus de profit encore sur le même sujet les savants travaux de M. Passavant.

Avant d'étudier l'histoire de la peinture en France, ajoutons quelques mots sur les écoles de l'Italie et sur les écoles des différentes contrées de l'Europe.

Après la mort de Raphaël, les peintres qui faisaient cortége à cet illustre maître se dispersèrent; les liens qui les unissaient étaient brisés. Jules Romain se retira à Mantoue, Penni à Naples, Perino del Vaga à Gênes. Ces artistes avaient acquis une grande habileté; mais abandonnés à eux-mêmes, ils firent reconnaître, par la décadence rapide de leurs œuvres, combien était puissante la pensée qui, au Vatican, en dirigeant leurs pinceaux, était pour ainsi dire l'âme de leurs travaux. Jules Romain, dans le palais du T, dont il avait donné les dessins, peignit la Guerre des Titans; il essaya d'imiter l'énergie de Michel-Ange, mais il fut sans élan, sans spontanéité. Perino del Vaga, craignant de trouver des rivaux dans ses élèves, se préoccupait surtout de leur cacher les procédés de l'art, et faisait de la spéculation en produisant le plus rapidement possible et au prix le plus élevé. Les qualités du maître se transformèrent en défauts chez les élèves; le sentiment devint de l'affectation, la grâce et l'élégance ne furent plus qu'une recherche maniérée. Du reste, le genre de Michel-Ange avait prévalu, et l'influence de cet artiste devait être plus désastreuse que celle de Raphaël; ses imitateurs voulurent faire parade de science anatomique et ils n'eurent pas la puissance et l'énergie de l'artiste florentin. Souvent, en recherchant de la passion et du mouvement, ils ne trouvèrent que des poses contournées, et souvent aussi ils créèrent des œuvres plus inconvenantes que celles de Michel-Ange. L'art perdit donc ses qualités les plus essentielles : la pensée, la noblesse, l'élévation du sentiment. Baroccio essaya vainement de lutter contre l'envahissement du mauvais goût, et de rappeler les peintres aux principes des maîtres qu'on ne comprenait déjà plus.

Michel-Ange de Caravaggio (1569-1609). Le Caravage, que l'on peut reconnaître à ses ombres d'une vigueur exagérée, eut une grande réputation et une influence très-étendue; mais il ne copia, le plus souvent, qu'une nature commune et sans distinction.

A Rome, le paysage seul progressa, et arriva à sa perfection au milieu du XVIIe siècle. Pierre de Cortone se distingua en ce genre; mais les plus habiles paysagistes furent des étrangers : les deux Poussin, Claude Lorrain. Cependant la ville éternelle restera toujours le centre des arts; elle possède les incomparables modèles auxquels les artistes des différentes contrées de l'Europe viendront demander la révélation des grands principes de l'art.

Aux peintres de Florence déjà connus, ajoutons les noms de Fra Bartolomeo et d'Andrea del Sarto.

Fra Bartolomeo (1469-1517) fut un fervent disciple de Savonarole. Ce religieux avait entrepris une réforme sociale, et il s'élevait hautement contre le paganisme dans les arts. « Vos notions sur la beauté, disait-il aux peintres, sont empreintes du plus grossier matérialisme... La beauté! mais c'est la transfiguration, c'est la lumière de l'âme! » Il condamnait hautement tout ce qui pouvait dépraver l'imagination, et aurait voulu rétablir le règne de Jésus-Christ dans les cœurs. Sa parole éloquente persuadait le peuple de Florence. Chacun livrait avec empressement les objets d'arts et de luxe réprouvés par le religieux. Ce que l'on appelait l'anathème était dressé sur une place publique et livré aux flammes. Mais Savonarole avait contre lui les usuriers, les marchands, les riches capitalistes. Nous n'avons point à raconter l'événement tragique par lequel se termina la lutte (1498). Rappelons seulement qu'au Vatican, quelques années plus tard, Raphaël représentait Savonarole parmi les grands docteurs de l'Église.

C'est après que Savonarole eut péri dans les flammes du

bûcher, que Baccio della Porta se fit religieux dans le couvent Saint-Marc, où il prit le nom de Fra Bartolomeo. Pendant quatre années, tout entier à sa douleur et à la piété, il ne voulut pas s'occuper d'art (*). Vers 1502, il venait de reprendre ses pinceaux quand Raphaël arriva à Florence. Les deux artistes se lièrent de l'amitié la plus étroite et la plus durable. Raphaël enseignait la perspective à Bartolomeo, et Bartolomeo le coloris à Raphaël. Le talent de Bartolomeo, retrempé dans les méditations du cloître, produisit un grand nombre d'œuvres remarquables, où l'on admire l'élévation de la pensée, la belle disposition des groupes, l'excellent agencement, la souplesse et la vérité des draperies, souvent aussi la beauté du coloris.

On reconnaît facilement, aux œuvres d'**Andrea del Sarto** (1448-1530), qu'il ne suivait point les principes de Savonarole; elles sont remarquables par le coloris, l'animation et la grâce des figures, la correction du dessin; mais elles manquent de noblesse, d'expression et de beauté idéales. Après une année de séjour en France où l'avait appelé François Ier, il revint à Florence, et y dépensa honteusement une somme considérable que le roi lui avait confiée pour acheter des antiques; sa vie tout entière fut agitée et malheureuse.

Les peintres vénitiens se sont distingués surtout par la vérité avec laquelle ils ont rendu la nature, et principalement par la richesse et la vérité du coloris. Mais ils ne se préoccupèrent pas assez de la vérité historique dans la représentation de chaque fait; ils la dédaignèrent même souvent, au point qu'à la vue d'un de leurs tableaux on ne soupçonnerait pas quel en est le sujet.

Paul Véronèse (1513-1572), qui résume les qualités et les

(*) Boticelli, Lorenzo di Credi, avaient cédé au même découragement; l'architecte Cronaca, Lucca della Robbia et bien d'autres s'étaient montrés très-dévoués à Savonarole.

défauts de cette école, introduit, dans les scènes de l'Évangile, des princesses, des seigneurs revêtus de brillantes étoffes et d'armures étincelantes, des musiciens, des pages et des lévriers. Dans ses Noces de Cana, il fait asseoir à la même table que le Sauveur, François Ier, Charles-Quint, le sultan; il est évident qu'une composition ainsi traitée, quelles qu'en soient d'ailleurs les qualités, manque son but principal; elle charme les yeux beaucoup plus qu'elle ne s'adresse à l'intelligence et au cœur.

Dans les compositions du **Tintoret** (1512-1594), avec des négligences, il y a plus de verve d'exécution, plus de mouvement dans les figures, plus d'animation dans les groupes.

Le Titien (1477-1576) se fait remarquer, dans l'école vénitienne, par la pureté de son goût, par plus de réserve, plus de vérité dans la mise en scène, par la dignité, la noblesse de ses figures. Dans toutes ses œuvres, il reste cependant à une immense distance de Raphaël pour la grandeur de la conception, l'expression de la pensée, l'élévation du style.

Les peintres vénitiens introduisaient, avec beaucoup trop de liberté, des portraits dans leurs tableaux; il faut convenir aussi que ce genre en lui-même fut traité par eux avec les qualités les plus brillantes. Ils possédaient pour cela les ressources les plus favorables, assez de dessin pour copier la nature fidèlement et spirituellement; le coloris le plus vrai, le plus éclatant; de plus, une imagination fleurie, gracieuse et poétique.

Remarquons encore que, si les compositions de ces peintres manquent de vérité, elles ne montrent pas le sujet sous un aspect qui le déprécie, et provoque le sourire; le brillant de la mise en scène laisse ignorer le fait, mais ne le rend pas ridicule.

Aux noms déjà cités, ajoutons ceux des frères Bellini, qui fondèrent la gloire de l'école vénitienne: Gentile (1421-1501), Jean (1426-1516); Palme le Vieux, qui avait travaillé en concurrence du Titien; Georgione (1477-1511), qui dans sa courte carrière montra les mêmes qualités que le Titien; Sebastiano del Piombo (1485-1547), que s'était associé Michel-Ange pour lutter contre Raphaël; Le Bassano, qui transforma les scènes splendides de Paul Véronèse en libertés repoussantes. Les brillants banquets de Véronèse devinrent sous le pinceau du Bassan des régalades rustiques; l'Adoration des bergers, l'Apparition des anges aux pasteurs ne furent plus que des scènes d'écurie ou de marchés aux bestiaux. Palme le Jeune (1544-1627) eut plus de dignité et de réserve, mais fut un peu maniéré; Canaletto (1696-1768) peignit avec succès des paysages, des vues de Venise.

Les peintres que l'on a réunis pour former l'école de Lombardie, parurent dans différentes villes de cette contrée, et furent soumis à diverses influences (*). Les œuvres de Mantegna (1430-1506), un peu comme celles de tous les peintres primitifs, avec des contours secs, des draperies trop raides, ont le mérite de l'expression et du sentiment, l'originalité de la pensée.

Antonio Allegri, dit le **Corrége** (1494-1534), se présente avec des qualités supérieures. Les peintures de cet artiste qui sont venues jusqu'à nous, de même que celles des peintres vénitiens, sont encore dans l'état le plus parfait de conservation. Elles ont au plus haut degré l'harmonie et la puissance de la couleur. Les procédés du Corrége cependant étaient très-différents de ceux du Titien et de Paul Véronèse. Sa principale ressource était le clair obscur, et il en a usé avec plus d'habileté qu'aucun autre peintre. « Au lieu de s'attacher à nous offrir la forme du corps en pleine lumière, Antonio Allegri a tenté surtout d'exprimer ce que Milton appelle, dans le *Paradis perdu*, les

---

(*) Léonard de Vinci avait fondé une académie à Milan; Jules Romain vint plus tard se fixer à Mantoue.

ténèbres visibles, c'est-à-dire qu'il s'est efforcé de peindre les corps dans la pénombre, en ménageant si bien la dégradation des teintes, que l'œil découvre parfaitement la forme, malgré la pénurie de la lumière (*). » Dans ses compositions, il ne rapproche pas brusquement les ombres et les lumières, mais il joint la lumière à la lumière, l'ombre à l'ombre, conduit de l'un à l'autre par des transitions insensibles, et produit ainsi un effet plus simple et plus puissant. Il est moins savant que Michel-Ange, et cependant il réalise des prodiges dans les raccourcis de ses figures, qu'il fait paraître perpendiculaires sur des surfaces horizontales. Bien que ses poses soient quelquefois trop contournées, il réunit à un haut degré la grâce et l'énergie. Ajoutons qu'il excelle à peindre les enfants ; ses figures de chérubins sont délicieuses de candeur et de naïveté. Mais si nous cherchons dans les œuvres du Corrége l'expression, nous remarquons que, le plus souvent, il s'adresse aux sens plus qu'à l'intelligence ; son mérite est dans les qualités extérieures de l'art bien plus que dans la pensée et l'inspiration. Son œuvre principale est une Assomption de la Sainte Vierge, peinte dans la coupole de la cathédrale de Parme ; des apôtres, des saints en grand nombre, des archanges aux ailes déployées assistent au triomphe de la Vierge ; l'archange Gabriel descend vers Marie, des anges la soutiennent et l'accompagnent, jouant des instruments, chantant, applaudissant, brûlant des parfums ; toute cette fête est brillante de joie, éclatante de lumière. « Cependant, en admirant cette Assomption, dit M. Coindet, on oublie très-vite que l'on a sous les yeux une scène du christianisme. Ce n'est pas une assomption, c'est une apothéose (**). » L'influence du Corrége fut considérable, et de sa nature elle était plus funeste que celle de Raphaël ; le peintre d'Urbin est noble, sérieux,

---

(*) G. Planche, 121.
(**) *De la peinture en Italie*, 392.

élevé, et s'adresse à notre cœur et à notre intelligence ; le Corrége est gai, brillant ; par la grâce de la forme, il fait oublier la pensée et le sentiment. « Son Assomption de la Vierge ravit d'admiration un artiste, elle ne satisfait pas le spectateur qui cherche, au delà des merveilles de l'art, une pensée qui parle à son âme (*). »

Citons encore le Parmesan (1504-1540) ; moins matériel dans ses formes que le Corrége, en recherchant trop la grâce, il arrive souvent à l'affectation.

L'école bolonaise n'avait eu aucun peintre illustre après Francia, mort en 1535. Sa période la plus brillante s'ouvrit tout-à-coup à la fin du XVIe siècle, quand toutes les écoles italiennes disparaissaient dans une décadence de plus en plus rapide. Il est vrai que cet éclat fut tout d'emprunt. Les **Carrache,** qui eurent le mérite de cette rénovation, entreprirent une fusion de tous les styles, un mélange des beautés caractéristiques de chaque école. Louis Carrache (1555-1619) avait été surnommé le Bœuf ; il travaillait en effet avec patience et lenteur, ruminait sans cesse sur ce qu'il avait appris. Il n'était pas sans imagination, mais il avait surtout le sens droit et un vif sentiment du beau ; il comprit que la meilleure route à suivre était de revenir sincèrement à l'imitation des maîtres que ses contemporains avaient délaissés. Il étudia, avec une infatigable persévérance, la Sainte Cécile de Raphaël, qui faisait partie de la galerie de Bologne ; il alla à Venise copier le Titien et demander au Tintoret ses conseils, séjourna à Florence, à Parme. De retour à Bologne, il eut à soutenir une lutte terrible contre les peintres et le public ; il associa à son entreprise ses deux cousins : Augustin, esprit aimable et lettré ; Annibal, plus passionné, dont les œuvres furent plus remarquables, mais dont le caractère jaloux et violent amena entre les trois artistes les

(*) Coindet, *Item*, 394.

dissensions les plus fâcheuses, des haines qui se continuèrent entre leurs élèves. Une œuvre de Louis décida enfin la victoire; toute la ville de Bologne se prononça en faveur des trois artistes, qui ouvrirent aussitôt une académie où accoururent tous les jeunes peintres de la cité. Le succès fut complet ; les Carrache étendirent leur influence jusqu'à Rome, où ils ouvrirent une académie semblable à celle de Bologne. Ils s'efforçaient de transmettre, dans un enseignement suivi, les procédés de l'art empruntés aux œuvres du passé. Le métier, il est vrai, était substitué à l'originalité individuelle, la recette tenait lieu d'inspiration. L'artiste qui puise l'inspiration dans son enthousiasme religieux ou poétique, trouve dans son propre cœur l'image qu'il veut reproduire ; il ne va pas emprunter à l'un son crayon pour en tracer les contours, à l'autre un peu de fard pour la colorier, à celui-ci ses draperies pour l'orner, à un autre une expression qui n'est pas la personnification de cette figure.

Les Carrache recherchaient surtout les grands effets pittoresques, les raccourcis plutôt que la pureté de la forme et la puissance de l'expression. Ils étaient inférieurs aux grands maîtres qui les avaient précédés; mais ils relevèrent la peinture de cette décadence profonde où l'avaient jetée les maniéristes, et pour établir la valeur de cette école qui eut une immense influence sur les arts en Europe, il suffit de remarquer qu'elle forma le Dominiquin, Guido Reni, l'Albane, Lanfranc, le Guerchin, les deux Molla et bien d'autres.

Dominico Zampieri, le Dominiquin (1581-1641), que Poussin estimait le plus grand peintre après Raphaël, fut toute sa vie en butte à la haine de Lanfranc; celui-ci bien inférieur par le talent, mais insinuant et audacieux, eut l'existence la plus brillante, tandis que le Dominiquin vécut dans la tristesse et le dénuement. L'œuvre la plus célèbre du Dominiquin est la Communion de saint Jérôme placée au Vatican en face de la Transfiguration de Raphaël. Dans cette composition, il avait imité un tableau d'Augustin, cédant aux obsessions jalouses d'Annibal qui, pour amoindrir la réputation de son frère, voulait lui susciter un rival. Le Dominiquin surpassa en effet Augustin, mais à son tour il sentit bientôt de nouvelles animosités provoquées contre lui par Annibal ; il avait le tort, il est vrai, de puiser ses idées dans les œuvres de ses antagonistes ; son Aumône de sainte Cécile est une imitation de l'Aumône de saint Roch d'Annibal Carrache. Le Dominiquin exécuta encore le Martyre de saint Pierre de Vérone, seize fresques remarquables dans la cathédrale de Fano.

L'Albane et le Guide vécurent en hostilité ouverte. Au spectacle de ces dissensions haineuses dans l'école des Carrache, la pensée se reporte naturellement vers celle de Raphaël, et l'aimable figure du peintre d'Urbin grandit encore par cette comparaison. Cinquante artistes de talent travaillaient sous sa direction ; tous vivaient dans le plus parfait accord ; leur cœur et leur volonté semblaient s'absorber dans le génie du maître qui leur prêtait ses inspirations. Après la mort de Raphaël, l'unité de sentiments et de vie artistique est rompue ; l'école disparaît ; celle des Carrache survit aux maîtres, mais c'est pour continuer les inimitiés dont ils ont donné le déplorable exemple. — Les œuvres du **Guide** (1575-1642) sont assez inégales ; les plus belles sont celles dont les sujets sont empruntés au paganisme. Ordinairement, les formes et la couleur sont séduisantes ; mais la pensée n'est pas profonde, et le sentiment est exprimé avec froideur. — **L'Albane** (1578-1660) ne cherche point à s'élever dans les hautes régions de l'art ; il se plaît à grouper des riantes figures d'enfants au sein de frais paysages : aussi reste-t-il païen dans ses sujets religieux. Sa meilleure composition est l'Enfant Jésus endormi sur la croix. — **G.-F. Barbieri, le Guerchin** (1590-1666), appartient par la nature de son talent à l'école des Carrache ; il en a les qualités et les défauts. Son œuvre principale est le tableau de Sainte Pétronille.

« L'école bolonaise, dit M. Coindet (*), semble avoir con-

(*) P. 320.

tinué son influence jusqu'à l'époque moderne ; la forme prévalut sur la pensée. On fait un tableau en vue de certains effets de couleur ; que de figures qui ne sont que des mannequins sur lesquels l'artiste étale la combinaison de ses étoffes ou qui prennent certains airs de tête, comme le comédien qui se grime pour personnifier un rôle ! »

A Gênes et à Naples, les arts avaient été pratiqués, mais sans présenter ce cachet spécial qui caractérise une école. Dans la première de ces villes parurent : Giovanni-Benedetto Castiglione (1616-1670), qui représenta surtout des caravanes orientales, des marchés d'animaux, des scènes de vendanges; Bernardo Strozzi, dit le Capuccino (1581-1644), dont le talent fut plein de feu, mais inégal, le dessin incorrect, et les figures souvent sans noblesse.

Salvator Rosa (1615-1673), obligé comme bien d'autres peintres de lutter contre la volonté paternelle pour suivre sa carrière d'artiste, eut une vie féconde en aventures. A l'âge de dix-huit ans, étudiant des sites sauvages dans les solitudes de la Calabre, il fut pris, dit-on, par des bandits, avec lesquels il resta pendant plusieurs mois, dessinant au milieu de cette étrange société. A Rome, où il ne pouvait se faire connaître par ses peintures, il attira sur lui l'attention un jour de carnaval, en faisant au milieu de la fête un rôle de charlatan, chantant, improvisant des épigrammes et des lazzi ; il eut ensuite une vogue immense. Salvator Rosa peignait avec une verve et une vigueur incomparables. Ses sujets préférés sont des haltes de brigands dans des paysages de la plus âpre nature; on n'y voit que des roches éboulées, des torrents s'échappant d'une caverne et versant dans l'abîme leurs flots écumants, des troncs noueux dépouillés de leur écorce, et portant vers les nues leurs cimes battues par la tempête ; là, point de ces frais ombrages qui invitent les bergers au repos, de ces eaux limpides auxquelles les troupeaux aiment à se désaltérer. Ses marines, moins brillantes que celles de Claude Lorrain, ont cependant de la grandeur et de la poésie ; dans ses batailles, il excelle à représenter le pêle-mêle de la lutte la plus acharnée. Salvator Rosa prend une place à part dans l'histoire de la peinture ; il parle à l'imagination ; mais l'entraînement avec lequel il travaille lui fait négliger les beautés de détails, et les sujets qu'il traite sont d'un intérêt secondaire. Salvator Rosa était né près de Naples. Dans cette ville naquit Giordano (1632-1705), qui se distingua par la fécondité de son imagination et sa facilité à imiter les différents maîtres.

Les écoles allemande, flamande, hollandaise demandèrent à l'Italie son enseignement, mais ne lui empruntèrent pas le caractère de ses œuvres ; elles s'élevèrent moins dans le monde idéal, s'arrêtèrent davantage à la reproduction de la nature. Ce procédé, inférieur dans toutes les contrées, était bien plus fâcheux encore en Flandre, en Hollande et en Allemagne. Là, en effet, les artistes n'avaient à copier qu'une nature commune, des costumes qui ne se prêtaient aucunement au style des grandes compositions et ne pouvaient que paraître bizarres aux regards des étrangers. Léonard de Vinci, Raphaël avaient sous les yeux une nature plus élégante, et cette nature, ils l'idéalisaient afin de la rendre plus expressive. Aussi quelle différence entre les productions de ces écoles ! En Italie, les faits de l'Évangile, qui ne sont que des scènes de la vie familière, dans lesquelles figurent la Sainte Vierge, l'enfant Jésus, sainte Anne, saint Joseph, se transformaient et devenaient des tableaux du sentiment le plus suave et le plus élevé. En Hollande et en Allemagne les mêmes scènes restent des intérieurs de ménage qui nous font sourire tant ils sont traduits avec bonhomie.

Mais oublions l'école italienne, si nous voulons être juste envers celles de Flandre et d'Allemagne ; les grands artistes de ces contrées, eux aussi, dans une certaine mesure ont interprété la nature. Ils sont restés dans des données un peu matérielles, leurs œuvres nous montrent l'âme humaine à travers une enveloppe un peu épaisse; cependant, ils traduisent à leur façon les sentiments humains et religieux, ce fond de la nature humaine qui ne varie pas avec les contrées. Il est du reste dans leurs œuvres des tableaux d'un genre secondaire, des paysages par exemple, où la nature, vue avec simplicité, rendue avec amour, conserve tout son charme et devient de la poésie. Nous ne parlons pas des scènes de tavernes, des kermesses, de ces fêtes en plein vent, où le peuple se livre, sans mesure, aux joies les plus grossières; cependant les peintres flamands et hollandais ont fait merveille en ce genre dans lequel se distinguèrent surtout les Teniers.

Parmi les peintres qui ont fait honneur aux écoles du Nord, nous devons citer d'abord Van Eyck et Hemeling. La plus belle œuvre de Van Eyck, est le Triomphe de l'Agneau, à Gand; cette scène est composée avec grandeur, mais on y retrouve les défauts de l'école dans les physionomies et les costumes. Van Eyck nous laisse sur la terre; Hemeling, dont le talent est beaucoup plus idéaliste, nous transporte dans le ciel par ses tableaux religieux. Dans le paysage, se distinguèrent: Paul Bril, Asselyn, Both, Vanden Velde, Hobbema, Huysmans, Paul Potter, Berghem, Ruysdael; dans les marines, Van Goyen, les Vanden Velde, Peters; dans les chasses ou les cavalcades, Wouvermans, Van der Meulen, Albert Guy, Karel Dujardin; dans les scènes de la vie privée, Gérard Dow, Gonzalès Coques, Jacques Wanloo.

Au-dessus de ces renommées furent celles de Rubens, de Van Dick et de Rembrandt.

Rubens (1577-1640) avait étudié à Rome, à Florence et à Venise. Il semble qu'il associa les qualités de Michel-Ange et de Véronèse, sans imiter cependant aucun de ces deux maîtres. Mieux que nul autre peintre, il a rendu la chair vivante et frémissante; ce mérite est pour nous de beaucoup inférieur à celui de la pensée, mais il a sa valeur, et nous devons le reconnaître au plus haut degré dans Rubens. La Descente de Croix, placée à la cathédrale d'Anvers; le Crucifiement de saint Pierre à Saint-

Pierre de Cologne sont les chefs-d'œuvre de cet artiste. Dans la suite de tableaux représentant l'histoire de Marie de Médicis, faite pour le Luxembourg, et placée aujourd'hui au Louvre, Rubens a déployé toute la richesse de sa palette, mais s'est aussi abandonné avec trop de liberté aux fantaisies de son imagination, associant des naïades et des tritons à des personnages du christianisme. L'habileté de l'artiste, si grande qu'elle soit, ne fera jamais accepter de semblables licences.

Van Dick (1599-1641), élève de Rubens, se distingua surtout dans le portrait.

Rembrandt (1606-1674) avait encombré son atelier de vieux meubles, de trophées d'armes, d'étoffes de tous les genres, et il montrait ces objets en disant : « Voilà mes antiques. » Il ne voulait étudier que la nature. Il ne faut pas chercher dans ses compositions la noblesse du style, la vérité historique, la couleur locale. Rembrandt néglige toutes ces conditions ; il ne garde que la vérité générale du fait qu'il représente. Ainsi, il nous montre la Descente de Croix telle qu'elle se serait passée dans les environs d'Amsterdam. Les acteurs sont des personnages hollandais, une populace nombreuse est accourue au spectacle et le bourgmestre est là pour maintenir l'ordre. Rembrandt ne poursuit que la vérité humaine sans acception de temps ou de lieu. « C'est l'homme qu'il interroge, c'est l'homme qu'il veut exprimer, c'est l'homme qu'il émeut et qu'il attendrit, qu'il exalte et qu'il plonge dans la rêverie, qu'il emporte d'un vol puissant dans les régions les plus hautes de la fantaisie, ou qu'il étreint d'une douleur poignante (*). » Ajoutons que, dans les faits de l'Évangile, il ne voit et ne traduit que le côté humain. La scène réduite à ces proportions est comprise par Rembrandt avec le sentiment le plus profond, traduite au moyen des procédés les plus puissants (**). Corrége distribuait

---

(*) G. Planche, 78.
(**) « Les sujets religieux, dit M. Vitet, convenaient à son talent

et mesurait la lumière avec réserve. Rembrandt condense les ombres sur la plus grande partie de son tableau, où nous ne voyons plus que des figures aux formes incertaines, comme elles nous apparaîtraient dans un épais crépuscule; mais aussi, par cet artifice, les personnages qu'il veut nous montrer acquièrent un relief et une lumière sans pareils. Rembrandt procède par opposition beaucoup plus que le Corrége. Ses principales œuvres sont : la Ronde de nuit, le Christ en croix, le Christ détaché de la croix, la Résurrection de Lazare, les Vendeurs chassés du temple, la Leçon d'anatomie. Nous avons fait précédemment l'éloge des portraits et des paysages de Rembrandt.

En Allemagne parut Albert Durer (1471-1528). Cet artiste produisit un grand nombre de compositions religieuses et de portraits qui lui ont acquis une célébrité que l'on comprend, surtout en tenant compte de l'époque à laquelle il vécut. Il fut habile comme peintre et comme graveur. — Holbein de Bâle (1498-1554) se distingua surtout par ses portraits; il ne quitta jamais le sol ingrat et prosaïque de la réalité; il n'apporta dans la pratique de son art ni cette vivacité d'imagination qu'on admire dans les artistes italiens et espagnols, ni cette foi ardente qui rend intéressantes les œuvres de ses compatriotes.

Les artistes de l'école espagnole étaient doués d'une brillante imagination; ils avaient sous les yeux une riche nature, et leurs œuvres, sans avoir le caractère d'idéalisme élevé, de correction, de pureté de style que nous avons admiré dans l'école italienne, sont cependant d'un grand intérêt. L'école

encore plus qu'à ses croyances. Eux seuls lui fournissaient un prétexte plausible à ces illuminations magiques, sans lesquelles il perdait une partie de sa puissance. S'il aime, par exemple, à nous montrer l'homme-Dieu sur un tombeau, sommant la mort de lui rendre son ami, c'est qu'il fera jaillir sous le geste du Sauveur comme un éclat de splendide clarté. Toute sa composition se résume dans cette invasion de lumière. »

d'Espagne compte, plus de huit cents peintres; indiquons les plus remarquables. Velazquez de Silva (1599-1660) composait avec science et rendait la nature avec exactitude. — Ribera, dit l'Espagnolet (1588-1656), affectionnait surtout la représentation des vieillards et des martyrs, dont il rendait les supplices avec une effrayante vérité. Riche et comblé d'honneurs, cet artiste était encore tourmenté de la jalousie la plus inquiète. A Naples, où il travaillait, se forma sous son inspiration une abominable cabale qui ne permettait à aucun peintre étranger de venir s'établir dans la ville; les disciples soutenaient d'ailleurs, à la pointe de l'épée, la supériorité de leur maître. — Murillo (1618-1682) est, à juste titre, l'artiste le plus célèbre de l'école espagnole. La France possède plusieurs de ses tableaux, dont l'un, l'Immaculée-Conception, a été acquis au prix de 615,300 fr. — Alonzo Cano (1601-1667) fut à la fois architecte, peintre et sculpteur. Nommons encore Juan de Joanès et Zurbaran.

L'Angleterre a produit beaucoup plus d'habiles collectionneurs que de grands artistes. Il serait facile de dresser un catalogue complet de ses peintres. L'ingénieux et spirituel Hoggard (1697-1764), dans des compositions mal dessinées, donna des leçons de morale avec sentiment et gaîté. — Reynolds (1723-1793) fit un grand nombre de bons portraits; sa peinture est harmonieuse, mais sans chaleur et sans fermeté. — Thomas Laurence fit aussi un grand nombre de portraits bien composés et dessinés avec exactitude. — Flaxman (1755-1826) a traduit dans des dessins énergiques Homère, Hésiode, Eschyle et Dante; il avait étudié attentivement l'art antique, et s'efforça d'y revenir dans ses œuvres. Il composait bien, mais en modelant et en sculptant il ne savait pas mesurer la forme. Actuellement, les Anglais font surtout des tableaux de genre; nous devons citer Lendseer, qui a le mérite de nous traduire les mœurs des animaux avec un sentiment élevé et poétique.

LA PEINTURE EN FRANCE.

MOYEN-ÂGE.

Aussi loin que nous pouvons remonter dans notre histoire, nous reconnaissons que nos ancêtres aimaient les représentations coloriées; ils les recherchaient, non-seulement pour les murailles de leurs temples, mais même pour leurs habits. Vers la fin du IV⁰ siècle, Astenus, évêque d'Amasie, dans un passage de ses écrits cité par le R. P. Arthur Martin, parle du goût de son temps pour les étoffes ornées de figures... « On est avide, dit-il, d'avoir pour soi, pour sa femme et pour ses enfants, des vêtements ornés de fleurs et de figures sans nombre, de sorte que, quand les riches viennent à se produire en public avec ces peintures, les petits enfants se rassemblent, les montrent au doigt en riant et leur laissent à peine un moment de répit. Ce n'est pas assez d'*orner les murailles*, il faut animer les tuniques et les manteaux qui les couvrent. » Le poète saint Fortunat nous apprend comment saint Grégoire de Tours fit peindre la basilique élevée, par ses soins, sur le tombeau de saint Martin (*); le grand historien des Gaules nous dit à son tour comment l'épouse de saint Namace, ayant fait construire à Clermont une église en l'honneur de saint Étienne, lisait aux peintres les histoires de

---

(*) Saint Fortunat parle aussi des peintures que saint Félix, évêque de Nantes, avait fait exécuter dans sa cathédrale.

l'ancien temps afin de leur donner les sujets qu'ils devaient représenter sur les parois des murailles. Sous les rois de la première race, l'usage d'orner les temples de peintures était devenu général, et Charlemagne fit de cet usage une loi que l'on observa même après la mort de ce grand prince.

La peinture eut comme les autres arts des périodes de ralentissement. Le goût si mobile de notre nation cherchait satisfaction dans des richesses d'un genre différent ; ainsi il y eut en France de florissantes fabriques de tapis sur lesquels on représentait des sujets profanes pour les châteaux et des sujets religieux pour les églises ; celle de Saint-Florent datait de l'an 985 ; l'Italie elle-même fit des commandes à la ville de Poitiers.

Au XI° et XII° siècle furent exécutés dans les églises d'importants travaux de peinture. Parmi ceux qui ont été conservés, nous devons citer ceux de Saint-Savin, en Poitou; par les proportions, ils sont plus considérables que tout ce que l'on avait fait à la même époque en Italie. Les personnages sont posés avec un mouvement dramatique et des gestes d'une remarquable énergie ; les formes peu modelées sont indiquées par des contours bruns bien accentués (*). On voit, à Saint-Jean de Poitiers, des peintures du même caractère. A Saint-

(*) « Les accessoires, dit M. Mérimée, les nuages, les arbres, les rochers, les bâtiments, ne dénotent pas la moindre idée d'imitation ; ce sont plutôt en quelque sorte des explications graphiques ajoutées aux groupes de figures pour l'intelligence des compositions. A côté de cette indifférence pour les détails, ou si l'on veut de cette ignorance primitive, on remarque parfois une imitation très-juste et un sentiment d'observation très-fin dans les attitudes et les gestes des personnages. Les têtes, bien que dépourvues d'expression, se distinguent souvent par une noblesse singulière et une régularité de traits qui rappellent, de bien loin, il est vrai, les types que nous admirons dans l'art antique. »

Julien du Mans, des anges furent peints à l'époque où travaillait Angelico de Fiezole, et pourraient bien rivaliser en grâce avec ceux du bienheureux. A Saint-Julien de Tours furent représentés des faits de la Bible, le Passage de la Mer Rouge, Moïse sur le Sinaï, l'Adoration du veau d'or ; ces peintures, de même que celles du Mans, longtemps recouvertes d'un épais badigeon, ont été enfin débarrassées du vêtement d'ignominie avec un soin religieux ; mais bien d'autres ne sont plus qu'un souvenir. A Amiens, sous des galeries entourant un cimetière, comme au Campo-Santo, étaient des peintures, sinon aussi belles que celles de Benezzo Gozozzolli, du moins du plus haut intérêt ; le cloître et les peintures ont disparu. Enfin, il en est d'autres auxquelles on ne peut penser sans une tristesse encore plus amère, la mutilation qu'elles subissent depuis longtemps étant continuée malgré les réclamations les plus pressantes ; la magnifique église des Jacobins de Toulouse, remarquable elle-même par son architecture, possède des peintures aussi belles, plus belles peut-être que celles de Giotto dans la chapelle de Saint-François à Assise. En Italie, cette chapelle serait vénérée et étudiée par les artistes avec empressement ; en France, elle est abandonnée depuis longtemps à l'administration de la guerre, qui en a fait des écuries et a disposé une infirmerie pour les chevaux morveux dans la partie où étaient les plus belles peintures, la Légende de saint Antonin. Sans doute maintenant il reste à peine quelques vestiges de ce trésor.

LA PEINTURE DÉCORATIVE.

Au XII° siècle, d'après M. Viollet Le Duc, on exécutait la peinture décorative des églises avec l'entente la plus parfaite de l'harmonie des couleurs, et l'on comprenait aussi très bien l'accord qui doit toujours régner entre cette décoration et les formes de l'architecture. « La peinture décorative est une fée qui prodigue le bien et le mal, mais qui ne demeure jamais indifférente. A son gré elle grossit ou amincit les colonnes, elle allonge ou raccourcit les piliers, élève les voûtes ou les approche de l'œil, étend des surfaces ou les amoindrit, charme ou offense, concentre la pensée en une impression, distrait ou préoccupe sans cause. D'un coup de pinceau elle détruit une œuvre savamment conçue, mais aussi d'un humble édifice elle fait une œuvre pleine d'attraits, d'une salle froide et nue un lieu plaisant où l'on aime à rêver et dont on garde un souvenir ineffaçable (*). »

Les artistes de la Renaissance, pour exécuter les sujets avec personnages, usaient de toutes les ressources qui peuvent entrer dans un tableau. Ce système présentait les plus graves difficultés. Pour bien voir un tableau et comprendre la perspective de son dessin, le regard doit arriver perpendiculairement à sa surface; du bas de l'édifice, on ne pourrait donc convenablement juger un tableau placé dans la partie supérieure. Les décorateurs abordèrent franchement le procédé qui devait parer à cet inconvénient; tous les personnages furent figurés comme s'ils avaient été posés à l'endroit d'où ils apparaissaient au spectateur. L'aspect qu'ils prenaient était déterminé par cette place même. Ainsi, dans les plafonds de la Renaissance on voit des personnages par la plante des pieds, d'autres dont les genoux cachent la poitrine. Dans ces conditions, il n'est encore qu'un seul point pour voir toute la décoration : « Hors de ce point, le tracé respectif devient faux, toutes les lignes paraissent danser et donnent le mal de mer aux gens qui ont pris l'habitude de vouloir se rendre compte de ce que leurs yeux leur font percevoir (**). » Du moins, ce point existe. Il faut encore que les compositions de ce genre soient

---

(*) *Dict.*, VII, p. 79.
(**) *Item*, VII, p. 61.

encadrées dans une ornementation simulant des reliefs avec l'effet complet des ombres et des lumières.

Le système suivi par le moyen-âge en France était très-différent ; sans viser à l'illusion, il se bornait à montrer les personnages en silhouettes ; les plis des draperies sans modelé étaient marqués par de simples traits ; les accessoires, indiqués plutôt que représentés, et dans l'ornementation d'encadrement n'entraient que des teintes plates juxtaposées. Ce procédé permettait à la peinture décorative de s'accorder parfaitement avec l'architecture.

Le système de la Renaissance, en réalisant des compositions surprenantes et grandioses, avait le grave inconvénient de faire oublier l'édifice. Le regard attiré par les brillantes perspectives de ces peintures, s'égare dans les profondeurs creusées par l'imagination du décorateur, traverse des surfaces qui doivent rester solides, ne reconnaît pas les formes du monument. Le système qui fait de la peinture décorative une surface plane et solide, paraît préférable ; il est le seul acceptable dans l'ornementation de l'architecture ogivale, dont la structure, si profondément raisonnée, ne doit jamais être effacée.

L'artiste grec, comme celui du moyen-âge, avait eu recours à la peinture décorative, mais uniquement pour faire ressortir l'édifice dans ses différentes parties, compléter son effet et l'enrichir (*). « Les peuples artistes, dit M. Viollet Le Duc, n'ont vu dans la peinture monumentale qu'un dessin enluminé et très-légèrement modelé ; que le dessin soit beau ; l'enluminure harmonieuse, la peinture monumentale dit tout ce qu'elle peut dire ; la difficulté est certes assez grande, le résultat obtenu considérable ; c'est seulement à l'aide de ces moyens, si simples en apparence, que l'on peut produire de ces grands

---

(*) Paul Véronèse surtout est célèbre dans ce genre de décoration.

effets de décoration coloriée, dont l'impression reste profondément gravée dans l'esprit (*). »

L'harmonie des couleurs ne peut être calculée avec la même précision, la même assurance que celle des sons. Cependant les combinaisons chromatiques, elles aussi, reconnaissent des lois positives et incontestables qu'il est indispensable de consulter; le sentiment est un guide insuffisant, et l'œil trop faillible dans les jugements qu'il porte. Il y a lieu de croire que, sur ce point important, les artistes du moyen-âge n'avaient que des traditions, une expérience journalière, peu ou point de théorie; ils appliquaient les procédés transmis par leurs devanciers comme des formules ; mais, avec ce secours les hommes les plus ordinaires ne s'égaraient point (**). La plus modeste église de village, badigeonnée à la chaux et ornée de quelques couleurs, devenait une œuvre d'art; quelques tons suffisaient : le jaune, le brun rouge avec le noir et le blanc. Ajoutons cependant que cette polychromie simple n'était employée que pour des édifices construits avec économie; elle eût semblé déplacée sur des murs bien appareillés. La décoration en effet doit être plus riche que la construction, qu'elle fait

(*) *Dict.*, VII, p. 65.
(**) M. Viollet Le Duc indique avec développements (p. 80, 81) un bon nombre de règles toujours exactement observées au moyen-âge. « Aujourd'hui, ajoute le même auteur, on a ce qu'on appelle du *goût*, et cela suffit, croit-on, pour décorer d'enluminures l'intérieur d'un vaisseau; ou bien on recueille partout des fragments de peintures et on les applique indifféremment : celui-ci qui était sur une colonne, à une surface plane; cet autre que l'on voyait sur un tympan, à un soubassement. Le public, effarouché par ces bariolages, ne trouve pas cela d'un bon effet; mais on lui démontre que les décorateurs du moyen-âge ont été scrupuleusement consultés, et ce même public en conclut que les décorateurs du moyen-âge étaient des barbares, ce que, d'ailleurs, on lui accorde bien volontiers. » (Page 58.)

disparaître. Si les ressources étaient plus abondantes, les tons bleus apparaissaient avec les tons verts et les tons pourpres; l'or apportait son éclat; l'édifice revêtait alors un aspect de richesse incomparable (*). On peut citer sans crainte, comme offrant un des plus beaux exemples de peintures décoratives, la Sainte-Chapelle de Paris, la perle la plus précieuse que nous ait léguée le moyen-âge, et que le XIXe siècle nous a rendue avec tout l'éclat de sa primitive splendeur.

LES VITRAUX.

A mesure que l'architecture se transforme au XIIe et au XIIIe siècle, les supports de la construction prennent de la légèreté et les jours s'agrandissent. La peinture s'empare avec empressement du magnifique champ qui lui est offert dans les verrières des fenêtres, et donne ainsi à nos basiliques l'ornement qui pouvait le mieux les compléter et les enrichir. En effet, la lumière transmise par ces immenses fenêtres ne peut que gagner à être tempérée quand le soleil darde ses rayons, et colorée quand, sous un ciel couvert de nuages, comme il arrive souvent dans nos contrées, elle n'aurait que des teintes tristes et blafardes. Ces brillantes verrières, en présentant à nos regards les images des saints, remplissent tout l'édifice d'une lueur religieuse qui nous impressionne, nous porte au recueillement et à la prière; elles sont, pour nos plus modestes églises, la plus accessible et la meilleure de toutes les ressources décoratives; elles sont, pour nos cathédrales, un ornement dont la splendeur ne serait remplacée par aucune autre richesse. L'effet devient admirable, quand il est complété par la polychromie de tout l'édifice; alors surtout on incline facilement à conclure que

(*) M. Viollet Le Duc fait remarquer que l'or devient nécessaire quand le bleu est employé en grandes surfaces, par exemple pour couvrir une voûte.

l'art ne saurait créer des temples qui soient mieux en harmonie avec les dogmes de la religion catholique, avec les pensées et les sentiments dont elle entretient le cœur de l'homme ; l'impression est telle, que l'on ne pense plus à discuter, mais l'âme est tout entière saisie d'un frisson religieux qui devient une prière ; si l'on veut examiner, se rendre compte des différentes parties au point de vue de l'art, il faut persister quelque temps avec cette intention. « Le charme est si grand, dit M. de Lasterie parlant de la Sainte-Chapelle, que l'on craindrait presque d'altérer ses jouissances en passant de l'ensemble aux détails, de la contemplation à l'analyse. »

Nous ne pouvons entreprendre d'étudier avec détail l'histoire des vitraux exécutés en France au moyen-âge. Du temps de Grégoire de Tours on essaya des mosaïques coloriées pour l'église de Brioude, mais les plus anciens vitraux connus en France datent de la fin du XIe siècle : ainsi quelques fenêtres de Saint-Denis, étonnantes par l'éclat et la fermeté de la couleur. Ensuite furent exécutés les vitraux de la cathédrale d'Angers, les magnifiques verrières de Saint-Julien du Mans, de Bourges, de Tours, de Reims, de Chartres, de Rouen. Le principal mérite de ces œuvres ne consiste pas dans la science du dessin. Les personnages sont représentés sans perspective sur un même plan ; nous les voyons comme détachés de la terre, dans la lumière du ciel ; on ne saurait condamner la simplicité de cette mise en scène dans des vitraux qui peuvent se dispenser de produire des effets aussi complets que les tableaux ordinaires. Les poses sont simples, parfois naïves, mais pleines de signification ; les mouvements sont quelquefois exagérés, mais cette exagération ne doit pas être considérée tout-à-fait comme un défaut ; elle fait mieux comprendre le geste du personnage toujours vu à une grande distance. Les étoffes sont jetées souvent avec bonheur ; les plis ne sont indiqués que par quelques traits marqués avec précision.

Les vitraux du moyen-âge ont l'incomparable mérite de la couleur, et les artistes qui les composaient connaissaient parfaitement toutes les lois de l'harmonie. Les couleurs sont toujours combinées de façon à se faire valoir, soit par des accords bien étudiés, soit par d'heureuses dissonnances. Chaque vitrail dans toute son étendue présente un ensemble qui s'enchaîne et se tient, comme dans un morceau de musique la mélodie la mieux suivie ; chaque verrière présente une nuance spéciale, des accords différents, et toutes les fenêtres composées selon un plan général concourrent à une harmonie d'ensemble qui produit ainsi une impression plus complète. Celui qui arrive devant ces verrières d'une richesse éblouissante, sans parti pris de chercher des difficultés, ne songera aucunement à blâmer quelques incorrections de dessin dans les détails ; il faut convenir, d'ailleurs, que l'harmonie et l'éclat de la couleur doivent être considérés comme la qualité principale des vitraux.

L'art des vitraux coloriés appartient surtout à la France. Théophile, dans son *Manuel des arts au XIIe siècle,* parle de la supériorité de la France, sur ce point, comme d'un fait universellement reconnu de son temps. Tout ce que l'Italie possède de vitraux se rangerait facilement dans une seule de nos cathédrales. Pour constater la valeur de ces verrières, on peut se rappeler que Vasari, qui ne parle point des vitraux de Florence, fait un grand éloge de ceux peints à Sainte-Marie-du-Peuple, à Rome, par Guillaume de Marseille. Or, ces vitraux placés au milieu de ceux de France mériteraient à peine l'honneur d'une mention.

LES ENLUMINURES DES MANUSCRITS.

Dans ces notions sur la peinture primitive en France, nous ne devons pas oublier les miniatures des manuscrits. Comme au delà des monts, dans les monastères de nos contrées, de nombreuses écoles d'enlumineurs s'étaient formées et ces écoles ne le cédaient en rien à celles d'Italie. Elles subirent des influences, mais les œuvres qui en sortirent sont marquées d'un cachet d'originalité qui les fait reconnaître sans difficulté. Dans les premières époques (*), on y voit tous les ornements de l'architecture romane accompagnés d'animaux fantastiques. L'or brille d'abord dans les majuscules, et commence au Xe siècle à s'étendre dans les fonds. Au XIIIe siècle, l'architecture représentée dans les miniatures se transforme comme celle des édifices ; mais, de plus, les religieux se sont laissés aller à la contemplation de la nature : ils reproduisent désormais les arbres et les plantes de leur jardin, et au milieu de cette végétation qui se ramifie bientôt sur toute la hauteur des marges, se promènent des insectes de tout genre, des papillons, des oiseaux, des serpents. La page tout entière s'encadre d'une nature du pittoresque le plus charmant et de la plus fraîche couleur. Au XIVe et au XVe siècle, les sujets les plus variés trouvent leur place dans des médaillons qui complètent ainsi le texte par de gracieux commentaires, ou dans des pages spéciales qui se présentent comme de brillants frontispices au commencement de l'ouvrage et de ses principaux chapitres.

RENAISSANCE.

XVIe SIÈCLE.

Avant de parcourir les phases les plus brillantes de l'école française, rappelons des noms souvent trop oubliés : Jean Fouquet, qui se distingua, sous le règne de Louis XI, par ses travaux d'enluminures ; Jean Bourdichon et Jean Perreal, qui exécutèrent, pendant les règnes de Louis XI, de Charles VIII et de Louis XII, de nombreuses peintures malheureusement dé-

(*) Les premiers manuscrits enluminés remontent à l'époque de Charlemagne.

truites; les Clouet, qui furent très-célèbres sous le règne de François Ier.

Jusqu'au règne de Louis XII et de François Ier, l'art de la peinture, dans les différentes contrées de l'Europe, avait progressé à peu près dans la même mesure. Les Français Fouquet et Clouet, le Flamand Hemeling, l'Allemand Albert Durer, le Suisse Jean Holbein, le Padouan André Mantegna, le Florentin Cimabué, étaient des artistes à peu près de la même valeur. Mais quand parurent à la fois Léonard de Vinci, Michel-Ange et Raphaël, l'art italien se trouva tout-à-coup porté à une telle supériorité, qu'il entraîna à sa suite tout le mouvement artistique des autres pays (*). Chaque contrée, le regard fixé sur l'Italie, oublia trop, il est vrai, son tempérament, ses propres

(*) François Ier, plus que ses prédécesseurs, appelait en France l'influence italienne. Il avait fait acheter en Italie, avait reçu en dons ou fait reproduire plus de cent statues antiques, parmi lesquelles : le Laocoon, la Vénus de Médicis, les deux Esclaves de Michel-Ange, destinés au tombeau de Jules II. Il acquit, de Léonard de Vinci, la Joconde; de Raphaël, le saint Michel et la sainte Famille. Les artistes les plus renommés, gagnés par sa bienveillance et ses libéralités, étaient venus en France : Léonard de Vinci, Andrea del Sarto. Le Rosso fut reçu avec la plus grande distinction par François Ier, qui lui donna la direction de toutes les œuvres royales d'architecture, de sculpture et de peinture. Pendant que cet artiste travaillait à la décoration du château de Fontainebleau, aidé de Primatice, Nicolo del Abbate, Bellini, Pellegrini, Miniati, des Français venaient se mêler aux Italiens : les peintres Simon et Claude de Paris, Louis Dubreuil, Jean Samson, Charles et Thomas Dorigni, les sculpteurs Jean et Guillaume Rondelet. Dans ce château, auquel on aimait à donner le nom de « petite Rome, » plus de trente artistes travaillaient sans cesse, les uns à exécuter, les autres à se former. Cette nouvelle école avait été ouverte en 1530. Benvenuto Cellini arriva en 1540, Vignole en 1543, et ne demeura que deux ans, travaillant sous le Primatice.

traditions. Pour prendre le style gracieux et poétique des maîtres italiens, les artistes français perdirent un peu cette manière simple et naturelle de rendre leurs pensées, qui faisait leur principal mérite. Cependant, pour être juste, nous devons dire que la peinture, de même que la sculpture, avaient fourni pendant le moyen-âge une carrière bien moins brillante que l'architecture. Dans les siècles que nous allons traverser, nous rencontrerons les peintres qui ont fait plus d'honneur à la France. Ils étaient incomparablement plus habiles que leurs devanciers; et s'ils consultèrent l'Italie et l'antiquité, ils gardèrent cependant les traits les plus distinctifs du génie français (*).

(*) L'art des émailleurs dut aussi à l'influence italienne de grands progrès.

Pendant tout le moyen-âge on avait orné de couleurs brillantes les pièces d'orfévrerie, et Limoges fut toujours, en ce genre, digne du rang auquel l'avait élevé saint Éloi. La faïencerie avait aussi en France ses traditions. On émaillait de teintes variées les briques dont on formait le revêtement des murs, les pavés et quelquefois les couvertures des édifices; mais les couleurs employées étaient peu variées et mises en teintes plates. Cet émail, qui était toujours à base de plomb, manquait d'éclat et de profondeur.

Au XVIe siècle parut Bernard Palissy, qui sera toujours cité comme un des plus beaux exemples de la science patiente et laborieuse, du courage le plus énergique, luttant contre tous les obstacles, toutes les misères de la vie. Cependant son œuvre est restée isolée dans l'histoire de l'art. Il se préoccupait de modeler la nature, des grenouilles, des serpents, des crapauds, qu'il mettait au fond d'un plat comme dans un marécage, et telle n'était pas la voie que devait suivre l'art céramique. De plus, malgré ses recherches, il n'avait point trouvé l'émail à base d'étain; son travail perdait au feu sa forme moëlleuse et se revêtait comme d'une couche de métal. L'émail stannifère seul, par une certaine quantité d'oxyde d'étain, devient opaque, dissi-

Jean Cousin (1500-1580) produisit des œuvres nombreuses, dont quelques-unes sont arrivées jusqu'à nous. Il semblait appelé, par sa science profonde, à une grande influence sur l'art français, et cependant son nom nous apparaît isolé dans l'histoire. Nous avons de lui des vitraux à la cathédrale de

mule la couleur de la poterie, et sert en même temps de fond aux couleurs vitrifiables qui le pénètrent sans en altérer l'éclat. Avec ce procédé, les teintes deviennent lumineuses et profondes, suaves et transparentes. Les Arabes et les Maures avaient connu ce procédé. En 1432, Lucca della Robbia, qui était en même temps architecte, sculpteur et peintre, commença à le pratiquer en Italie. Quelques échantillons en ce genre avaient été importés en France ou fabriqués sur place pendant le XVIe siècle (un carrelage au château d'Ecouen porte la date 1542); mais ce genre de travail ne s'implanta en France à l'état d'industrie qu'au commencement du XVIIe siècle, dans les fabriques de Nevers, fondées par des princes de la maison de Mantoue.

Ce genre de travail, comme les autres importations italiennes, prit pour les conceptions et le dessin l'empreinte du génie français. Des ateliers de Nevers, de Rouen, des Moutiers, sortirent, pendant plus d'un siècle, des faïences émaillées très-remarquables, sur lesquelles on retrouverait l'histoire de nos mœurs et de nos idées. Les Moutiers, placés dans le Midi, restèrent davantage sous l'influence italienne. En 1709, on découvrait, en Saxe, la porcelaine blanche, et la découverte fut promptement introduite dans les fabriques de Scéaux, de Penthièvre, de Chantilly, de Vincennes. En 1756 s'éleva l'établissement de Sèvres, qui, par les subventions gouvernementales et les droits de monopole, arriva promptement à une supériorité incontestable. Ses porcelaines, peintes avec un fini qui ne laisse rien à désirer, et reproduisant des tableaux, appartiennent à un art plus élégant, plus raffiné. Les faïences émaillées ont cherché à imiter ce genre; elles auraient dû se réserver pour un but plus sérieux, pour de grands effets dans la décoration des monuments. Chacun de ces genres aurait ainsi sa destination spéciale.

Sens, à Saint-Gervais de Paris, dans plusieurs autres églises (*); mais il est surtout connu par sa composition du Jugement dernier. Cette œuvre n'a pas les qualités étonnantes de la fresque de Michel-Ange, mais elle n'en a pas les défauts. Nous n'y rencontrons pas Caron avec sa barque. Le souverain Juge y est plus calme et plus digne. Les figures fantastiques des démons, les tours crénelées et d'autres détails du même genre, rappellent les ressources un peu matérielles du moyen-âge. On attribue à Jean Cousin, mais sans preuves suffisantes, une belle statue de l'amiral Chabot.

XVIIe SIÈCLE.

La période la plus brillante de l'école française date de Simon Vouet, à l'école duquel se formèrent Charles Lebrun, Pierre Mignard, Lesueur, Dufresnoy, Michel Dorigny, Laurent de la Hire. En même temps paraissaient Nicolas Poussin et Claude Lorrain, dont la renommée ne revient pas tout entière à la France, mais dont les noms prennent place cependant, à bon droit, parmi ceux des peintres français. Du reste, les peintres de cette époque furent favorisés par les circonstances; de magnifiques palais avaient été construits et présentaient de beaux champs à la peinture. Sous le règne de Louis XIV, les arts furent un peu asservis, et se plièrent d'eux-mêmes, trop souvent, au rôle fâcheux de la flatterie; mais aussi ils furent puissamment protégés et encouragés.

Simon Vouet (1590-1649) se distingua dès son enfance par son goût pour la peinture. Pendant quatorze années il étudia, en Italie, les œuvres des grands maîtres, et emprunta principalement à Paul Véronèse la science de faire plafonner les

(*) Robert Pinaigrier acquit aussi, à la même époque, une grande réputation dans la peinture sur verre.

figures, c'est-à-dire de les faire paraître se relevant sur la surface horizontale d'un plafond. Revenu en France, il fut chargé de travaux considérables. Bientôt il put se faire aider par ses élèves, qui peignaient d'après ses dessins. Malgré ce concours et une remarquable facilité de pinceau, il se fit une manière trop expéditive. La couleur mise en teintes uniformes perdit sa vérité; les mêmes poses et surtout les mêmes profils parurent trop souvent dans ses compositions dessinés avec une élégance suffisante, mais sans ce caractère et ce sentiment que la méditation peut seule produire.

Charles Lebrun (1619-1690), doué d'une imagination facile et brillante, d'un esprit élevé et judicieux, fut appelé par Louis XIV à diriger les travaux de peinture et de sculpture des palais de Versailles et du Louvre (*). Son influence fut savante, et répondit bien aux vues magnifiques du monarque. Mais souvent, les nombreux artistes obligés de ne travailler que d'après ses dessins ou ses avis, ne se soumirent qu'avec murmure à cette volonté par trop despotique, qui ne leur laissait pas assez d'initiative personnelle. Lebrun, comblé d'honneurs, eut le tort de se montrer parfois trop inquiet du talent de rivaux moins favorisés que lui. On doit citer de Lebrun les batailles d'Alexandre, allusions aux triomphes de Louis XIV. Ces toiles sont des plus belles de l'école française, pour la science et la grandeur de la conception; il est à regretter que l'exécution en soit trop molle; les plans ne s'y démêlent pas avec assez de clarté; le coloris manque de puissance, d'éclat et de vérité. Ces tableaux ont été rendus très-avantageusement par la gravure. Lebrun fit un grand nombre de compositions religieuses remarquables; le sentiment en est toujours élevé, les personnages y sont groupés avec goût, et expriment, par leur pose et par le détail de leur physionomie, des sentiments variés, selon le rôle qu'ils ont à remplir. Lebrun fut un des artistes qui exer-

(*) Galerie des Glaces et galerie d'Apollon.

cèrent le plus d'influence sur l'école française. Il obtint en 1665 la fondation de l'école de Rome.

Pierre Mignard (1610-1695) peignit d'abord des portraits et un grand nombre de Vierges, auxquelles on a donné la qualification trop méritée de mignardes. Il avait plus d'esprit que de génie, et se recommandait surtout par une élégance qui tournait souvent à l'affectation. Concurrent acharné de Lebrun, auquel il était de beaucoup inférieur, il lui succéda dans les faveurs de Louis XIV après la mort de Colbert. Son œuvre la plus complète décore le dôme du Val-de-Grâce, à Paris ; on y admire des qualités supérieures de composition et de dessin.

Eustache Lesueur (1617-1655), d'une nature douce et mélancolique, vécut à l'écart des intrigues et des faveurs de la cour. D'une inaltérable bonté, il disait des rivaux dont la haine le poursuivait même dans sa solitude : « J'ai tout fait, et je ferai tout pour en être aimé. » Souvent Lesueur a été nommé le Raphaël français, non que l'on ait jamais pensé à l'égaler au peintre d'Urbin ; mais il nous montra dans ses œuvres, mieux qu'aucun autre, cette facilité de conception, cette abondance de ressources, et surtout cette suavité d'expression tant admirées dans les œuvres de Raphaël. Peut-être mieux que lui il nous fait oublier son art et ses moyens, pour impressionner notre âme sans séduire notre regard par le charme des formes. Son œuvre la plus connue est la Vie de saint Bruno représentée en vingt-deux tableaux. Devant l'Apollon du Belvédère on se redresse, dit-on, comme pour se mettre à l'unisson de cette pose si fière du dieu qui vient de frapper le serpent Python ; mais devant la galerie de saint Bruno, bien mieux encore que devant la statue antique, on ne songe plus à la forme, on oublie toutes les discussions d'art et de métier pour suivre avec recueillement ces scènes de la vie du cloître, que le peintre nous met sous les yeux. Dans ces compositions, il ne faut chercher ni l'éclat de la couleur, ni une science qui étonne. La science n'y fait pas défaut, la couleur y est suffisante ; mais le peintre a dédaigné tout ce qui n'aurait pas contribué à nous faire partager les impressions de son âme, les sentiments qu'il nous traduisait dans un langage si simple, si convaincu. Par l'éclat de la couleur, il n'aurait rien ajouté à la modestie de ces poses, à la suavité de ces contours. A ses tableaux mythologiques, Lesueur a su donner un coloris plus brillant; souvent, dans ses autres compositions religieuses qu'il serait trop long d'apprécier avec détails, il a été plus savant : il a produit des combinaisons plus complexes. Dans son tableau de saint Gervais et de saint Protais conduits au supplice, il a mis plus de vigueur et de tumulte; les personnages ont plus de mouvement, les draperies sont plus agitées. Les peintures du cloître des Chartreux avaient été exécutées d'abord; cependant les moyens plus contenus que l'on y remarque étaient moins, de la part de l'artiste, impuissance que réserve prudente d'un talent qui savait varier ses ressources selon les différents sujets qu'il traitait. Le tableau de saint Paul prêchant devant l'aréopage, le martyre de saint Laurent et celui de saint Gervais et de saint Protais, sont des plus belles œuvres de l'école française.

Nicolas Poussin (1594-1665) travaillait à Paris avant que Simon Vouet y fût connu. Pendant plusieurs années il eut à lutter contre des difficultés de tout genre. Vainement il avait essayé plusieurs fois d'aller en Italie où le portait son désir d'étudier l'antiquité, l'indigence l'empêchait de réaliser ce voyage. Déjà il avait produit en France des œuvres remarquables, quand il fut conduit à Rome par le chevalier Marini. Bientôt la mort de son protecteur le laissa dans l'isolement; pour se créer des moyens d'existence, il fut réduit à vendre des tableaux à vil prix. Cependant il étudiait avec ardeur les belles-lettres, l'anatomie, la perspective; il contemplait à loisir les belles ruines de Rome, et le peintre français jouissait d'une haute réputation dans la capitale des arts, quand il fut sollicité par M. Desnoyer, secrétaire d'État, et par Louis XIII lui-même, de venir se fixer à Paris pour travailler au Louvre. Après deux années, lassé des intrigues jalouses dont il se voyait l'objet, Poussin reprit le chemin de Rome pour y retrouver une vie moins brillante, mais plus indépendante et plus calme. C'est alors qu'il produisit ses plus belles œuvres.

Poussin a été considéré, par d'habiles critiques, comme le plus grand peintre français. S'il passa toute sa vie à Rome, étudiant les chefs-d'œuvre de la Renaissance et surtout de l'antiquité, il n'en garda pas moins l'originalité de son génie; il demeura toujours français par le caractère de ses œuvres, surtout par la pensée, par la *raison* qui semble avoir toujours fait la prérogative la plus marquée de l'école française. Il exécuta deux séries des sept sacrements, grand nombre de paysages historiques, traita souvent des sujets bibliques. Poète et philosophe, il exprimait parfaitement les différentes passions de l'âme ; il rendait aussi, avec une grande fidélité, le caractère, les mœurs et le costume des différents peuples. Sévère plutôt que gracieux, il donnait toujours à ses personnages de la distinction et de la noblesse ; leur geste est bien indiqué sous les plis abondants de leurs amples draperies : ils ressemblent souvent à des statues antiques qui auraient pris un peu plus de passion et de mouvement. Du reste, Poussin fut plus sensible aux beautés de l'art antique qu'aux sentiments du christianisme ; il a réussi dans les sujets religieux moins par une conviction émue que par cette convenance raisonnée qu'il mettait dans toutes ses compositions.

Ses paysages sont remarquables surtout par l'élévation du style ; il fut moins éblouissant que Claude Lorrain, moins habile que certains peintres contemporains à rendre un site avec cette vérité qui nous donne les impressions que nous éprouvons en présence de la nature elle-même. Sans doute il copiait avec une exactitude irréprochable les détails du terrain, du gazon, les arbres avec leurs mouvements et leurs feuillages différents, les effets de lumière variés selon les heures du jour ; mais surtout, mieux qu'aucun autre, il sut choisir la nature, l'interpréter, la composer, et nous la montrer avec cette grandeur que l'on peut appeler héroïque. Les paysages de Poussin par eux-mêmes font penser ; de plus, ils sont toujours animés de figures qui contribuent à nous donner des impressions plus profondes, de scènes de la plus haute poésie. Citons ses *bergers d'Arcadie*. D'heureux pasteurs se promènent dans l'Arcadie, cette contrée du bonheur, et découvrent, sur une tombe cachée sous un vert feuillage, cette inscription à demi effacée : *Et in Arcadiâ ego*. L'un d'eux, le plus âgé, indique du doigt, sans en être troublé, ces paroles ; les plus jeunes, qui ne rêvaient qu'illusion, s'abandonnent aux réflexions diverses que peut suggérer cet avertissement sorti de la tombe.

Au terme de sa longue carrière, dans des sujets qui n'auraient été pour d'autres que l'occasion d'une étude aride, d'un exercice de métier, Poussin trouva le motif des compositions les plus grandioses. Les quatre saisons lui avaient été demandées par le duc de Richelieu. Le printemps représentera le Paradis terrestre, l'été le champ de Booz, l'automne sera le tableau de la Terre-Promise et de ses fruits prodigieux, l'hiver enfin sera le Déluge. Cette dernière composition est un des chefs-d'œuvre de la peinture.

Claude Gellée, dit le Lorrain (1600-1682), se promenait souvent dans la campagne romaine avec Poussin, recevant ses conseils, observant avec lui les aspects variés de la nature. Nul mieux que le Lorrain n'a su rendre les effets de la lumière aux différentes heures du jour. Il fit un grand nombre de paysages et de marines. Nous n'ajouterons, à ce qui en a été dit (*), que ces belles paroles de M. V. Cousin : « Regardez ces belles et vastes solitudes, éclairées par les premiers et les derniers rayons du soleil ; dites-moi si ces campagnes, ces arbres, ces eaux, ces montagnes, cette lumière, ce silence, si toute cette nature ne nous impressionne pas, si derrière ces horizons lumineux et purs vous ne remontez pas involontairement, en d'ineffables rêveries, à la source invisible de la beauté

(*) P. 138.

et de la grâce (*). » Le Lorrain, le plus souvent, faisait peindre les personnages de ses tableaux par d'autres artistes.

Deux autres artistes français, **Valentin** (1600-1634), **Jacques Courtois** (1621-1676), vécurent longtemps à Rome. Valentin semble n'avoir étudié que dans les tavernes des soldats, des buveurs et des mendiants, la réalité prise au hasard. Ses gueux sont parfois recouverts de riches étoffes et de brillantes armures, mais ils n'en ont pas des sentiments plus nobles. Valentin ne se distingue que par la vérité et la force de l'exécution ; il ne faut pas chercher dans ses œuvres la beauté morale, il ne faut pas même lui demander l'expression significative du geste que le peintre trouve moins en considérant la réalité qu'en réfléchissant. Il était aussi difficile à Valentin de traiter des sujets chrétiens avec le sentiment qui leur convient, qu'à Lesueur d'arrêter son imagination si mélancolique et si pure sur les brutalités d'une orgie. Un jour on voulait faire admirer à Poussin un tableau du Caravage, représentant la Mort de la Vierge. « C'est une scène de domestiques, » répondit le grand peintre ; et Valentin, dans ses compositions religieuses, est resté inférieur à Caravage, qu'il voulut imiter. Jacques Courtois, dit le Bourguignon, peignit des batailles avec des formes énergiques et un coloris plein de feu ; il rendait, avec une effrayante vérité, l'horreur de la mêlée, le choc des escadrons, l'élan rapide des chevaux, le dernier soupir des mourants. Son dessin l'emportait en précision sur celui de Salvator Rosa. Le Bourguignon fit, sous l'inspiration du Guide, quelques compositions religieuses qui n'ont pas la même valeur que ses batailles.

Après Mignard et Lesueur, bien qu'à un rang moins élevé, parurent en France des artistes que nous ne devons pas oublier.

Sébastien Bourdon (1616-1671), d'une imagination féconde, d'un talent facile, s'exerça dans tous les genres. Il traita

---

(*) *Du vrai*, p. 231.

également l'histoire, le portrait, le paysage. Il imita différents maîtres, et cependant ne fut pas sans originalité dans ses œuvres; mais son goût n'est pas toujours sûr, son style manque d'élévation, et l'exécution est incomplète.

Nicolas Colombel (1646-1717), après avoir étudié longtemps en Italie, imita le style de Poussin et fut employé à la décoration des châteaux de Versailles et de Meudon.

Bon Boulogne (1649-1717) avait étudié avec ardeur les maîtres italiens. Ses œuvres sont composées avec abondance, d'un coloris vigoureux et brillant, mais les poses de ses personnages sont parfois maniérées. C'est à tort que ce peintre a été quelquefois comparé au Dominiquin, auquel il est resté de beaucoup inférieur.

Philippe de Champaigne (1602-1674) est un des plus beaux caractères que présente l'histoire de la peinture. Simple, généreux, modeste, profondément religieux, il ne portait envie à aucun succès. Né à Bruxelles, il vint très-jeune à Paris, et doit être compté parmi les peintres français. Presque toutes les églises de la capitale furent décorées de ses tableaux. Sa plus belle composition est l'Apparition de saint Gervais et de saint Protais à saint Ambroise. C'est le soir; les deux martyrs, conduits par saint Paul et portés sur des nuages, apparaissent aux yeux ravis de l'archevêque; l'église, faiblement éclairée par la lueur douteuse de quelques flambeaux et de la lune qui perce à travers les fenêtres, est illuminée surtout par les radieuses figures des deux saints. On reconnaît bien dans cette composition les qualités de l'art français : simplicité, clarté, grandeur dans la conception, vérité dans l'expression. Philippe de Champaigne s'est distingué surtout par les nombreux portraits qu'il a peints; quelquefois les figures de ses compositions ne sont pas suffisamment idéalisées, mais dans le portrait le naturel et la vérité de l'expression sont à leur place.

Au XVIIe siècle parurent un grand nombre d'autres artistes dont nous ne pouvons que redire les noms : Stella, qui avait reçu et suivi les conseils de Poussin ; le modeste Louis Testelin, Claude Audran et François Verdier, élèves de Lebrun ; Nicolas Loir, qui avait plus de science que de sentiment ; Michel Corneille, qui travailla à la décoration des Invalides, Jacques Parrocel, qui rivalisait avec Bourguignon dans la peinture des batailles et disait que ce peintre ne savait pas tuer son homme ; Antoine Coypel, dont les scènes d'histoire représentent trop les Français de son temps. Bien d'autres artistes participèrent à ce défaut. Sur le théâtre, les Grecs et les Romains paraissaient en habit de cour, et les anachronismes de la scène devaient passer un peu dans la peinture. Charles de Lafosse manquait parfois d'expression et de style, mais se distinguait par un bon coloris et spécialement par la science du clair-obscur. Jean Jouvenet, saisissait bien le côté pittoresque de son sujet, donnait des attitudes vraies à ses personnages, jetait ses draperies avec ampleur, avait un coloris chaud, harmonieux et transparent, mais n'approfondissait pas suffisamment les nuances différentes de l'expression, manquait souvent de distinction et de noblesse. Comme peintres de portraits, nous devons citer Lefébure, Largillière, Hyacinthe Rigaud. Ce dernier porta à un degré plus élevé les qualités de ses deux devanciers ; il saisissait bien le caractère de ses modèles, le rendait avec grandeur, et complétait l'expression par des accessoires largement compris ; son coloris a de l'éclat et de la chaleur.

XVIII° SIÈCLE.

Au commencement du XVIII° siècle, « Watteau, dans un joyeux délire, avait brisé le sceptre de Lebrun (*). » La peinture devenait l'expression de la corruption des mœurs, d'un dévergondage qui ne craignait pas de prendre ses ébats au grand

(*) Vitet, p. 189.

jour. Quelques artistes de cette époque d'égarement eurent du talent, de l'imagination, du sentiment; mais victimes du temps où ils vécurent, ils ne trouvèrent sous leurs pinceaux, pour toutes leurs compositions, que des poses maniérées et d'une affectation ridicule. Le plus souvent, ces peintres ont représenté des scènes pastorales; ce sont des bergers habillés de satin rose, dansant au son des tambourins et des pipeaux rustiques, ou se disant de langoureuses paroles. Les arbres et les rochers eux-mêmes, perdus dans des teintes vaporeuses, semblent vouloir s'attendrir. Qu'il suffise de nommer, sans marquer les nuances qui les séparent, Lemoine, Vanloo, Restout, Natoire, Boucher.

Joseph Vernet et **Greuze**, dans leur sphère, d'ailleurs étroite, essayèrent de lutter contre le désordre; le premier peignit, avec imagination et grandeur, des marines, des naufrages. Le second revint avec sincérité et simplicité à l'étude de la nature; il peignit de bons portraits, et représenta, avec sentiment, des scènes de familles, dans lesquelles il était dramatique, sans viser au grand style.

Vien entreprit la réforme de l'art, mais sa main était trop faible pour une pareille tâche; il n'eut que le mérite de montrer la voie à suivre. Louis David, son élève, doué d'une ardeur passionnée, d'une volonté énergique, devait réaliser cette œuvre difficile.

Louis David (1748-1825), convaincu qu'un retour aux formes sévères de l'antiquité était le seul moyen de relever l'art de la dégradation profonde où il était tombé, étudia attentivement les statues et les bas-reliefs que Rome possédait, et s'efforça d'en faire passer les beautés dans ses tableaux. Pour juger ses œuvres, il ne faut pas les comparer à celles de Léonard de Vinci et de Raphaël, mais les rapprocher de celles qu'elles devaient faire oublier. On ne connaissait plus que des poses efféminées et maniérées, rendues sans dessin et sans modelé. David s'attacha à préciser les contours avec la ferveur d'un Florentin. Les poses de ses figures sont nobles, solennelles, dessinées avec élégance et surtout avec pureté. Un grand nombre de ses personnages semblent des statues antiques transportées sur la toile. A ceux qui lui demandent ses leçons, il impose ses principes avec une rigueur despotique. Les sujets qu'il choisit lui permettent de rester toujours digne et réservé, rappellent les jours terribles de la Révolution française ou les souvenirs mémorables de l'antiquité : c'est le Serment du Jeu-de-Paume ; le Serment des Horaces; Bélisaire aveugle et demandant l'aumône, reconnu par un soldat ; la Mort de Socrate ; les Sabines, etc.

Cependant bien des qualités manquaient au réformateur. David faisait revivre sur la scène française le costume antique; apprenait à Talma à se draper dans la toge romaine (*) ; et lui-même cédant souvent au désir de remettre en honneur la science anatomique manqua non-seulement à la vérité du costume, mais à la vraisemblance, en nous montrant ses personnages dans des conditions de nudité inacceptables (**). David ne comprit aucunement les beautés de l'Évangile. Il ne connaissait pas cette méditation attendrie pendant laquelle le sujet se transforme dans la pensée de l'artiste et revêt ce cachet de vérité touchante par lequel, une fois réalisé, il impressionnera l'âme du spectateur. Il copiait la nature avec une vérité irréprochable, la rectifiait en lui donnant de la finesse; mais pour donner à ses personnages de la vérité et du sentiment, l'artiste ne doit pas seulement copier le modèle qu'il fait poser devant lui, et qui n'aura jamais l'intelligence du rôle qu'on veut lui faire remplir. Or cette émotion que l'artiste doit puiser dans son cœur

(*) C'est après l'exposition du Serment des Horaces que les ornements antiques devinrent à la mode : les robes de femmes furent taillées en chlamydes, leurs souliers se changèrent en cothurnes. Dans cet engouement général, il fallait que tout devint grec ou romain, les noms, le costume, le mobilier, les mœurs.

(**) Son tableau des Sabines.

était inconnue à David. Ses figures sont sans vie, sans impression ; elles sont restées immobiles comme les statues qu'il a voulu imiter. L'art de l'antiquité était simple, contenu, recueilli ; il évitait les mouvements passionnés, ses poses étaient mesurées, pondérées, solennelles. David, pour bannir le maniéré, l'incorrection, les folles licences, tomba dans la rigidité, la raideur ; il eut dans ses peintures moins de vie et de passion que nous n'en réclamerions dans la statuaire ; ses héros sont posés avec noblesse et fierté, ils se menacent avec courtoisie et distinction, mais il semble qu'ils seraient incapables de faire un pas de plus ou de modifier leurs gestes. Ces défauts étaient aggravés par l'absence de la couleur ; l'effet général des tableaux de David est terne, sans lumière ni profondeur ; l'ensemble ne se débrouille jamais par cette distribution simple mais savante de lumière et d'ombre, avec laquelle les différentes parties de la scène la plus compliquée se démêlent avec clarté aux regards du spectateur. Nous signalons ces défauts, non pour amoindrir la gloire de David et les services importants qu'il a rendus, mais pour indiquer d'avance les lacunes qu'il laissait encore à combler.

XIX° SIÈCLE.

La direction de David avait été une véritable dictature ; délivré de cette discipline sévère, l'art reprit sa liberté. Or, la liberté est indispensable au progrès. Sans elle, l'artiste ne peut que reproduire les procédés du maître, souvent il les affaiblit ; il ne développe pas ses facultés, ne donne point à ses œuvres son empreinte personnelle, et se fatigue dans un travail stérile. L'affranchissement complet peut aussi avoir ses inconvénients. On pourrait dire que, depuis David, de grands progrès ont été faits, mais isolément. Chacun selon son inspiration marcha dans une voie différente et chercha un genre spécial de perfection selon son tempérament et ses goûts : celui-ci l'aspect de la nature, celui-là l'expression idéalisée. Dans tel atelier on se passionna pour la couleur, dans tel autre pour la ligne et la forme, et l'art fut pour ainsi dire fractionné.

Cette anarchie fut compliquée par des discussions littéraires qui agitèrent les esprits pendant la période que nous étudions, et qu'il ne faut pas ignorer si l'on veut connaître les différentes écoles de peinture en France avec leurs qualités et leurs défauts pendant le demi-siècle qui vient de s'écouler.

Châteaubriand, dans son *Génie du Christianisme,* venait de révéler les beautés poétiques de la religion de nos ancêtres, et de montrer que l'on pouvait préférer la Bible à Homère. Lamartine dans ses *Harmonies,* Victor Hugo dans ses *Odes et Ballades,* chantèrent la nature telle que nous la connaissons, avec ses charmes simples mais vrais et attendrissants. Les littérateurs et les poètes abandonnèrent les fictions mythologiques dont trop longtemps notre imagination avait été obsédée, et proclamèrent que l'histoire nationale, la nature entière, devenaient à l'avenir leur domaine. Mais bientôt ils allèrent plus loin, ils prirent la nature sans choix, sans distinction. Victor Hugo avait dit : « Si le XVIII° siècle nous paraît si froid, si pâle, si monotone, c'est qu'il n'a voulu admettre que le beau et le sublime ; faisons paraître dans nos œuvres le laid et le grotesque. » On érigea en système que le laid, par cela seul qu'il existe dans la nature, peut être mis sous nos yeux, non plus seulement comme contraste, mais pour ses charmes, et l'on prodigua avec complaisance la laideur physique et la laideur morale ; on mit en scène les fantômes et les monstres, la canaille et l'infamie.

Les formes furent modifiées aussi profondément que les sujets. En effet, les littérateurs et les poètes de la nouvelle école n'avaient point à faire résonner dans ces régions la lyre d'Homère ou de Châteaubriand. Victor Hugo avait déclaré qu'il n'y avait plus ni règles, ni modèles; les romantiques proclamèrent à l'envi qu'ils renonçaient à tous les procédés anciens, que désormais ils marchaient en liberté, ne considérant que la nature, sondant le cœur humain dans tous ses replis afin d'en tirer des accents nouveaux. Le langage antique était grave et digne, peut-être un peu solennel et froid; il fallait du mouvement et de la vie. Mais on alla jusqu'à l'emportement et au délire. A mesure que les littérateurs et les poètes s'abaissèrent dans le choix de leurs sujets, ils se permirent des licences plus effrénées, et le drame populaire fut présenté avec toutes les trivialités et toutes les grossièretés de la rue. Ces spectres débraillés et hurlants, qui n'apparaissent que dans l'émeute et semblent alors sortir de terre, furent produits au grand jour pour le bon plaisir des lecteurs, avec leurs guenilles et leur argot, et l'on se garda bien d'adoucir les traits de ces hideuses figures.

Les peintres procédèrent à peu près comme les littérateurs et les poètes. Il y avait eu un moment où toutes les draperies étaient de marbre et tous les personnages des statues; on s'ennuya des rotules grecques et des vieux casques. On demanda une poésie qui ne fût pas d'emprunt; on réclama de la vérité, de la vie, de la couleur. Les peintres, comme les littérateurs, revinrent au moyen-âge, nous racontèrent les hauts-faits de la chevalerie, nous traduisirent la poésie de nos bois et de nos coteaux; mais eux aussi ils s'égarèrent bientôt. La haine des solennelles nudités de David aboutit au triomphe du costume. « Nul ne fut admiré qu'à la condition de savoir peindre la soie, le velours, la pierre noircie des cathédrales, le prie-Dieu de la châtelaine en bois sculpté à jour (*). » Comme dans la littérature, les procédés furent modifiés ainsi que les sujets. Les romantiques de la peinture firent du drame passionné, monté en couleur, dessiné avec liberté; tandis que les

(*) Charles Blanc, *Intr. à l'école franç.*, 443.

classiques, pour rendre leurs sentiments, conservaient le style noble, la convenance et des formes correctes.

Les paysagistes, non-seulement s'attachèrent à rendre la nature, mais ils la prirent sans choix, prétendirent que toutes les réalités avaient leurs charmes et leur poésie. Après nous avoir montré le saule inclinant vers l'eau son feuillage flexible, l'écorce blanche du bouleau, le tronc noueux du vieux chêne, il semble qu'ils auraient encore voulu nous faire admirer un fond de marécage, le gazon écorché sous lequel apparaît un peu de terre glaise. On prétendit que Poussin n'avait rien compris au paysage, et que dans ses tableaux la nature était froide, solennelle et de convention. Ceux qui parlaient ainsi oubliaient que Poussin, tout aussi bien qu'eux, consultait la nature, et que, de plus, il savait la choisir, en augmenter la poésie, lui donner du style et le cachet de son génie (*).

Le réalisme dans le paysage eut donc ses défenseurs. Souvent l'artiste présenta la nature avec un grand charme de vérité et de simplicité. En présence de son œuvre, on croirait pouvoir sonder la profondeur des eaux ; il semble que l'on entend le frémissement du feuillage et que l'on respire une brise rafraîchissante. Son paysage est sans apprêt et non sans poésie. Mais

(*) « La nature doit être noble et capable de recevoir la plus excellente forme, dit Poussin traçant les principes de son art; il faut commencer par la disposition, puis par l'ornement, le décor, la beauté, la grâce, la vivacité, le costume, la vraisemblance et le jugement partout. Ces dernières parties sont du peintre et ne se peuvent enseigner; c'est le rameau d'or de Virgile que nul ne peut trouver ni cueillir, s'il n'a été conduit par le destin. » Le grand peintre demande donc que le sujet soit choisi avec discernement, que tous les détails de costume et de décor qui peuvent contribuer à la grâce et à la beauté soient traités avec le plus grand soin, que le *jugement* préside à l'œuvre tout entière ; c'est le rameau d'or que tous ne rencontreront pas, mais que nul ne cueillera sans l'avoir cherché.

parfois aussi la nature fut reproduite sans forme ni distinction, non plus avec vérité, mais dans la réalité la plus prosaïque, la plus insignifiante.

L'art moderne, partagé par des tendances aussi diverses, produisit des œuvres bien différentes de caractère et de valeur. Donnons quelques indications rapides.

Gros n'avait reçu, dans les ateliers de David, que les austères leçons du contour et de la forme; il introduisit dans ses œuvres le mouvement et la couleur. Dans ses batailles, on ne vit plus seulement, comme dans le plus grand nombre de celles qui ornent le palais de Versailles, sur un tertre, un général à cheval braquant sa lorgnette sur un ennemi que l'on distingue à peine; à quelques pas en arrière, un groupe d'officiers empanachés montés sur de superbes coursiers, dont quelques-uns caracolent; sur le bord du cadre, un affût de canon brisé et quelques boulets; un ordre parfait régnant toujours sur ce premier plan destiné à recevoir des portraits, mais ne présentant jamais le spectacle de la fureur ou du désespoir; dans le lointain, des lignes de points blancs, bleus ou rouges enveloppés d'un peu de fumée, qui permet de conclure que peut-être on se bat. Dans les batailles de Gros, on voit de grands panaches blancs s'agiter, les écharpes flotter et les armures briller au soleil; mais surtout, de même que dans celles de Salvator Rosa et du Bourguignon, les armées s'y disputent la victoire avec acharnement et le sang coule. L'œuvre la plus importante de Gros, et l'une des belles pages de l'école française, est la coupole de Sainte-Geneviève, dans laquelle l'artiste a représenté, avec des colorations brillantes et vigoureuses, avec un style clair, plein de noblesse, d'élan et de grandeur, les souverains qui ont acquis plus de gloire à la France par leurs institutions et leurs victoires : Clovis, Charlemagne, saint Louis, Louis XVIII (*).

(*) Dans le premier projet commencé en 1812, Napoléon devait occuper la place de Louis XVIII.

Géricault, dans son Naufrage de la Méduse, nous présenta la nature avec la vérité la plus saisissante. Nous voyons sur un radeau quelques hommes décharnés, découragés, rêveurs à l'approche de la mort; une voile apparaît dans le lointain; ceux qui ont conservé quelque force saisissent avec ardeur cette lueur d'espérance et agitent une draperie. Géricault était revenu avec passion aux formes les plus vraies, et l'on pourrait dire les plus réelles, non pour rester dans la réalité matérielle, mais pour exprimer sa pensée avec plus de vigueur et de pathétique; aussi il nous émeut profondément par le spectacle qu'il nous donne de cette immense infortune. Son œuvre avait surtout une grande importance à l'époque où elle parut; elle ouvrait une voie nouvelle à la peinture. Elle souleva les récriminations les plus violentes de la part d'un grand nombre, qui ne la comprirent pas.

Nous ne devons point oublier, dans cette période, Prud'hon, qui traita avec habileté des sujets mythologiques; Léopold Robert, cet artiste qui, dans les scènes italiennes des Moissonneurs, du Retour du Pélerinage à la Madone de l'Arc, « sut montrer des beautés qui ne se trouvent pas dans la nature (*). »

M. Ingres, né en 1781, survit à bien des artistes, auxquels il avait communiqué les principes qui les ont conduits à la célébrité. Disciple de David, M. Ingres demanda à l'antiquité ses leçons, mais il se mit en garde contre les défauts de son maître. Il avait compris de bonne heure que la peinture ne doit pas reproduire des statues dans ses cadres, et il donna à ses personnages plus de vie et de souplesse. Cependant cet artiste a négligé, peut-être volontairement, des qualités, secondaires il est vrai, mais assez importantes pour que leur absence ait donné souvent prise à des reproches très-acerbes. Après avoir étudié longtemps en Italie, il s'attacha à l'imitation de Raphaël,

(*) Paroles de Léopold Robert.

et s'obstina à fermer les yeux sur l'école vénitienne. Il dédaigna l'éclat du coloris, la puissance, la vigueur de l'effet. La correction du dessin, la noblesse et l'élévation du style, telles furent ses préoccupations exclusives.

M. Ingres a emprunté les pensées de ses œuvres également à la religion, à l'histoire, à l'antiquité, à la fable, et c'est avec le même esprit qu'il a abordé des sujets si différents. Le culte du beau a toujours été la source principale de ses inspirations ; il a accueilli volontiers tous les motifs avec lesquels il pouvait se promettre de réaliser une œuvre de grand style ; mais l'art, si élevé qu'il soit, ne supplée pas toujours la conviction intime et la ferveur du sentiment. Ses Vierges sont belles mais hautaines, sans candeur et sans tendresse. Son Christ est plein de calme et de dignité, la pensée est imprimée sur son front et dans son regard ; mais ce n'est pas le Sauveur clément qui nourrissait la multitude au désert et versait des larmes sur son ami Lazare ; ce n'est point celui qui offre des consolations à toutes les tristesses, et apaise les tempêtes du cœur comme il calmait les flots du lac de Génézareth. M. Ingres semble s'être surpassé lui-même dans son Saint Symphorien. Le jeune martyr marchant au supplice, encouragé par sa mère et les bras levés vers le ciel, est d'une beauté antique et du sentiment le plus chrétien. Cette figure est peut-être le chef-d'œuvre de l'art moderne.

M. Ingres représente la tradition classique. Dans l'école rivale, nous remarquons **Eugène Delacroix**. Ici ce n'est plus la finesse des formes, la correction du contour, la gravité du style qui nous frappent, mais le mouvement, la vie et la passion. Delacroix prend toujours son sujet au point de vue pittoresque. Il nous étonne par l'énergie, par la puissance de l'effet, et, sans être violent, il est merveilleux par l'éclat et l'harmonie de la couleur ; mieux que nul autre dans les temps modernes, il a rivalisé sous ce rapport avec l'école vénitienne, et dans cette imitation il a gardé son originalité. Cet artiste maniait si bien les ressources de la couleur, que dans certains emplacements mal éclairés de la galerie d'Apollon, il a su créer la lumière, en faisant paraître son œuvre éclatante malgré l'obscurité. Cependant les œuvres d'Eugène Delacroix ont été sévèrement critiquées. Il faut se garder de dire qu'il ne savait pas dessiner. Il ne songeait aucunement à nier l'importance de la correction des formes; mais il se laissait entraîner par son tempérament à poursuivre les merveilles du coloris, et était bien moins exact dans son dessin que les Vénitiens.

La couleur dans l'art de même que dans la nature, ne doit pas être seulement un spectacle qui réjouisse les yeux. Elle contribue à donner une impression plus vive, et par là même n'est pas inutile à l'expression; elle ne précise pas la pensée, mais elle la présente avec plus d'éclat et de vigueur; elle prête aux formes les charmes et les séductions que la musique donne à la parole; elle devient sur la toile du peintre une véritable puissance, comme l'accent et le geste dans le discours d'un orateur. Aussi l'œuvre d'un coloriste le plus souvent n'est rendue que très-incomplétement par la gravure, tandis qu'un tableau plus faible de couleur gagne à être gravé; l'insuffisance de la couleur faisait croire à de l'impuissance de la part du peintre et nous causait un regret, tandis que cette insuffisance disparaît dans la gravure. Cependant, si la couleur sert à manifester la forme en la revêtant du jour et de l'éclat qui la rendent intelligible ou la présentent avec plus de charme, elle ne doit pas surtout viser à produire une sensation agréable; le signe vide ne doit pas se substituer à la chose signifiée, et le moyen prendre la place du but. Si l'artiste, par la richesse et l'harmonie des tons, réjouit les yeux comme le musicien captive l'oreille, il doit se rappeler aussi que c'est surtout par les contours et les formes qu'il parle à l'esprit et au cœur, qu'il exprime ses pensées, et que c'est d'après la valeur de ses pensées qu'il sera jugé. Aucune ressource ne doit être négligée de propos délibéré, mais nous devons reconnaître que la peinture se passe plus facilement de la couleur que du dessin.

Paul Delaroche semble moins nous avoir présenté dans ses compositions de grandes pages d'histoire que des chroniques. D'habiles critiques (*) lui reprochèrent souvent d'envisager son sujet au point de vue anecdotique, et de chercher à intéresser plutôt par des particularités de détail que par la simplicité de la conception ; c'est ainsi que dans les tableaux religieux qu'il exécuta à la fin de sa vie, nous retrouvons, non les faits racontés par les Évangélistes, mais des circonstances empruntées à la tradition. Cependant il faut ajouter que Paul Delaroche a souvent été jugé avec trop de sévérité, et que l'on n'a pas usé envers lui de l'équité avec laquelle il aimait à reconnaître le mérite de ses rivaux. On peut dire de ses œuvres ce que M. Vitet dit au sujet des premiers tableaux de Ary Scheffer : « Au point de vue de l'art, ce qui recommandera toujours ces petits poèmes, c'est une grande qualité, la qualité magistrale de notre école, l'art de la composition. Nombreux ou clair-semés, les personnages y sont tous à leur place : ils pensent, ils agissent, ils parlent, ils dialoguent clairement, sans confusion, sans emphase, sans digression, à la française, en un mot. Car cet art de grouper, de disposer des personnages, de les bien mettre en scène, non pas en chorégraphe, en maître de ballet, mais en peintre, c'est notre privilége, comme de bien composer un livre, d'en classer les matières, d'en proportionner les parties, d'en faire un tout vivant et intelligible. C'est par ce don de la composition que Lesueur et Poussin seront toujours hors de pair, et quiconque veut faire de la peinture en France, eût-il la palette la plus chaude et la plus vénitienne, ou le trait le plus pur et le plus athénien, fera fausse route, il faut le lui prédire, s'il n'a pas cette qualité-là (**). » Dans la peinture de

---

(*) M. Lenormant, Gustave Planche.
(**) M. Vitet, p. 283.

l'Hémicycle des Beaux-Arts, le talent de Paul Delaroche s'est élevé aux conditions de la grande peinture décorative. Dans cette vaste composition, le peintre nous montre les artistes de tous les siècles réunis dans une auguste assemblée ; au milieu, Ictinus, Phidias, Apelle, sont assis sur un trône ; les autres personnages forment des groupes variés et animés.

Ary Scheffer (*) sembla hésiter longtemps dans sa marche, cherchant les procédés à suivre, les sujets à traiter. Après avoir emprunté de nombreuses compositions aux romans de Goëthe, il aborda enfin les sujets religieux auxquels devait le conduire son talent profondément spiritualiste. Son début en ce genre fut le Christ consolateur, qui n'était point inspiré d'une charité assez évangélique, assez douce et assez divine. Pour arriver à résoudre ce problème, le plus difficile de l'art chrétien, la représentation de l'homme-Dieu, Scheffer avait à franchir bien des degrés. Il s'éleva dans les régions les plus pures de l'idéal par son tableau de sainte Monique et de saint Augustin, dont le succès fut si complet et si légitime. La critique peut faire ses observations sur la transparence trop vaporeuse de la couleur et la sécheresse des formes. Mais nous dirons, avec M. Vitet (**), que « ce n'est pas en présence de telles œuvres que l'on marchande son admiration. » Jamais âme ravie par l'intuition des choses célestes nous fut-elle manifestée avec autant de clarté que celle de sainte Monique dans ce tableau ? Dans la limpidité et l'élan de son regard, brille comme un reflet du spectacle sublime qu'elle contemple, et nous participons à son extase. La sainte semble déjà jouir de la félicité des élus, et son cœur de mère est inondé des consolations les plus douces qu'il peut goûter ici-bas ; ses désirs sont comblés : le fils qui lui a coûté tant de larmes et dont elle presse la main avec la plus tendre affection, a brisé ses liens ; non-seulement il est revenu au

(*) Consulter sur Scheffer l'article de M. Vitet, t. I, p. 311.
(**) P. 351.

Seigneur, mais il se consacre tout entier à son service. L'idéal si élevé de cette composition n'a rien de banal ni de convenu ; il sort des entrailles mêmes du sujet, et nous est traduit avec une étonnante précision.

Scheffer, après nous avoir transporté dans ces hautes régions, sut nous représenter le divin Sauveur tel qu'il nous apparaît dans les saints Évangiles, avec sa grandeur et sa simplicité, sa sévérité et sa charité infinie. C'est alors qu'il exécuta le Christ terrassant d'un regard et d'un geste le Démon, qui veut le tenter ; le Christ au Roseau, d'une humilité sublime ; Jésus-Christ pleurant sur Jérusalem, peut-être son œuvre la plus accomplie ; que de regret, de reproche et de compassion dans ces larmes versées sur la ville coupable !

Horace Vernet, doué d'une rare facilité, d'une mémoire prodigieuse, a peint un grand nombre de batailles qui ont été accueillies par le peuple avec enthousiasme. Mais si les batailles de Gros sont des épopées, celles d'Horace ne redisent que le bulletin officiel. Comme dans celles de son père Carle, on y retrouve surtout, rendus avec clarté, les mouvements stratégiques publiés par le *Moniteur*. « Dans celles de Gros, les armées cèdent à une exaltation belliqueuse, et semblent parfois, dans leur élan, obéir au souffle de deux vents contraires ; dans celles d'Horace on se bat sans doute, mais il semble que les bons mots volent parmi la mitraille (*), » et le spectacle qu'il nous donne ne nous cause pas trop d'effroi. Ses œuvres manquent surtout de grandeur, de noblesse et d'élévation de style. Mais Horace Vernet connaissait tous les détails de l'uniforme militaire, il rendait le type du troupier avec une frappante ressemblance ; le peuple comprend mieux les manœuvres de la parade que la pureté et l'élévation du style ; il n'est pas tenu à savoir que l'un des grands chefs-d'œuvre de la peinture, la Vision d'Ézéchiel, par Raphaël, n'a pas un pied carré en

(*) M. C. Blanc.

surface; il se laisse prendre même aux dimensions de la toile, et les toiles d'Horace Vernet sont souvent de dimensions plus qu'ordinaires.

A mesure que nous approchons de l'école contemporaine, il devient plus indispensable de nous limiter dans nos appréciations et de choisir entre les œuvres produites. Les expositions annuelles servent à constater que l'art sérieux ne progresse pas; et nous pouvons dire, avec M. Vitet, que là « c'est le métier qui triomphe; l'esprit, l'adresse, le talent même se prostituent à qui mieux mieux aux exigences de la mode et au caprice de l'argent. Les couronnes, l'enthousiasme, vont de droit au procédé, à de plates réalités mesquinement traduites, ou même s'empressent vers des œuvres licencieuses (*). Quelques-uns de nos artistes s'obstinent à remuer les débris fangeux du paganisme; choisissent des sujets dont le seul intérêt est de donner prétexte à des libertés dégoûtantes. Ne semble-t-il pas que tous ces personnages mythologiques, recherchés par les artistes pour les plus mauvais motifs, perdent sous leur pinceau le peu de décence et de pudeur qu'ils avaient dans l'antiquité?

Même dans les expositions, de pieux adorateurs de l'étude et de la vérité persistent à protester. Près des artistes qui depuis longtemps soutiennent la lutte, se forment de jeunes réputations qui seront fidèles à leurs débuts et grandiront (**). Cependant l'art sérieux a cherché un autre asile, et nous dirons, avec M. Vitet, que c'est « dans l'Église qu'il nous apparaît avec toute sa dignité. On dirait que loin du bruit, loin du trafic, plus à l'aise et plus libre, il recouvre une vie nouvelle. Des défauts,

---

(*) Tome IV, p. 393.
(**) Afin de nous limiter plus sûrement, nous avons pris le parti de ne parler d'aucun peintre vivant. M. Ingres, dont nous avons parlé, semble assister au jugement porté sur ses œuvres par la postérité.

vous en trouverez assurément sur ces murailles tout comme ailleurs ; mais vous y trouverez les vertus du peintre, l'amour du beau et le culte du vrai, le respect de soi-même, le mépris des succès faciles. »

Il serait injuste de parler de l'art religieux de notre époque sans faire l'éloge de l'école allemande, dont les œuvres sont toujours d'un sentiment si grave, si suave et si chrétien. Les idées des Allemands traduites par le dessin, ne perdent rien de leur richesse et de leur poésie, et prennent de la précision. Les maîtres de cette école, Overbeck, Cornélius, Muller, Mintrop, Schnorr, Fuhrich, Steinle, ont suivi, avec moins d'habileté que les artistes français, les principes de l'art antique ; souvent ils sont en dehors de la nature, ils sont même maniérés si l'on veut, mais avec candeur et simplicité ; ils sacrifient souvent les lois de la plastique au désir de rendre leurs pensées avec plus de richesse, leurs sentiments avec plus d'intensité ; mais un chant qui nous émeut sans suivre les formules rigoureuses de la méthode, est préférable à des vocalisations irréprochables qui ne nous impressionneraient pas (*).

Parmi les noms des artistes qui ont travaillé à la décoration de nos édifices religieux, l'histoire doit garder avec amour ceux d'Orsel et de Périn. « Orsel avait deux grands dons que le ciel réserve aux véritables artistes, le don de l'expression vraie et le sentiment de la ligne harmonieuse ; ses peintures de la chapelle de la Vierge, à Notre-Dame-de-Lorette, sont aussi suaves que riches de pensées ; c'est la tendresse onctueuse de l'école ombrienne unie à la justesse et à la mesure d'un esprit français (**). » Vis-à-vis cette chapelle de la Vierge, Périn

(*) Inutile de dire combien l'imagerie allemande est préférable à l'imagerie française avec ses fioritures et ses dentelles, ses recherches mignardes qui grimacent l'expression et le sentiment, ses emblêmes qui souvent tournent à la niaiserie ou faussent les idées religieuses et les matérialisent.

(**) M. Vitet, p. 598.

exécuta celle de l'Eucharistie, « aussi douce, dit M. Vitet, aussi touchante qu'un motet de Pergolèse (*). » Ce travail mérita les plus grands éloges d'un critique, dont la sévérité était connue. « Périn, dit Gustave Planche, a fait sa chapelle comme les poètes d'autrefois faisaient leurs livres; ils ne se sont pas inquiétés des succès bruyants dont le monde s'occupe un jour pour n'y plus songer le lendemain... Aussi religieux dans l'expression que Giotto et Fra Angelico, il n'a pas oublié un seul instant qu'il devait, tout en restant fidèle au sentiment chrétien, tenir compte de toutes les conquêtes, de tous les progrès de son art (**). »

H. Flandrin, dont la mort récente a laissé dans les arts un vide immense, s'était élevé plus haut encore que Périn et Orsel, sinon par le sentiment religieux, du moins par la science. Comme son maître, M. Ingres, il fut un disciple fervent de l'antiquité, mais il demanda aussi ses inspirations aux peintures primitives des catacombes et des basiliques. Sur la porte de son atelier, à la villa Médicis, il avait écrit ces belles paroles :

« Mon Dieu, mon cœur a été ravi par la beauté des œuvres de vos mains, et je passerai ma vie à célébrer mon maître! »

Toute sa vie il fut fidèle à la grande mission qu'il se donnait. Toujours il respecta la dignité de son pinceau et la sainteté du sanctuaire, qui devint en quelque sorte sa demeure permanente. Du reste, « ce qu'il proposait dans ses œuvres au respect et à l'adoration des autres, il le respectait et l'adorait lui-même, et les saints, ses héros, étaient aussi ses modèles (***). » Nous ne pouvons décrire toutes les œuvres de Flandrin, celles qu'il exécuta à Saint-Paul de Nîmes, à Saint-Séverin, à Saint-Germain-des-Prés, à Saint-Vincent-de-Paul; c'est dans cette dernière église que nous admirons sa plus vaste composition.

(*) M. Vitet, p. 399.
(**) Gustave Planche, p. 170.
(***) Lettre de Mgr Plantier sur Flandrin.

L'Évangile prêché aux nations leur a ouvert la voie du ciel, telle était la pensée que l'artiste devait traduire à nos regards. Au centre de son œuvre, c'est-à-dire à l'entrée de l'église, il a représenté saint Pierre et saint Paul prêchant la parole de vie aux Juifs et aux Gentils. Sur les côtés, toutes les générations converties marchent vers les palmes promises ; les apôtres, les martyrs, les docteurs, les pontifes, les vierges, les anachorètes rangés en chœur. Il est impossible de considérer pendant quelque temps sans émotion cette magnifique procession de saints et de saintes qui s'avancent vers le paradis avec tant de calme et de sérénité. « Peut-être, dit M. Vitet, H. Flandrin avait emprunté le plan de sa composition à une peinture de Ravenne, qui représente l'Église triomphante, et son Pèlerinage vers le trône du Sauveur ; mais la supériorité est sans contredit du côté de l'imitateur, et ce qui ne vaut pas moins, tout en usant des ressources que l'art moderne mettait à sa disposition, il a su n'en point faire abus. Là est le grand problème. Il est facile aujourd'hui de composer plus savamment, plus habilement qu'un Byzantin ; ce qui est malaisé, c'est de savoir à la fois rajeunir la donnée traditionnelle et rester naïf, accentuer la composition et conserver l'aspect monumental, faire de la peinture, en un mot, sans trop faire œuvre de peintre, sans donner à ses figures ce degré de vie, de mouvement, de relief, cette puissance d'illusion, qui conviennent à un tableau et non à une décoration appliquée sur la face même d'un édifice (*). »

M. Vitet, jetant un coup-d'œil sur l'avenir de notre école de peinture, fait les réflexions suivantes, par lesquelles nous terminerons : « Gardons-nous de tirer un trop sombre horoscope de la peinture d'aujourd'hui. Qui sait ce qu'en dira l'avenir ? Ceux qui la déshonorent ne sont pas ceux qui vivront. Tous ces chefs-d'œuvre de pacotille seront oubliés dans vingt ans d'ici ; ils auront cédé la place à d'autres produits fabriqués

---

(*) Tom. IV, 401.

sur de nouveaux patrons, et seront allés finir leurs jours dans le pays des tableaux hors de mode, aux États-Unis d'Amérique ou dans le fond de nos greniers. Ce qui vivra, ce qui portera témoignage de notre savoir-faire, ce qui donnera la mesure de nos artistes, ce sera cette série de peintures, qui depuis douze à quinze ans se fixent sur nos murailles, tableaux qui ne voyagent pas, et qui, pour la plupart, sont aussi sérieusement conçus et exécutés que solidement établis. Ce qui domine en général dans ces peintures adhérentes aux murailles, si heureusement substituées aux tableaux suspendus, c'est un accent sincère, un goût élevé, une grande intelligence de composition. Il semble qu'à travailler ainsi sur un fond consistant et durable, sans changement possible ni de destination, ni de jour, ni d'aspect, la pensée se fortifie. Tous ceux de nos peintres qui avaient quelque talent, ont grandi à cet exercice. Ils se sont vus forcés de prendre de grands partis, sans laisser-aller, sans caprice, après longue et mûre réflexion. Autre chose est avoir devant soi un public mobile et blasé, dont il faut étudier les goûts, flatter les appétits; autre chose, avoir affaire à ce public permanent et sérieux, sans fantaisies, sans passions, qu'on appelle la postérité. Le plus insouciant des hommes pense bon gré mal gré à la postérité quand il est face à face avec ce mur que son pinceau va parcourir. Il ne consulte ni cote, ni tarif pour savoir si le réalisme est en hausse et l'idéal en baisse, s'il doit se faire flamand, hollandais, espagnol, archaïque (*), pastoral ou vaporeux : il ne cherche que le durable, par conséquent le vrai, ce qui tout naturellement le ramène au vieux sentier de notre école, à ces pures traditions de l'esprit français qui demandent à l'art, non la puérile imitation de l'apparence des corps, mais l'expression de la pensée au moyen d'une juste et intelligente reproduction de la forme et de la couleur. L'art

(*) On appelle *archaïsmes* les essais encore imparfaits par lesquels débuta l'art du dessin dans l'antiquité et aux moyen-âge.

peut encore subsister malgré les expositions, ces foires annuelles qui abaissent et faussent le goût. Il lui reste un refuge ; l'étude, la pensée conservent un asile, et quelques œuvres suffiront, quelques œuvres ainsi créées à l'abri de la contagion, pour racheter dans l'avenir nos péchés, nos misères, et faire dire à nos neveux que nous avions encore dans les veines quelques gouttes de sang de Lesueur et de Poussin (*). »

(*) Tom. IV, p. 396.

TABLE.

	Pages.
INTRODUCTION	1

ARCHITECTURE.

Préliminaires sur l'architecture.....................	13
Architecture grecque...............................	27
Architecture romaine..............................	39
Conclusions sur l'architecture grecque et sur l'architecture romaine..	48
MOYEN-AGE. — Période latine........................	50
Constructions byzantines...........................	54
Architecture en France jusqu'au XIe siècle. — Roman primitif..	57
Architecture romane des XIe et XIIe siècles.............	60
Travail de transition...............................	66
Période ogivale. — XIIIe siècle......................	71
XIVe siècle........................	91
XVe siècle........................	95
RENAISSANCE	101
Ire période. — Du règne de Louis XII à la fin de celui de Henri III...................	103
IIe période. — De Henri IV à la fin de Louis XIV...	106
IIIe période. — Louis XV et Louis XVI............	116
IVe période. — De la Révolution de 1793 à notre époque........................	119
Architecture à notre époque.........................	121

SCULPTURE ET PEINTURE.

Pages.

Préliminaires sur la sculpture et la peinture.............. 153

Sculpture. — Des lois spéciales de la sculpture.......... 156
La sculpture dans l'antiquité.......................... 158
La sculpture au moyen-âge en France.................. 160
Renaissance.. 166
La Renaissance en Italie................................ 169
   Ghiberti.. 170
   Donatello, Lucca della Robbia................... 171
   Michel-Ange..................................... 172
La Renaissance en France. — XVIe siècle. — Jean Goujon. 175
   Germain Pilon................................... 176
  XVIIe siècle. — Simon Guillain, Jacques Sarrazin.. 177
   Pierre Puget.................................... 179
XVIIIe siècle.. 180
XIXe siècle. — Pradier............................... 182
   David... 183

Peinture. — Des lois spéciales de la peinture........... 185
La peinture dans l'antiquité............................ 187
La peinture dans les catacombes........................ 189
La peinture dans les basiliques d'Italie, du IVe au XIIIe
 siècle.. 191
École de Florence, du XIIIe au XVIe siècle. — Cimabué. 195
   Giotto.. 196
   Orcagna, Paul Ucello............................ 197
   Masaccio.. 198
   Ghirlandajo..................................... 199
École spiritualiste pendant la même période. — Les enlu-
 mineurs, les peintres de Sienne, de Bologne.... 201
   Le bienheureux Angelico, de Fiezole............. 203
   Benezzo Gozzoli................................. 204
   Le Pérugin...................................... 205

	Pages.
Léonard de Vinci...	205
Michel-Ange..	207
Raphaël..	211
Différentes écoles d'Italie après Raphaël. — Les disciples de Raphaël...	221
École de Florence : Fra Bartolomeo, Andrea del Sarto.....	222
École vénitienne. — Paul Véronèse, le Tintoret, le Titien.	223
École lombarde. — Le Corrége.....................................	225
École bolonaise. — Les Carrache, le Dominiquin, le Guide, l'Albane, le Guerchin...	227
A Naples, Salvator Rosa...	230
École allemande, flamande, hollandaise. — Van Eick, Hemling, Rubens, Van Dick, Rembrandt........................	231
École espagnole..	234
École anglaise..	235
LA PEINTURE EN FRANCE. — Le moyen-âge..................	236
La peinture décorative..	238
Les vitraux...	242
Les enluminures de manuscrits................................	244
La Renaissance. — XVIe siècle..................................	245
Jean Cousin..	248
XVIIe siècle. — Simon Vouet..................................	249
Charles Lebrun.......................................	250
Pierre Mignard, Eustache Lesueur........	251
Nicolas Poussin......................................	252
Claude le Lorrain....................................	254
Valentin, Jacques Courtois, Sébastien Bourdon...	255
Nicolas Colombel, Bon Boulogne, Philippe de Champaigne et autres artistes du XVIIe siècle..	256
XVIIIe siècle. — Watteau.......................................	257
Joseph Vernet, Greuze, Vien, David......	258

	Page
XIXe siècle. — Différentes écoles dans la littérature et dans les arts...	26
Gros...	26
Géricault...	26
M. Ingres...	26
Delacroix...	26
Paul Delaroche.....................................	26
Ary Scheffer..	26
Horace Vernet......................................	27
De la peinture à notre époque, les expositions, l'école allemande, les peintures murales : Orsel, Périn, Hippolyte Flandrin................................	27
Table...	27

12909 — Nantes, IMPRIMERIE CHARPENTIER, rue de la Fosse, 32.

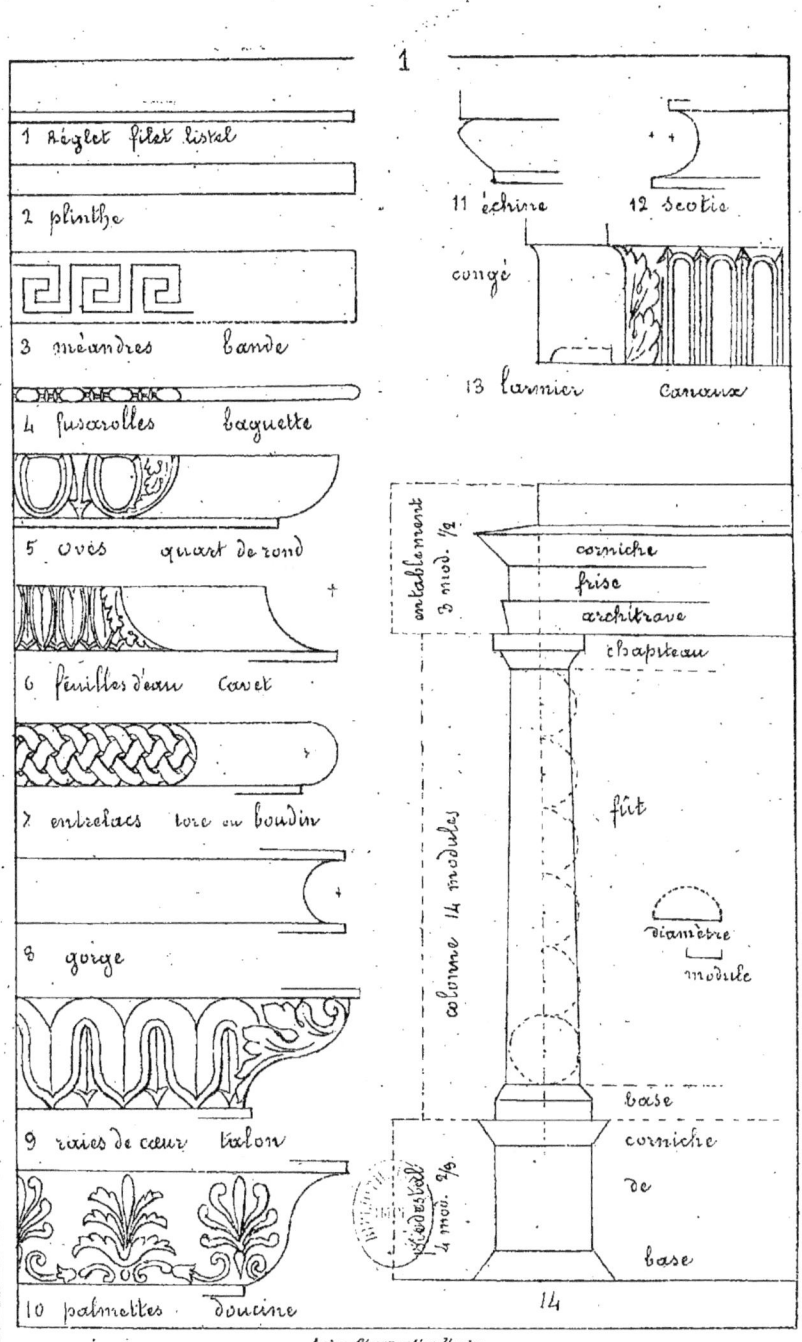

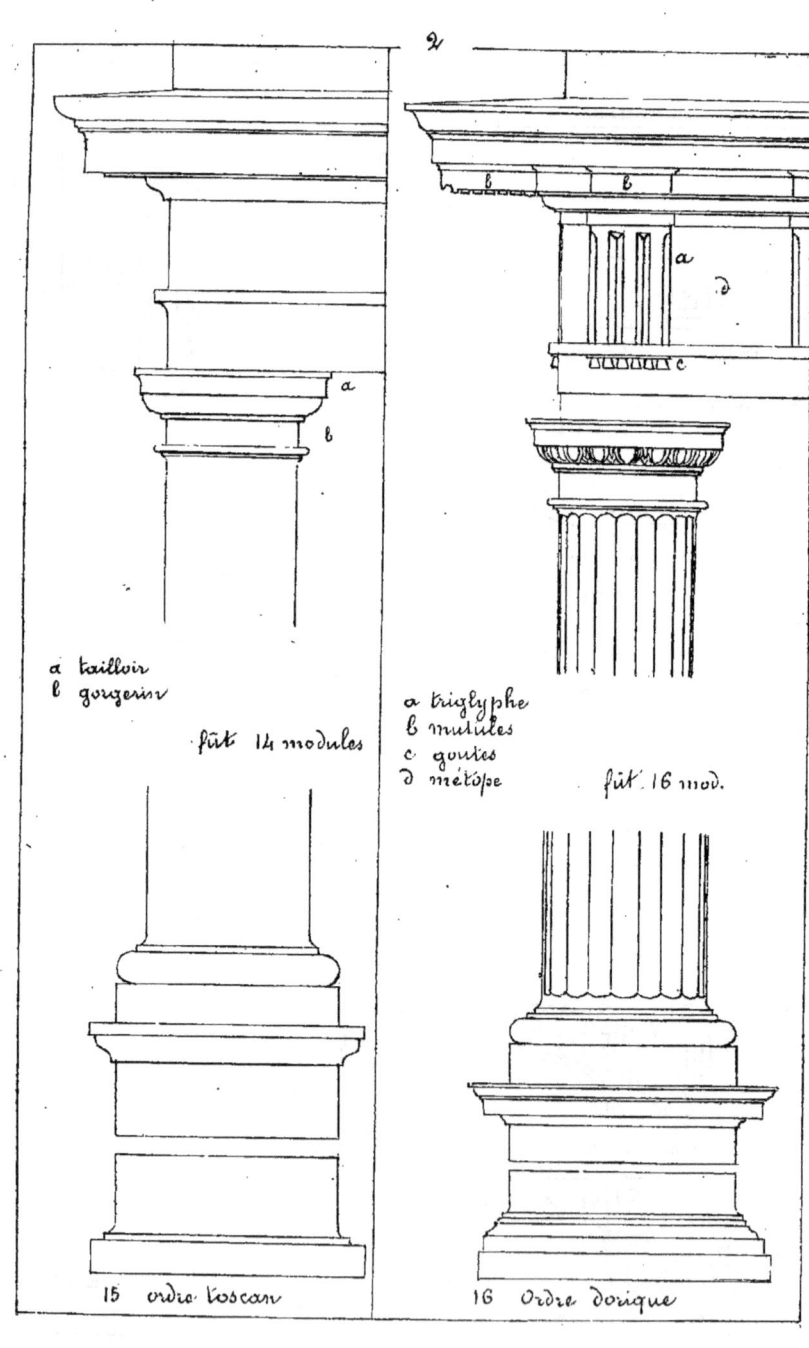

a tailloir
b gorgerin

fût 14 modules

a triglyphe
b mutules
c goutes
d métope

fût 16 mod.

15 ordre toscan

16 Ordre dorique

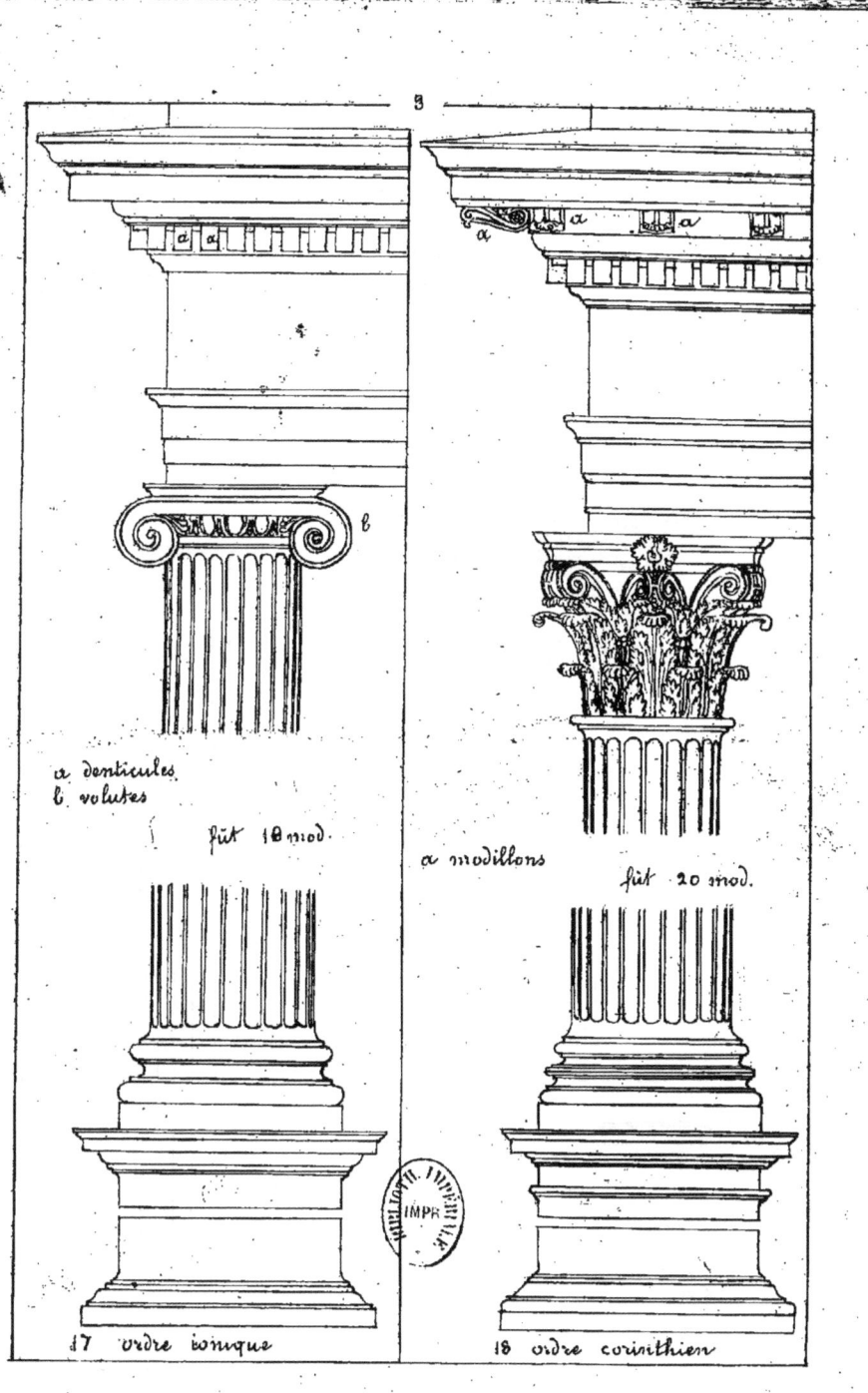

a denticules
b volutes

fût 18 mod.

a modillons

fût 20 mod.

17 ordre ionique

18 ordre corinthien

19 ordre composite   20 ordre dorique antique

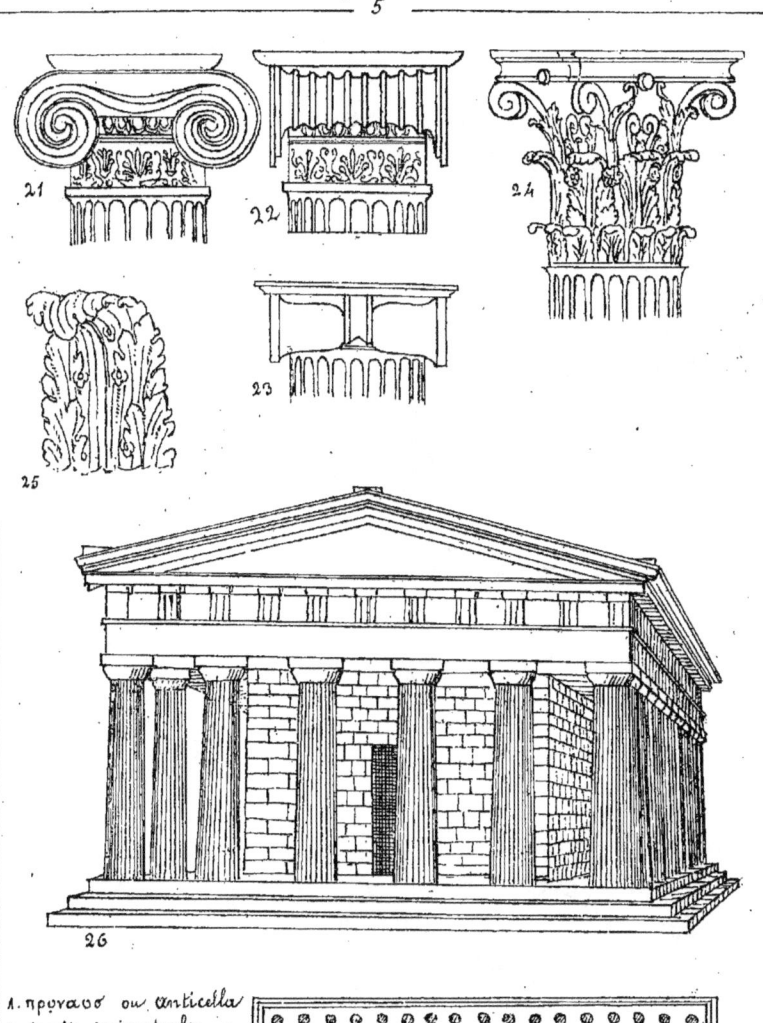

A. προναοσ ou anticella
B. porte principale
C. ναοσ ou Cella
  le Parthénon était un
  temple hypèthre (υπαιθροσ)
  c'est-à-dire découvert
E. colonnade intérieure
F. οπισθοδομοσ renfermant
  le trésor
H. οπισθοναοσ

27 plan du Parthénon.

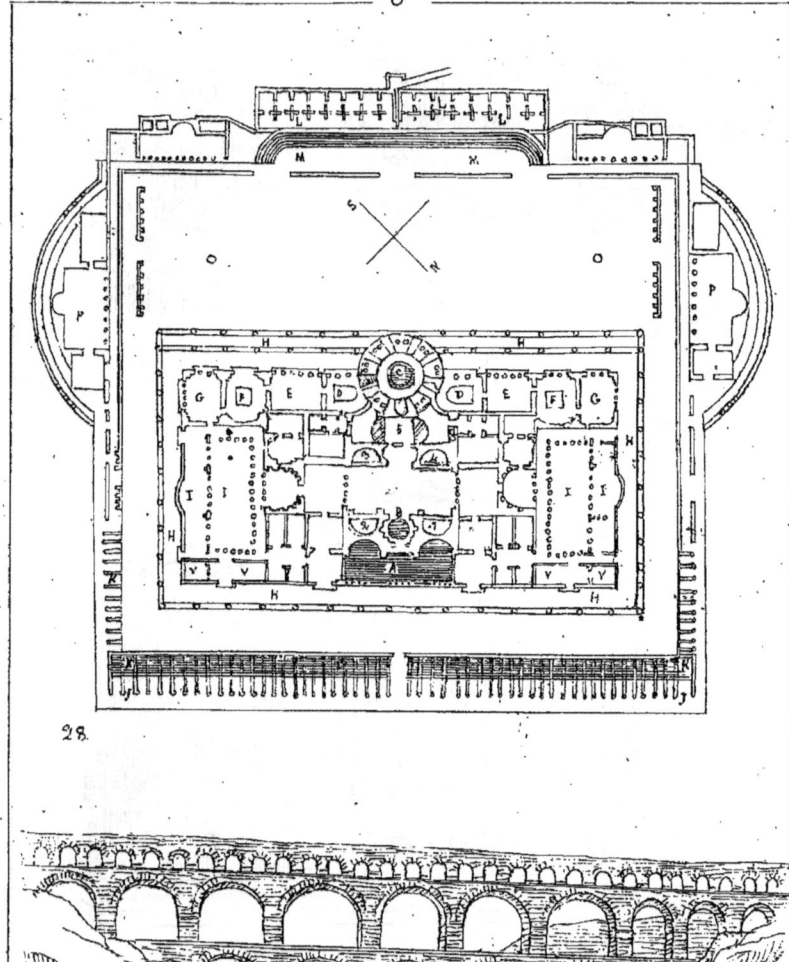

architecture romaine

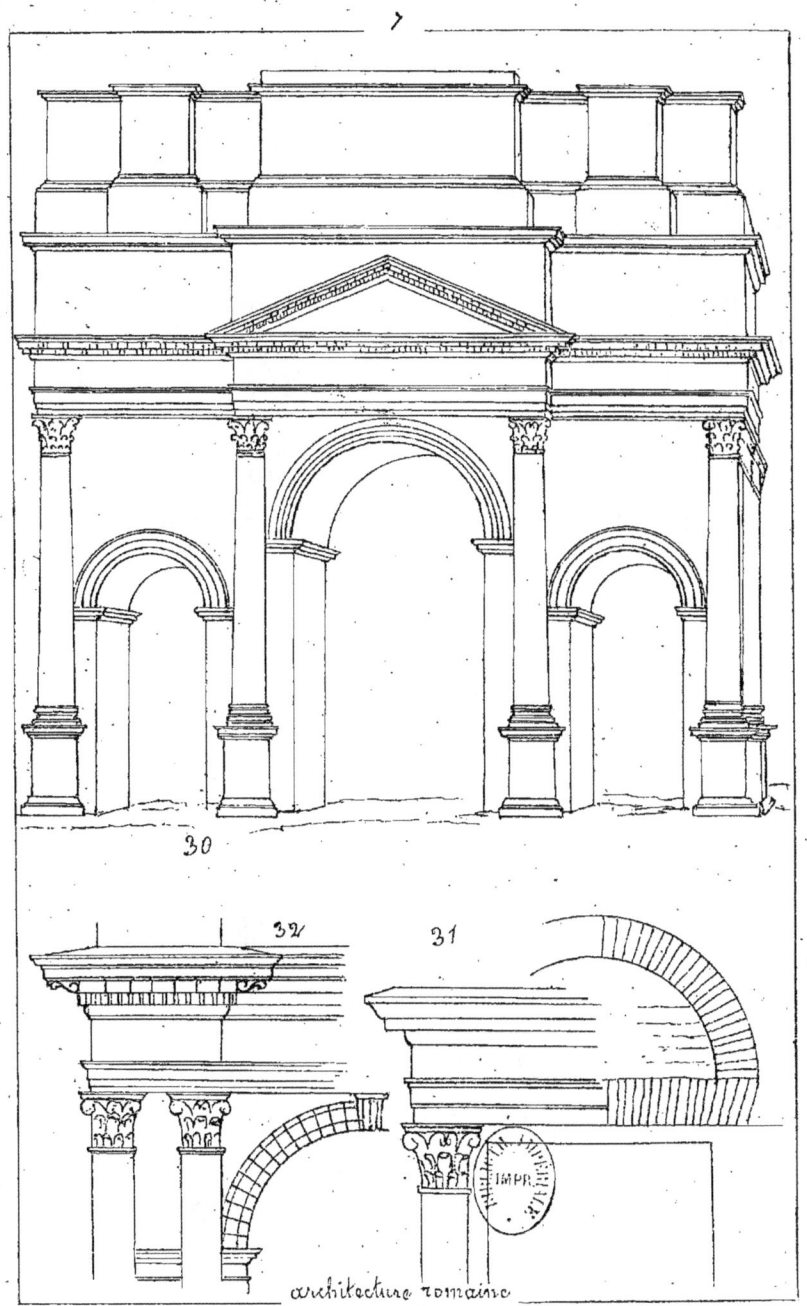

architecture romaine

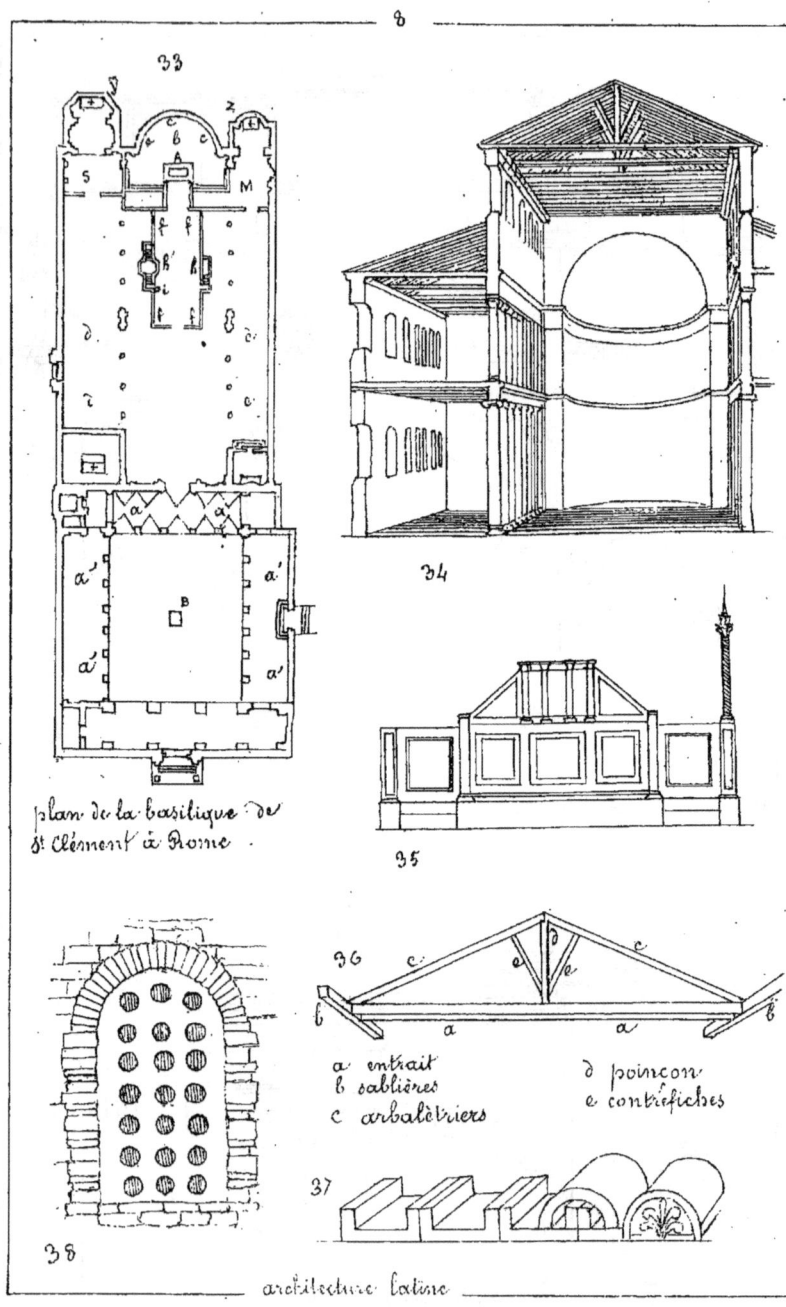

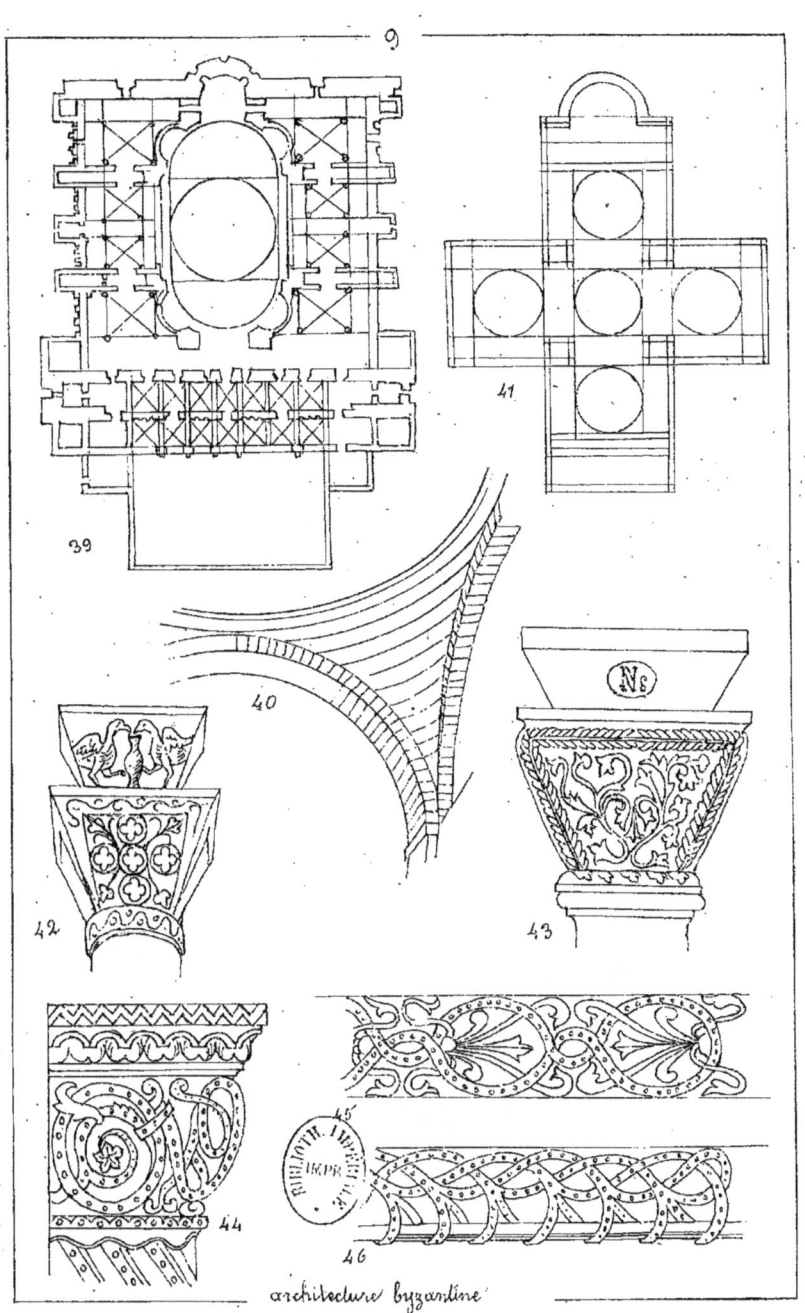

architecture byzantine

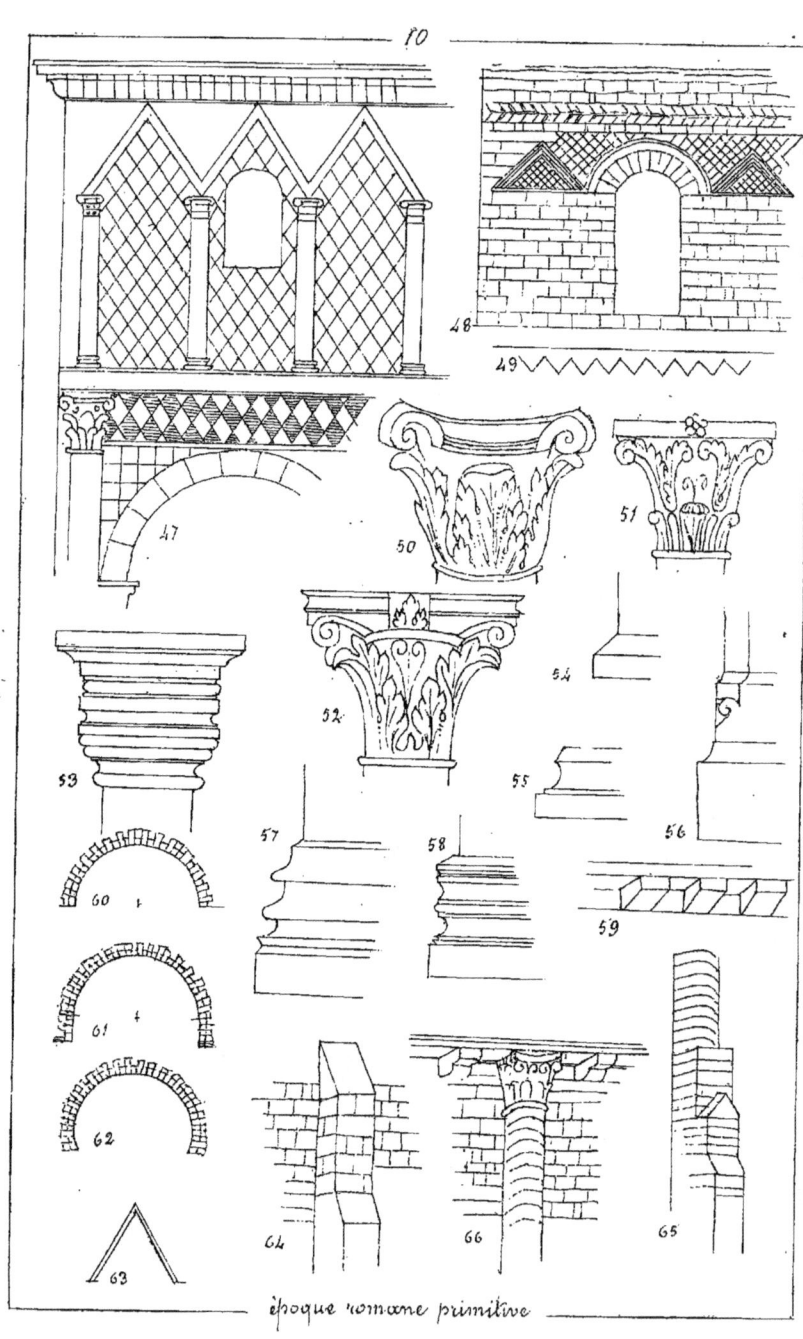

époque romane primitive

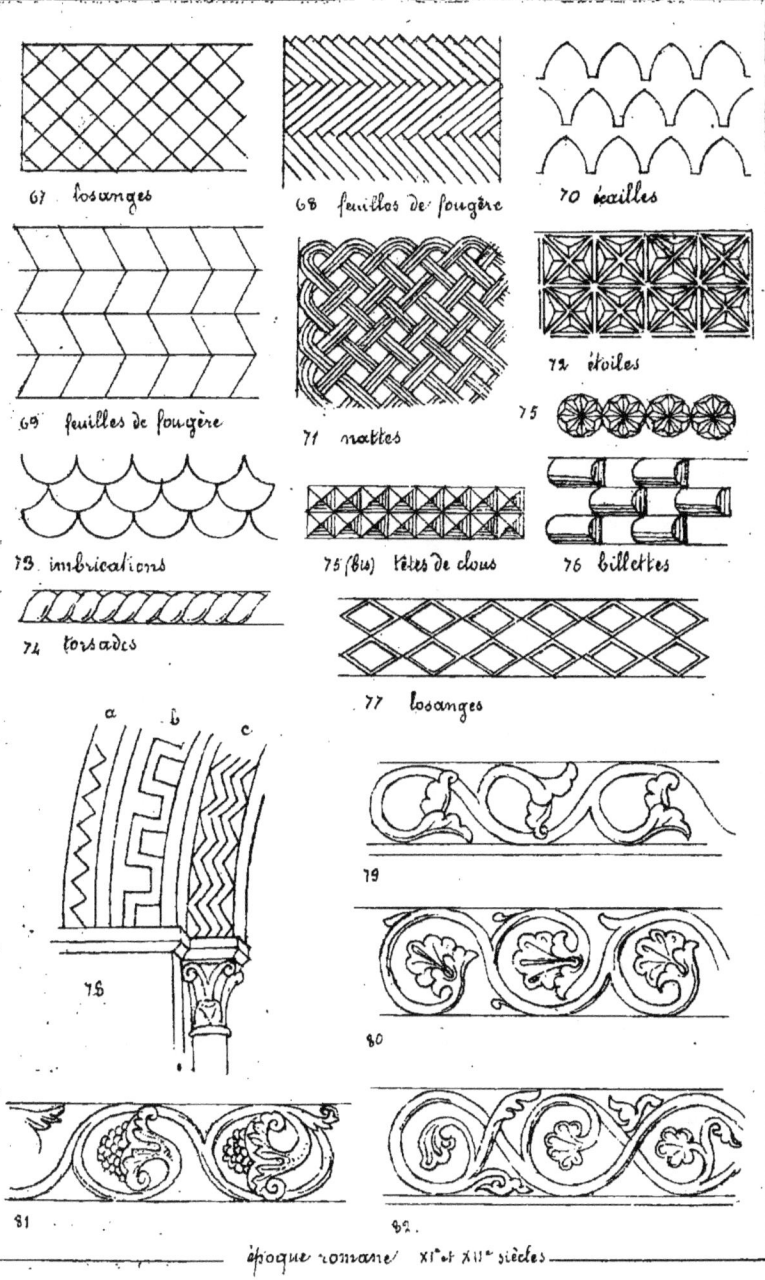

époque romane XIe et XIIe siècles

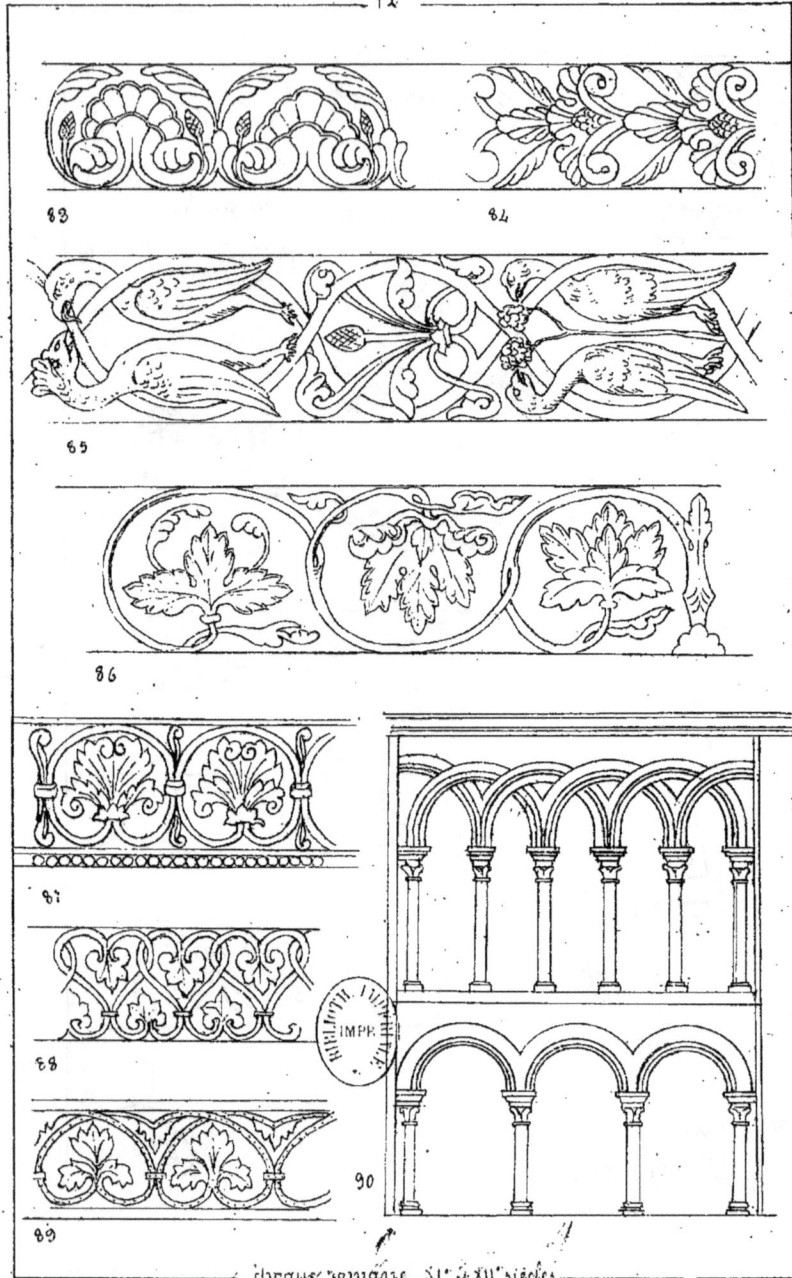
époque romane XI.e et XII.e siècles

époque romane XI.e et XII.e siècles

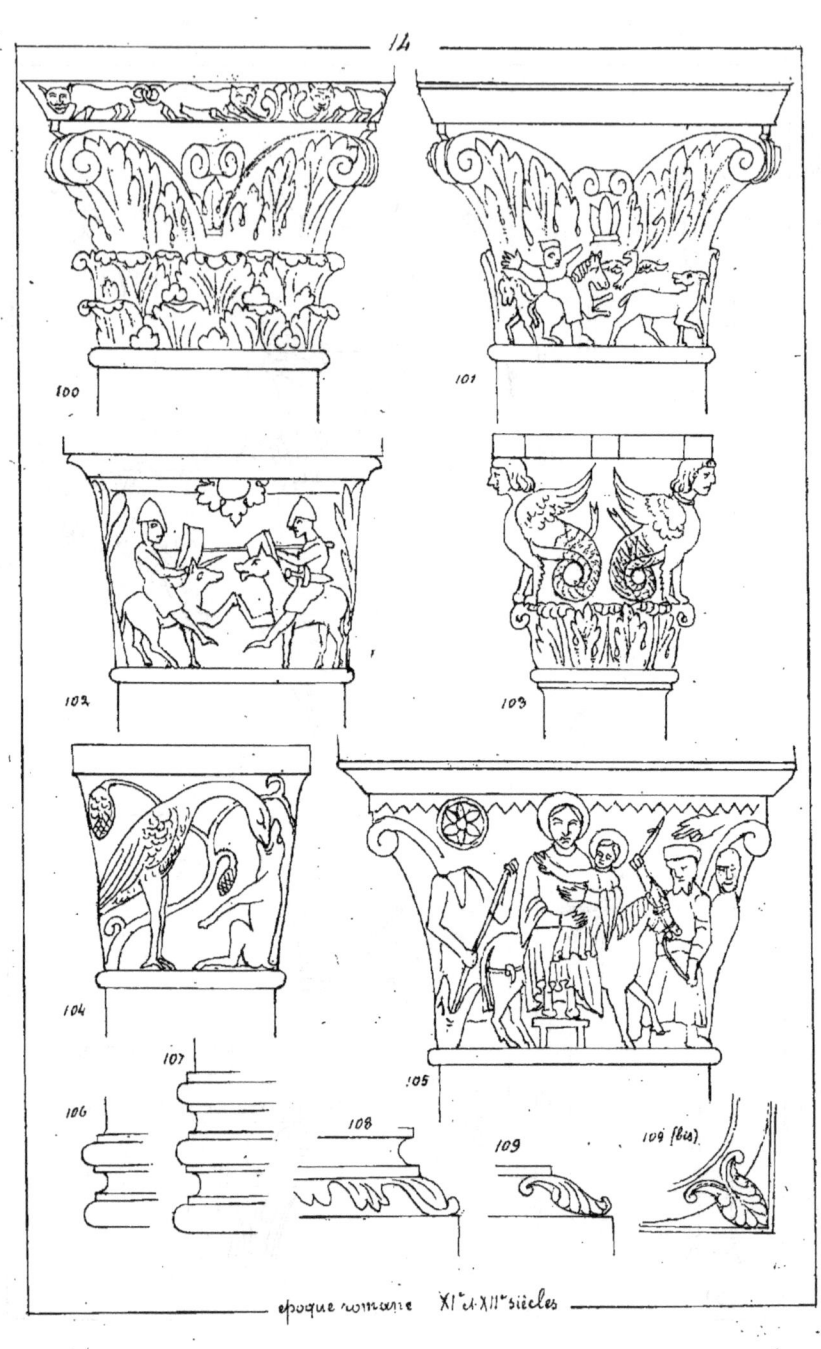

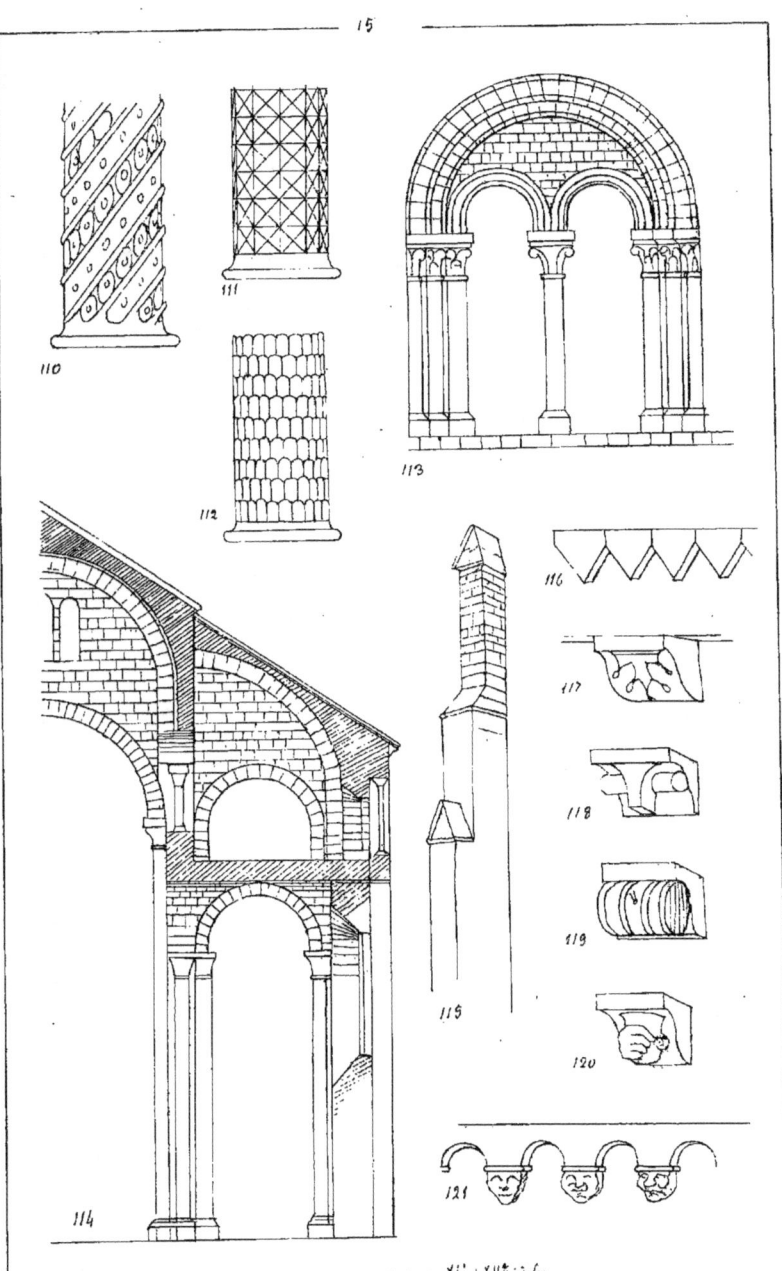

époque romane XIe et XIIe siècles

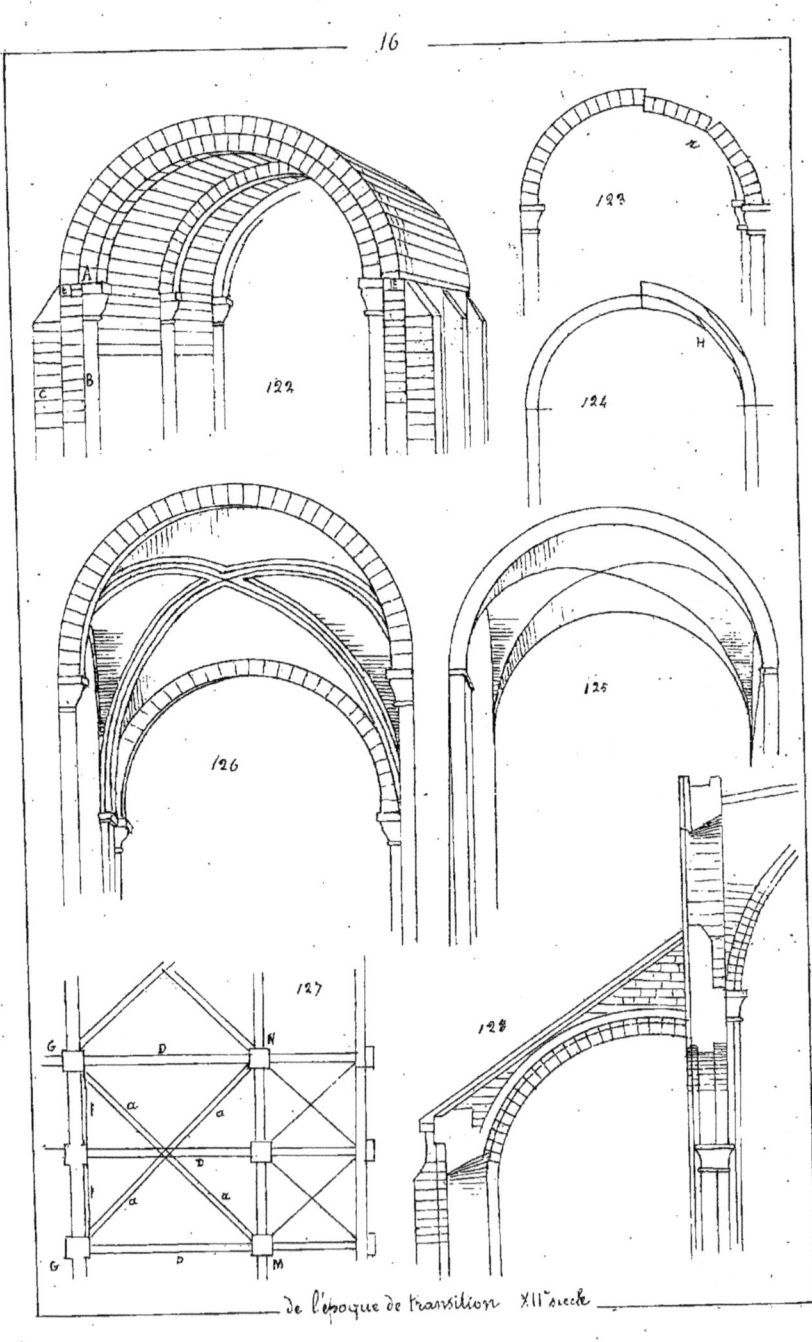

de l'époque de transition XIIe siècle

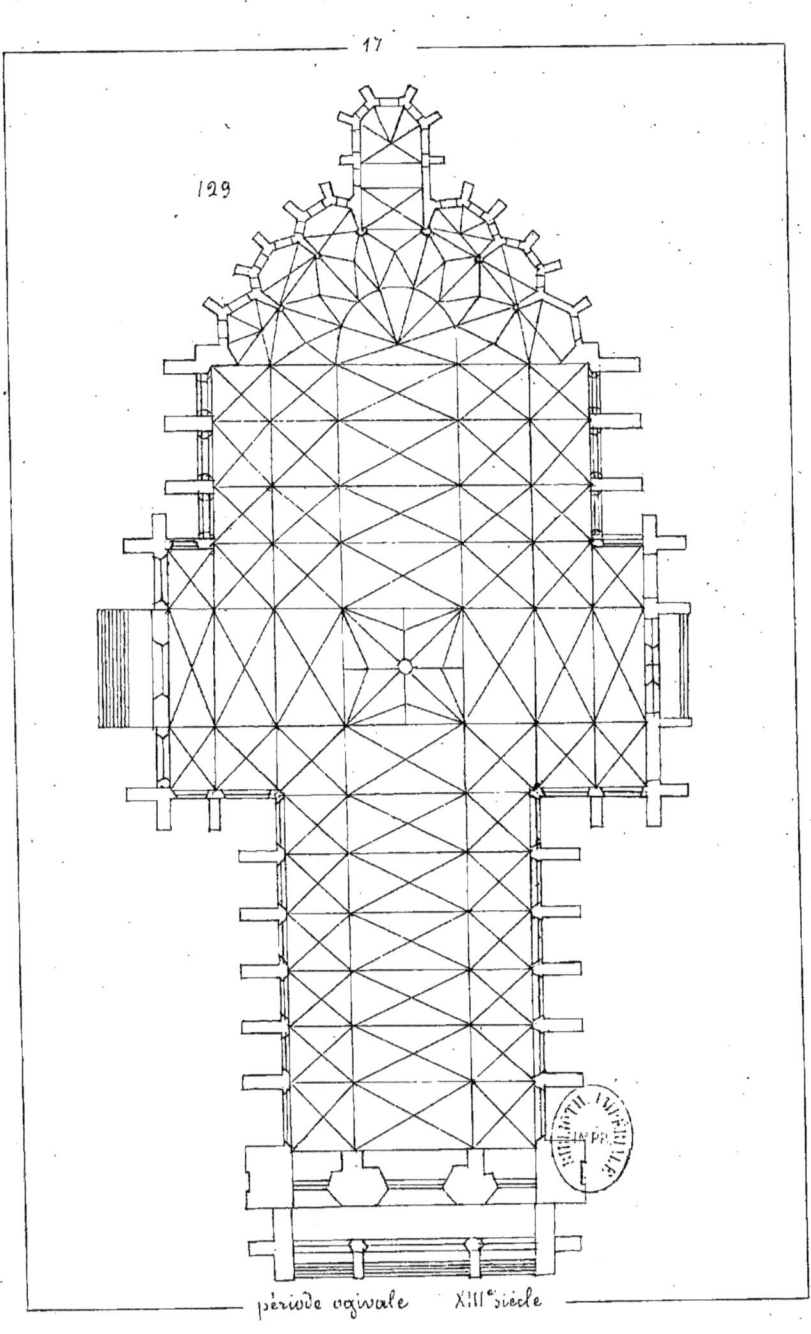

période ogivale   XIIIᵉ siècle

XIIIᵉ siècle

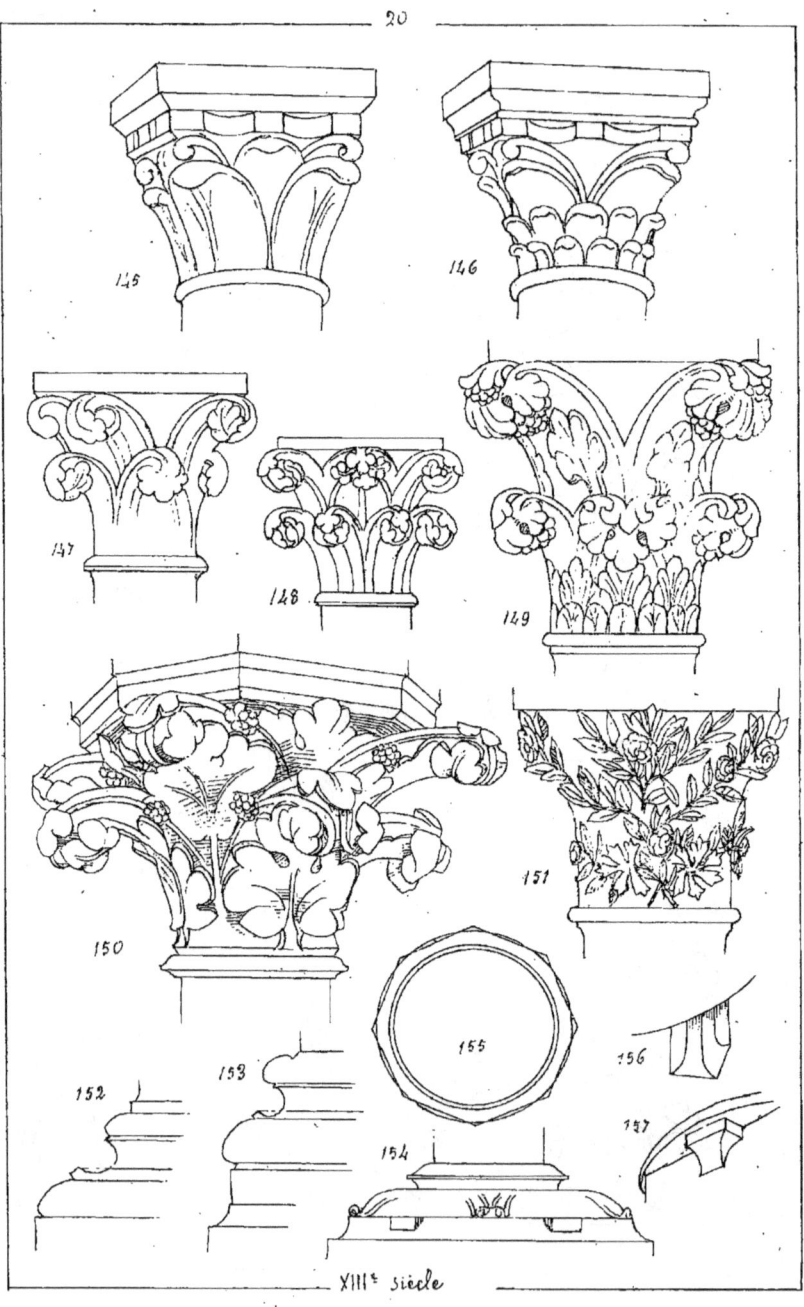

XIIIe siècle

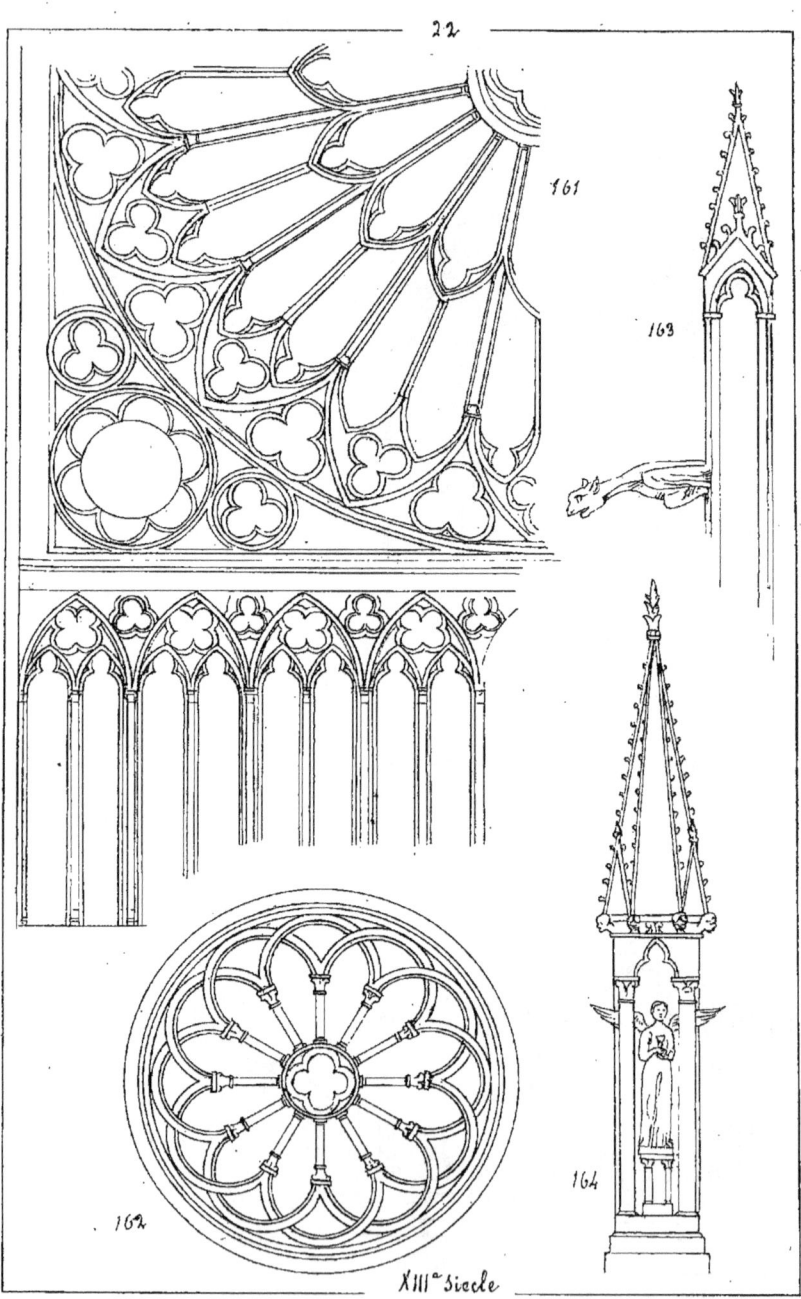

XIIIᵉ Siècle

XIIIᵉ siècle

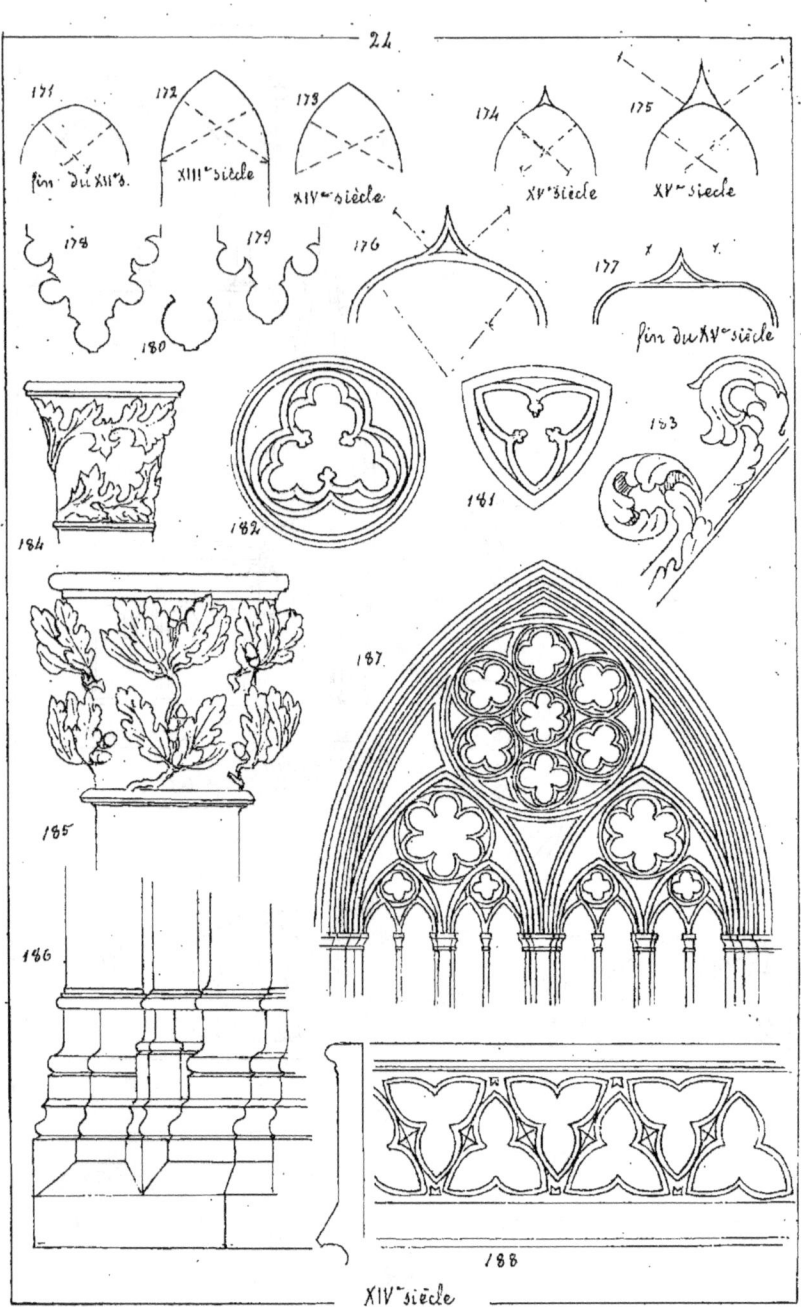

XVᵉ siècle.

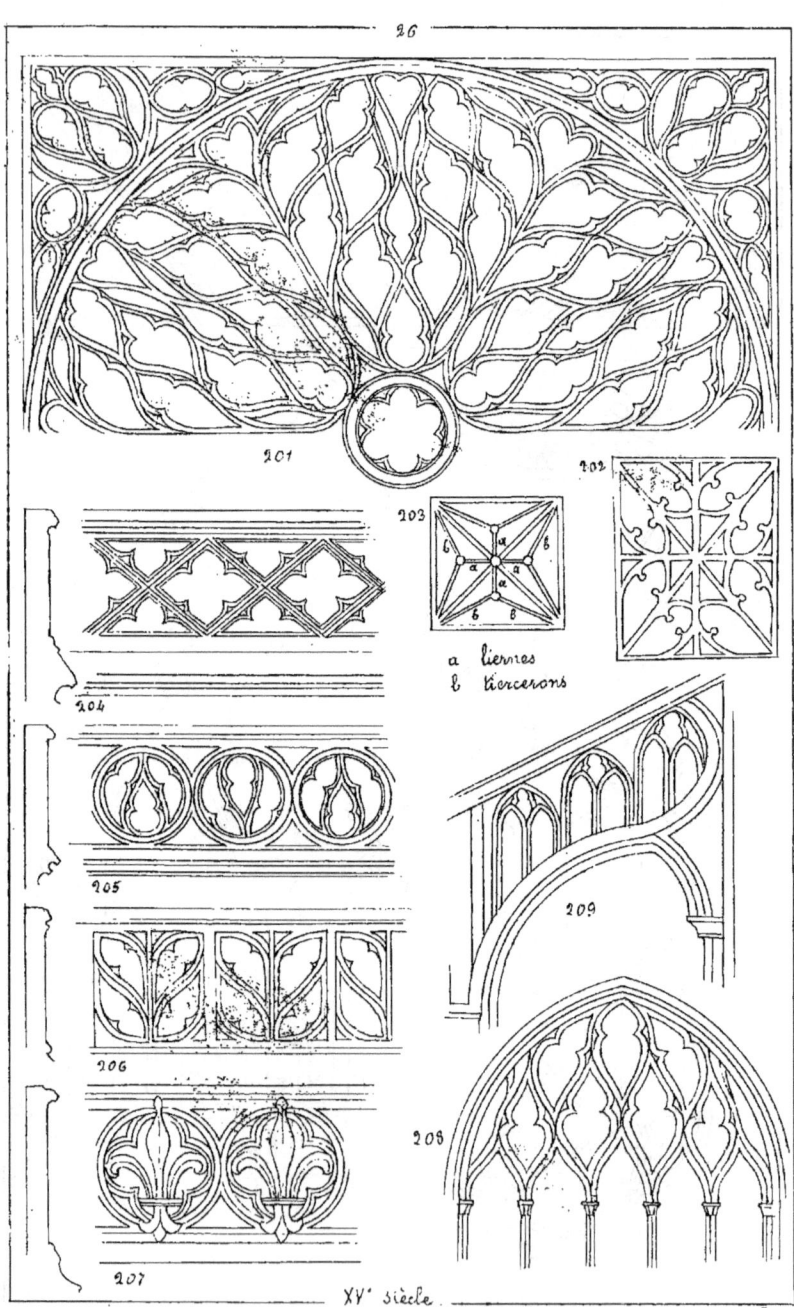

26

a liernes
b tiercerons

XV⁰ siècle.

210

Renaissance

Renaissance.

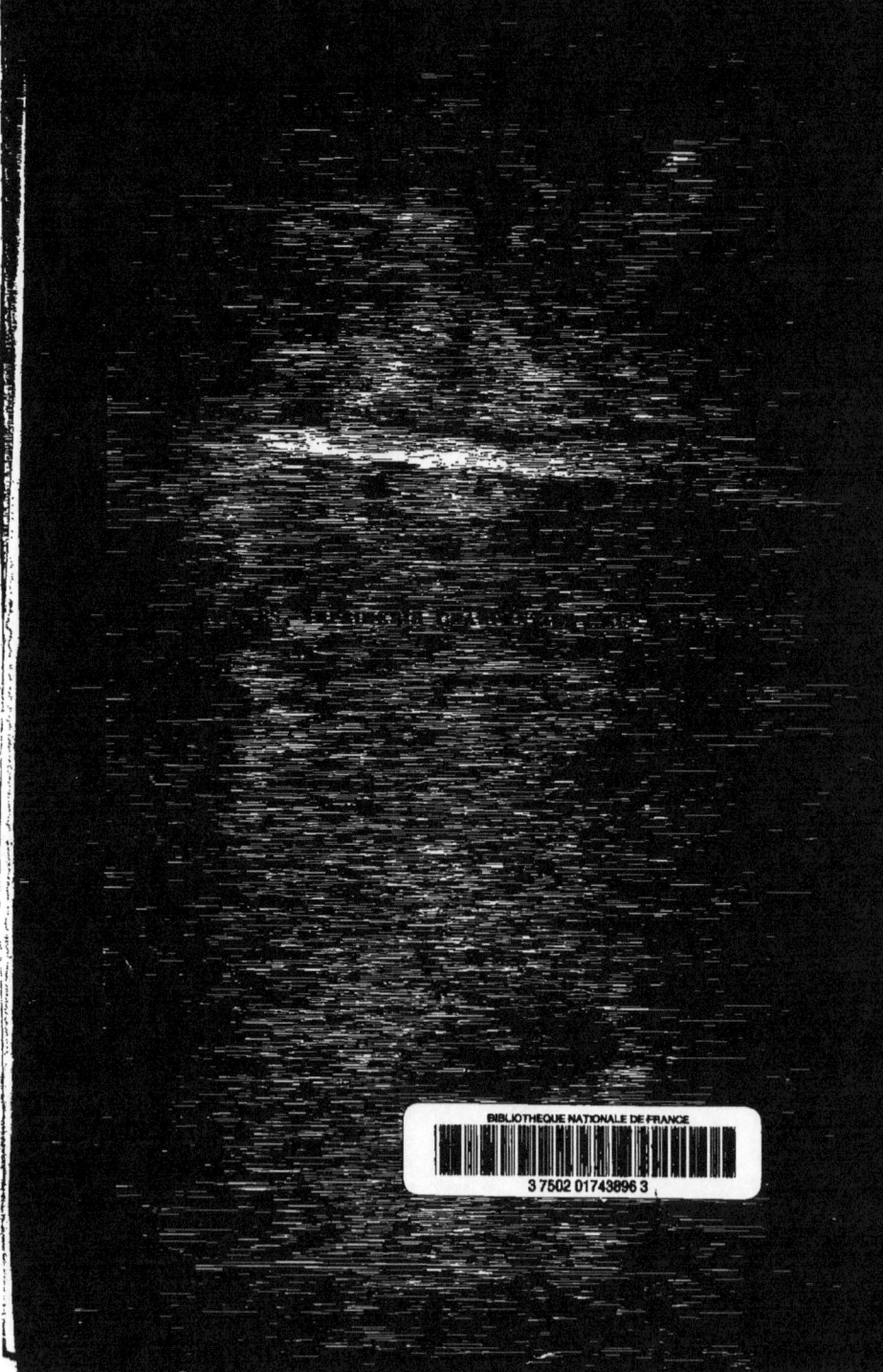

www.ingramcontent.com/pod-product-compliance
Lightning Source LLC
Chambersburg PA
CBHW071339150426
43191CB00007B/785